史学与中古文学

胡大雷 | 著

GUANGXI NORMAL UNIVERSITY PRESS
广西师范大学出版社
·桂林·

图书在版编目（CIP）数据

史学与中古文学 / 胡大雷著. --桂林：广西师范
大学出版社，2021.11
　（独秀学术文库）
　ISBN 978-7-5598-2544-5

　Ⅰ. ①史… Ⅱ. ①胡… Ⅲ. ①史学－中国－文集②中
国文学－古代文学史－文学史研究－文集 Ⅳ. ①K207-53
②I209.2-53

中国版本图书馆 CIP 数据核字（2019）第 296181 号

广西师范大学出版社出版发行

(广西桂林市五里店路 9 号　邮政编码：541004)
网址：http://www.bbtpress.com
出版人：黄轩庄
全国新华书店经销
桂林日报印刷厂印刷
（广西桂林市八桂路 1 号　邮政编码：541001）
开本：880 mm ×1 240 mm　1/32
印张：13.375　　字数：310 千
2021 年 11 月第 1 版　　2021 年 11 月第 1 次印刷
定价：78.00 元

"广西一流学科·中国语言文学"经费资助成果

"广西高校人文社科重点研究基地·桂学研究院"经费资助成果

目　录

下编:史学与文献

上编：史学与文论

从系统论的观点看董仲舒春秋公羊学与道家在司马迁历史观中的地位和作用

司马迁是我国伟大的历史学家,他的光辉著作《史记》,叙写了自黄帝至汉武帝约三千年的历史,力图对三千年的历史图景作出总结,并且把着重点放在对汉兴以来的当代社会图景作出总结上。展读一部《史记》,常常令人想到,是什么样的历史观指挥着他手中那支如椽的大笔? 他的历史观有哪些要素? 这些要素之间的关系又是怎样的?

首先,司马迁深受其父司马谈道家思想的影响。《史记·太史公自序》载,其父司马谈"愍学者之不达其意而师悖",故论六家之要指,认为阴阳、儒、墨、法、名五家有优又有劣,而"道家使人精神专一,动合无形,赡足万物。其为术也,因阴阳之大顺,采儒墨之善,撮名法之要,与时迁移,应物变化,立俗施事,无所不宜,指约而易操,事少而功多",认为道家综合了其他各家的优点,而且富于弹性变化,因此处于一种从容有余的境地,由此道家"其实易行"①。司马谈"学天官于唐都,受《易》于杨何,习道论于黄

---

① [汉]司马迁:《史记》,北京:中华书局,1982年,第3288—3292页。

子"①。唐都是方士,天官是一种星历的学问,天官之学,近于阴阳家,也近于道家,后为道家所奉的三官(天官、地官、水官)之一。《易》,本是道家的祖先。黄子,或称黄生,是个道家。司马迁是十分赞佩其父的道家立场的,扬雄《法言·寡见篇》载,"司马子长有言曰:五经不如老子之约也,当年不能极其变,终身不能究其业"②,这是司马迁对老子(当然属道家)的称颂。司马迁的历史观,也流溢出道家思想,班彪称之"其论术学,则崇黄老而薄《五经》"③,班彪之子班固称其"论大道则先黄老而后《六经》"④。道家,本是司马迁的家学,《汉书·艺文志》说,道家"出于史官,历记成败存亡祸福古今之道"⑤,《史记·太史公自序》称"司马氏世典周史"⑥。司马谈崇尚道家,有其时代原因。汉初至文、景之世,西汉统治阶级的指导思想是黄老之术,《史记·曹相国世家》载,曹参"闻胶西有盖公,善治黄老言,使人厚币请之。既见盖公,盖公为言治道贵清静而民自定,推此类具言之。参于是避正堂,舍盖公焉。其治要用黄老术"⑦;《史记·外戚世家》载,窦太后执权,"好黄帝、老子言,帝及太子诸窦不得不读《黄帝》《老子》,尊其术"⑧。汉武帝喜好儒术,一即位,赵绾、王臧乘机推行儒术,而窦

---

① [汉]司马迁:《史记·太史公自序》,北京:中华书局,1982年,第3288页。
② [汉]扬雄:《法言》,《丛书集成初编》本,上海:商务印书馆,1939年,第19页。
③ [南朝宋]范晔:《后汉书·班彪列传》,北京:中华书局,1965年,第1325页。
④ [汉]班固:《汉书·司马迁传》,北京:中华书局,1962年,第2738页。
⑤ [汉]班固:《汉书》,北京:中华书局,1962年,第1732页。
⑥ [汉]司马迁:《史记》,北京:中华书局,1982年,第3285页。
⑦ [汉]司马迁:《史记》,北京:中华书局,1982年,第2029页。
⑧ [汉]司马迁:《史记》,北京:中华书局,1982年,第1975页。

太后找茬逼迫他俩自杀，儒术不得流行；建元六年，窦太后逝世，汉武帝这才征召公孙弘、董仲舒等在全国推行儒术。司马谈"仕于建元元封之间"①，其时黄老之术尚未转入式微，《论六家之要指》，该是黄老之术尤盛的文、景之世的精神余光。

其次，司马迁又深受董仲舒的春秋公羊学影响。《春秋》一书，本是鲁国的史书，孔子以之为教本教授学生，自孟子以来，《春秋》即受到儒家的推崇。解说《春秋》的，"汉初，有公羊、穀梁、邹氏、夹氏，四家并行"②，公羊、穀梁立于学官。汉武帝时，罢黜百家，独尊儒术，而所谓儒术，又特别重视董仲舒的春秋公羊学，"丞相公孙弘本为《公羊》学，比辑其议，卒用董生。于是上因尊《公羊》家，诏太子受《公羊春秋》，由是《公羊》大兴"③。当日，春秋公羊学不单是对历史的解释，还是治国之本与做人之道，是对当日现实生活的指导，《史记·太史公自序》称，"故有国者不可以不知《春秋》，前有谗而弗见，后有贼而不知。为人臣者不可以不知《春秋》，守经事而不知其宜，遭变事而不知其权。为人君父而不通于《春秋》之义者，必蒙首恶之名。为人臣子而不通于《春秋》之义者，必陷篡弑之诛，死罪之名"④，即是此意。董仲舒是当日春秋公羊学的领袖人物，他"以治《春秋》，孝景时为博士"，"以修学著书为事。故汉兴至于五世之间，唯董仲舒名为明于《春秋》，其传公

---

① ［汉］司马迁：《史记·太史公自序》，北京：中华书局，1982 年，第 3288 页。
② ［唐］魏征等：《隋书·经籍志》，北京：中华书局，1973 年，第 932 页。
③ ［汉］班固：《汉书·儒林传》，北京：中华书局，1962 年，第 3617 页。
④ ［汉］司马迁：《史记》，北京：中华书局，1982 年，第 3298 页。

羊氏也"①。董仲舒治春秋公羊学,从学弟子很多,"仲舒弟子遂者:兰陵褚大,广川殷忠,温吕步舒。褚大至梁相。步舒至长史,持节使决淮南狱,于诸侯擅专断,不报,以《春秋》之义正之,天子皆以为是"②。司马迁亦是董仲舒的受学弟子,上大夫壶遂问司马迁《春秋》之义,司马迁自称:"余闻董生曰:'周道衰废,孔子为鲁司寇,诸侯害之,大夫壅之。孔子知言之不用,道之不行也,是非二百四十二年之中,以为天下仪表,贬天子,退诸侯,讨大夫,以达王事而已矣。'"③董生,即董仲舒,这里明言其受学的是董仲舒的春秋公羊学。

　　司马迁的时代,不只是指司马迁生年至死年这段时间,还应该前后有所推进与延续,那么,司马迁的时代就该是由黄老之术的极盛、式微至春秋公羊学泛滥这段时期。黑格尔《法哲学原理·序言》中说:"就个人来说,每个人都是他那时代的产儿。哲学也是这样,它是被把握在思想中的它的时代。妄想一种哲学可以超出它那个时代,这与妄想个人可以跳出他的时代,跳出罗陀斯岛,是同样愚蠢的。"④司马迁是跳不出他的时代的。

　　恩格斯在分析十九世纪社会主义"理论形式"时说:"它起初表现十八世纪法国伟大启蒙学者所提出的各种原则的进一步的、似乎更彻底的发展。和任何新的学说一样,它必须首先从已有的

① [汉]司马迁:《史记·儒林列传》,北京:中华书局,1982年,第3127—3128页。
② [汉]司马迁:《史记·儒林列传》,北京:中华书局,1982年,第3129页。
③ [汉]司马迁:《史记·太史公自序》,北京:中华书局,1982年,第3297页。
④ [德]黑格尔著,范扬、张企泰译:《法哲学原理·序言》,北京:商务印书馆,2011年,第14页。

思想材料出发,虽然它的根源深藏在物质的经济的事实中。"①司
马迁历史观的理论形式是否也经过一个"从已有的思想材料出
发"的过程? 这个回答应该是肯定的。

　　根据以上的叙述,合乎逻辑地引出这样的问题:第一,司马迁
思想中的道家因素与春秋公羊学因素的关系问题。认为司马迁
历史观既有道家思想,又有春秋公羊学思想,单这样分析未免简
单化了一些;考察此二者相互影响、相互作用,并在其他因素的影
响作用下而产生一种新质,产生了既不同于道家,又不同于春秋
公羊家的司马迁的独特历史观,这是本文的努力所在。第二,对
司马迁历史观的理论形式的考察,还应该结合其对历史的考信与
对现实的态度,这是考察一个历史学家的具体内容。

　　所谓用系统论的观点来研究董仲舒春秋公羊学与道家在司
马迁历史观中的地位与作用,首先,我们要把司马迁的历史观当
作一个系统整体对待。系统论认为,现象和事物不仅其本身应该
看作是由许多要素与层次组成的一个系统整体,而且还应该把这
种现象和事物看成是更大系统的要素和组成部分。我们研究司
马迁的历史观这个系统整体,从更高一级的层次来说,这种历史
观又是世界观的要素与组成部分,因此,我们应该把握司马迁对
历史的考信与对现实的态度,尤其是后者。其次,我们应该从司
马迁历史观这个系统整体出发去研究其道家思想与春秋公羊学
思想,而不是单就此二者进行研究。我们不能认为,司马迁的道
家思想与春秋公羊学思想及其他一些因素的简单相加,就是司马

---

① 《马克思恩格斯选集》第 3 卷,北京:人民出版社,1972 年,第 404 页。

迁的历史观,正如有人曾举例指出过,社会的要素与组成部分是家庭,而各个家庭的功能与属性的简单相加,绝不等于全社会的功能与属性。这就是系统论的另一条重要原则:整体大于各部分的和,这就是说,当我们在剖析司马迁历史观的道家成分与春秋公羊学成分的属性时,我们还未真正把握司马迁历史观的本质,我们还须看到它们是处在一种关系之中,而且这些关系的总和所构成又具有一种新质。第三,系统整体对其自身的要素与组成部分产生积极的作用,司马迁历史观的系统整体必定按照自己的特性来改变道家思想与春秋公羊学思想的某些性质,此二者在构成系统时,要失掉某些原来固有的性质,而获得某些新质。

　　司马迁在《报任安书》中阐述自己作《史记》有三个目的:"亦欲以究天人之际,通古今之变,成一家之言"①。我们也就这三方面用系统论的方法来进行论述。

一、究天人之际

　　《春秋公羊传》有许多"灾""异"的记载,《隐公五年》载:"螟。何以书? 记灾也。"何休注曰:"灾者,有害于人,物随事而至者。"陆德明注曰:"螟,虫食苗心。"②这是说遇到了虫灾,《春秋公羊传》中,"灾",是指一般的自然灾害。《隐公九年》载:"三月癸酉,

---

① ［汉］班固:《汉书》,北京:中华书局,1962 年,第 2735 页。
② 《春秋公羊传注疏》,载《十三经注疏》,上海:上海古籍出版社,1997 年,第 2208 页上。

大雨震电。何以书？记异也。何异尔？不时也。"何休注曰："周
之三月，夏之正月，雨当水雪杂下，雷当闻于地中，其雉雏电未可
见。而大雨震雷，此阳气大失其节。"①《春秋公羊传》中，"异"，是
指自然界不合节气、不合常规的现象，如地震、日蚀、月蚀等。《春
秋公羊传·何休序》称《春秋公羊传》"其中多非常异义可怪之
论"②，董仲舒春秋公羊学是把这种"灾异"当作天的意志来解说
的，是上天对人间的一种警告，据《汉书·董仲舒传》载，董仲舒
言："国家将有失道之败，而天乃先出灾害以谴告之，不知自省，又
出怪异以警惧之。"③董仲舒把自然界的天加以目的化使之成为宗
教的天，董仲舒又言："臣谨按《春秋》之文，求王道之端，得之于
正。正次王，王次春。春者，天之所为也；正者，王之所为也。其
意曰，上承天之所为，而下以正其所为，正王道之端云尔。然则王
者欲有所为，宜求其端于天。"④王是代表天来说话办事的，故事事
要请教于天。他又说："臣闻天者群物之祖也，故遍覆包函而无所
殊，建日月风雨以和之，经阴阳寒暑以成之。故圣人法天而立道，
亦溥爱而亡私，布德施仁以厚之，设谊立礼以导之。春者天之所
以生也，仁者君之所以爱也；夏者天之所以长也，德者君之所以养
也；霜者天之所以杀也，刑者君之所以罚也。"⑤这样天上与人间就
对应起来，这就是其"天人之际"，这就是其"天人感应"。表现在

---

① 《春秋公羊传注疏》，载《十三经注疏》，上海：上海古籍出版社，1997 年，第 2210 页上。
② 《春秋公羊传注疏》，载《十三经注疏》，上海：上海古籍出版社，1997 年，第 2190 页。
③ ［汉］班固：《汉书》，北京：中华书局，1962 年，第 2498 页。
④ ［汉］班固：《汉书》，北京：中华书局，1962 年，第 2501—2502 页。
⑤ ［汉］班固：《汉书》，北京：中华书局，1962 年，第 2515 页。

其历史观上,他说:"故《春秋》之所讥,灾害之所以加也;《春秋》之所恶,怪异之所施也。书邦家之过,兼灾异之变,以此见人之所为,其美善之极,乃与天地流通而往来相应,此亦言天之一端也。"①他认为一部《春秋》完完全全是观天之所为而有所褒贬,并且,《春秋》这种对天意人事的记录也是一部当时社会应该遵守的法。

司马迁也是讲"天人之际"的,他所说的究竟是一种什么关系呢?

司马迁极力想把天事和人事分开,《史记·历书》载:"民神异业,敬而不渎,故神降之嘉生,民以物享,灾祸不生,所求不匮。"又载:"少皞氏之衰也,九黎乱德,民神杂扰,不可放物,祸灾荐至,莫尽其气。颛顼受之,乃命南正重司天以属神,命火正黎司地以属民,使复旧常,无相侵渎。"②这样,天事和人事分得清清楚楚,在司马迁的历史观系统整体中,天的一种含意即是客观的自然界。

司马迁认为天不是有意志的,不是人格神。《史记·项羽本纪》中评论项羽说:"背关怀楚,放逐义帝而自立,怨王侯叛己,难矣。自矜功伐,奋其私智而不师古,谓霸王之业,欲以力征经营天下,五年卒亡其国,身死东城,尚不觉寤而不自责,过矣。乃引'天亡我,非用兵之罪也',岂不谬哉!"③用事实说明项羽的灭亡是其人事的结果,而不是天的意志。《史记·伯夷列传》司马迁在评论

---

① [汉]班固:《汉书》,北京:中华书局,1962 年,第 2515 页。
② [汉]司马迁:《史记》,北京:中华书局,1982 年,第 1256—1257 页。
③ [汉]司马迁:《史记》,北京:中华书局,1982 年,第 339 页。

伯夷、叔齐的遭遇时说:"或曰:'天道无亲,常与善人。'若伯夷、叔齐,可谓善人者非邪? 积仁洁行如此而饿死!"此下又举颜回、盗跖及近世之人的例子,说:"余甚惑焉,傥所谓天道,是邪非邪?"①驳斥了所谓有意志的"天道"存在的说法,驳斥了所谓天命支配控制人事的理论。

那么,从司马迁历史观的系统整体看,司马迁认为的天是什么呢?《史记·律书》说:"昔黄帝有逐鹿之战,以定火灾;颛顼有共工之陈,以平水害;成汤有南巢之伐,以殄夏乱。递兴递废,胜者用事,所受于天也。"②什么叫"胜者用事"? 这里的意思是完成大一统的事业,大一统的事业是"所受于天"的,是得到天的支持的,这可看作司马迁"究天人之际"的一个纲,即所谓"天"是指一种历史规律,白寿彝先生也说,司马迁所谓天,在历史变革方面,往往是指时势③,即是此意。《史记·六国年表》论秦的统一时说:"论秦之德义不如鲁卫之暴戾者,量秦之兵不如三晋之强也,然卒并天下,非必险固便形执利也,盖若天所助焉。"④秦是完成统一大业的,所以天是帮助它的。《史记·魏世家》说:"天方令秦平海内,其业未成,魏虽得阿衡之佐,曷益乎?"⑤秦统一大业是符合天、符合历史规律的,是其他人所不能阻挡的,尽管他们可能是贤

① [汉]司马迁:《史记》,北京:中华书局,1982 年,第 2124—2125 页。

② [汉]司马迁:《史记》,北京:中华书局,1982 年,第 1241 页。

③ 白寿彝:《司马迁与班固》,载《中国史学史论集(一)》,上海:上海人民出版社,1980 年,第 206 页。

④ [汉]司马迁:《史记》,北京:中华书局,1982 年,第 685 页。

⑤ [汉]司马迁:《史记》,北京:中华书局,1982 年,第 1864 页。

臣良将。汉代也是如此,《史记·秦楚之际月表》称,刘邦完成了汉朝的统一大业,所以,"此乃传之所谓大圣乎? 岂非天哉,岂非天哉!"①《史记·外戚世家》载,诛灭吕氏家族,巩固汉代的统一大业,也可谓之"此岂非天邪?"②如此看来,司马迁所认为的"天"是一种历史规律,而这种历史规律,司马迁又认为是往"大一统"方向发展的。

　　司马迁又指出,虽然领袖人物领导了统一的事业,是杰出伟大的,但历史是众人创造的,统一事业不是领袖人物一人能够成功的,《刘敬叔孙通列传》说:"语曰:'千金之裘,非一狐之腋也;台榭之榱,非一木之枝也;三代之际,非一士之智也。'信哉! 夫高祖起细微,定海内,谋计用兵,可谓尽之矣。然而刘敬脱挽辂一说,建万世之安,智岂可专邪! 叔孙通希世度务制礼,进退与时变化,卒为汉家儒宗。"③

　　白寿彝先生还说,司马迁"究天人之际"的"天"又有指际遇的意义,即在个人关系方面④,这就是说,英雄人物是因为其活动合乎历史规律而成为英雄的。《史记·秦楚之际月表》载:"秦既称帝,患兵革不休,以有诸侯也,于是无尺土之封,堕坏名城,销锋镝,鉏豪杰,维万世之安。然王迹之兴,起于闾巷,合从讨伐,轶于三代,乡秦之禁,适足以资贤者为驱除难耳。故愤发其所为天下

---

① [汉]司马迁:《史记》,北京:中华书局,1982年,第760页。

② [汉]司马迁:《史记》,北京:中华书局,1982年,第1970页。

③ [汉]司马迁:《史记》,北京:中华书局,1982年,第2726页。

④ 白寿彝:《司马迁与班固》,载《中国史学史论集(一)》,上海:上海人民出版社,1980年,第206页。

雄,安在无土不王。此乃传之所谓大圣乎？岂非天哉,岂非天
哉!"①英雄人物不是起自所谓世代接受天命、据有封地为王的人,
而是些普通人,正是秦末的时势决定了他们的个人遭遇。司马迁
对刘邦手下武将良臣的记载,也一一强调指出他们先前的贫贱与
日后的权势,正是大一统历史规律的实现,使他们成为英雄的。
如《史记·李将军列传》中,文帝对李广说:"惜乎,子不遇时! 如
令子当高帝时,万户侯岂足道哉!"②也正反映出司马迁这种难能
可贵的时势造英雄的观点。

　　由此我们看到司马迁"究天人之际",强调的是历史规律,强
调的是人事活动,而不是什么天意,"国之将兴,必有祯祥,君子用
而小人退。国之将亡,贤人隐,乱臣贵"③,国家或兴或亡的征兆是
人事活动,而不是上天所降的灾异。这种信人事不信天意鬼神的
观念,又是司马迁对当日社会的考察得出来的。汉武帝"尤敬鬼
神之祀",司马迁忠实地记载了其屡屡失败,于是,"天子益怠厌方
士之怪迂语矣,然羁縻不绝,冀遇其真。自此之后,方士言神祠者
弥众,然其效可睹矣"④。司马迁之所以对鬼神持这种不相信的态
度,是他从实践考察中得出的结论,他讲自己"入寿宫侍祠神语,
究观方士祠官之意,于是退而论次自古以来用事于鬼神者,具见
其表里"⑤,实在是看穿了求神弄鬼者的把戏。司马迁又考察了当

---

① [汉]司马迁:《史记》,北京:中华书局,1982年,第760页。
② [汉]司马迁:《史记》,北京:中华书局,1982年,第2867页。
③ [汉]司马迁:《史记·楚元王世家》,北京:中华书局,1982年,第1990页。
④ [汉]司马迁:《史记·封禅书》,北京:中华书局,1982年,第1403—1404页。
⑤ [汉]司马迁:《史记·封禅书》,北京:中华书局,1982年,第1404页。

日社会信天意不信人事而给人民造成的灾祸,《史记·河渠书》载,汉武帝元光年间河决于瓠子,"塞之,辄复坏。是时武安侯田蚡为丞相,其奉邑食鄃。鄃居河北,河决而南则鄃无水灾,邑收多。蚡言于上曰:'江河之决皆天事,未易以人力为强塞,塞之未必应天。'而望气用数者亦以为然。于是天子久之不事复塞也"①。揭露出宣扬天事只是一些统治阶级的私欲表现而已,而武安侯田蚡,好儒术,就不是当日春秋公羊学的信奉者,"及窦太后崩,武安侯田蚡为丞相,黜黄老、刑名百家之言,延文学儒者以百数"②。

从以上论述中,我们看到,司马迁论述"天人之际"的最主要特点是认为"天"是一种历史规律,它制约着人事活动的成败祸福,而历史规律又是由人事活动组成的,是人创造了历史,这种认识又是在对历史的考信与对现实的观察中得出来的。这就是司马迁历史观系统整体中的"天人之际"。司马迁从董仲舒春秋公羊学那儿学到研究历史应该"究天人之际",应该探求天事与人事的关系,从根本上讲,董仲舒认为天事决定人事,人事要符合天事,从表面上看,司马迁也要求以人配天,要求人事符合天事,但由于司马迁与董仲舒对"天"的理解不同,两人在"天人之际"的问题上是根本对立的,司马迁只是汲取了其老师人事符合天事的合理表述形式罢了,而其内核却有所改变。

司马迁又是具有道家思想的,其《悲士不遇赋》言:"无造福

---

① [汉]司马迁:《史记》,北京:中华书局,1982年,第1409页。

② [汉]班固:《汉书·儒林传》,北京:中华书局,1962年,第3593页。

先,无触祸始。委之自然,终归一矣。"①这即是其称"老子所贵
道,虚无"②。老庄一般不强调天命,《老子》言"天道无为""道法
自然",《庄子·大宗师》言:"庸讵知吾所谓天之非人乎? 所谓人
之非天乎?"③司马迁汲取道家的"无为"思想是很有意思的,他更
进一步,其"天人之际"中,天命是"无为"的,天命是不对人事起
作用的,此即是司马迁道家思想对其春秋公羊学思想的一种影响
与否定。但司马迁历史观系统整体又不认为人事活动也可以"自
然无为",因此,司马迁又着重历史的人事活动与现实的人事活
动,这又是其历史观系统整体对道家思想的牵引与改进。

这样我们就看到,司马迁汲取了道家思想的"无为"成分,用
以否定董仲舒春秋公羊学"天人之际"中"天"的意志、人格与作
用;司马迁又汲取董仲舒春秋公羊学的人事符合天事的合理表述
形式,此与庄子天即我、我即天有一定的相似;在对历史的考信
中、在对现实的观察中,司马迁历史观的系统整体把"天"当作历
史规律,十分着重历史与现实的人事活动,这就是其新质,也导致
了司马迁"究天人之际"的本质——人的活动是受历史进展规律
制约的,但创造历史的是人而不是"天"。

无可讳言,对春秋公羊学"天人之际"的表述形式的运用,表
现出司马迁历史观中还有天命的成分,他还不能完全摆脱董仲
舒,但我们从司马迁历史观的系统整体看,这种神秘主义并不占

---

① [唐]欧阳询:《艺文类聚》,上海:上海古籍出版社,1982 年,第 541 页。

② [汉]司马迁:《史记·老庄申韩列传》,北京:中华书局,1982 年,第 2156 页。

③ [清]郭庆藩:《庄子集释》,北京:中华书局,1961 年,第 225 页。

重要地位。

二、通古今之变

《春秋公羊传》开宗明义第一句话就说:"元年春,王正月。元年者何? 君之始年也。春者何? 岁之始也。王者孰谓? 谓文王也。曷为先言王而后言正月? 王正月也。何言乎王正月? 大一统也。"①本来《春秋》简简单单按照周历计算的正月,被解释为"大一统"的理论根据。《春秋公羊传》成公十五年又说"《春秋》,内其国而外诸夏,内诸夏而外夷狄,王者欲一乎天下,曷为以外内之辞言之? 自近者始也"②。又认为"大一统"事业的成就是由小至大、由近至远的。一部《史记》"通古今之变",第一个问题也就是要从历史上推求"大一统"的轨迹,进而为当日社会的"大一统"作出解释。

司马迁研究了各个历史时期的不同分裂局面及其走向统一的道路,看到了统一要经过一个艰难的历程。《史记·秦楚之际月表》说:"昔虞、夏之兴,积善累功数十年,德洽百姓,摄行政事,考之于天,然后在位。汤、武之王,乃由契、后稷修仁行义十余世,不期而会孟津八百诸侯,犹以为未可,其后乃放弑。秦起襄公,章于文、缪、献、孝之后,稍以蚕食六国,百有余载,至始皇乃能并冠

① 《春秋公羊传注疏》,载《十三经注疏》,上海:上海古籍出版社,1997 年,第 2196 页上、中、下。
② 《春秋公羊传注疏》,载《十三经注疏》,上海:上海古籍出版社,1997 年,第 2297 页上、中。

带之伦。以德若彼,用力如此,盖一统若斯之难也。"①建立统一的封建国家,这是历史赋予汉王朝的任务,当司马迁之时,汉王朝已成"大一统"局面,作历史为什么? 就是要为这种局面服务,《史记·太史公自序》载司马谈临死时谆谆嘱咐司马迁说:"今汉兴,海内一统,明主贤君忠臣死义之士,余为太史而弗论载,废天下之史文,余甚惧焉,汝其念哉!"②司马迁忠实地执行了其父的遗训,担当起这伟大的职责,这就是"通古今之变",把研究历史与研究现实、为现实服务结合起来。

为了论证"大一统"的基础,司马迁追溯到我们中华民族的共同祖先——黄帝,《史记·三代世表》上,颛顼、喾、尧、舜、夏、殷、周,皆是黄帝的子孙后裔,《史记·秦本纪》又云"秦之先,帝颛顼之苗裔孙曰女修"③,这样就从民族人种上说明汉代以前各朝代的"大一统"是合理的。司马迁还论证了"蛮夷"国家的黄帝血统,如"荆蛮"之吴国,是周太王之国;如楚,"楚之先祖出自帝颛顼高阳"④;又如"南越王尉佗者,真定人也,姓赵氏"⑤,甚至匈奴,"其先祖夏后氏之苗裔也,曰淳维"⑥。当日这些国家都处于汉代的"大一统"之下或汉代正想把其归于"大一统"之下,如匈奴,这就为汉代时我们伟大祖国各地区统一找到了血统上的根据,因此,

---

① [汉]司马迁:《史记》,北京:中华书局,1982 年,第 759 页。
② [汉]司马迁:《史记》,北京:中华书局,1982 年,第 3295 页。
③ [汉]司马迁:《史记》,北京:中华书局,1982 年,第 173 页。
④ [汉]司马迁:《史记·楚世家》,北京:中华书局,1982 年,第 1689 页。
⑤ [汉]司马迁:《史记·南越列传》,北京:中华书局,1982 年,第 2967 页。
⑥ [汉]司马迁:《史记·匈奴列传》,北京:中华书局,1982 年,第 2879 页。

汉代的"大一统"就是合理的。

　　"大一统"局面形成了，就应该得到巩固，对外来说，就要安定边境，保证这个"大一统"，"况乃以中国一统，明天子在上，兼文武，席卷四海，内辑亿万之众，岂以晏然不为边境征伐哉!"①对内来说，就要防止分裂，保证这个"大一统"。司马迁一方面肯定汉代开国将帅韩信、魏豹、彭越为建立"大一统"国家而立下的功绩，对他们最终被诛杀的遭遇表示同情；一方面又斥责其分裂行为，称韩信，"而天下已集，乃谋畔逆，夷灭宗族，不亦宜乎!"②称魏豹、彭越"怀畔逆之心，及败，不死而虏囚，身被刑戮，何哉？ 中封已上且羞其行，况王者乎!"③什么行为值得羞愧？ 分裂之行啊! 司马迁又屡屡指责汉代时一些诸侯国"僭于天子""拟于天子"，认为诸侯国的职责就是"务遵蕃臣职以承辅天子"④，是"以镇抚四海，用承卫天子也"⑤，因此，他对当时的"削藩"与"推恩"等诸项削弱诸侯的政策给以很大的注意。

　　从汉代"大一统"出发，司马迁又主张经济上的"大一统"，他认识到"大一统"对国家经济发展的意义，主张工商业的国有政策，对诸侯国在经济上要予以限制。"吴有豫章郡铜山，濞则招致天下亡命者盗铸钱，煮海水为盐，以故无赋，国用富饶"，刘濞正是以经济上的分裂与割据作为其反叛的基础，"故古者诸侯地不过

---

① ［汉］司马迁：《史记·建元以来侯者年表》，北京：中华书局，1982年，第1027页。
② ［汉］司马迁：《史记·淮阴侯列传》，北京：中华书局，1982年，第2630页。
③ ［汉］司马迁：《史记·魏豹彭越列传》，北京：中华书局，1982年，第2595页。
④ ［汉］司马迁：《史记·淮南衡山王列传》，北京：中华书局，1982年，第3098页。
⑤ ［汉］司马迁：《史记·汉兴以来诸侯王年表》，北京：中华书局，1982年，第802页。

百里,山海不以封"①,所以,为了政治上的"大一统",中央政府必须牢牢地控制住经济上的"大一统"。

一部《史记》"通古今之变"的第二个问题,还就是要从历史与现实论证历史的发展线索,司马迁认为历史发展具有"循环"意义。循环思想,《老子》第二十五章曰:"有物混成,先天地生。寂兮寥兮,独立不改,周行而不殆,可以为天下母。吾不知其名,字之曰道。强为之名曰大。大曰逝,逝曰远,远曰反。"②认为宇宙的运动方向是循环的。循环论的历史观,以阴阳家邹衍的"五德终始"说为首始,从具体事物之间的"五行相胜"推广到朝代更替,司马迁评邹衍的理论说:"其语闳大不经,必先验小物,推而大之,至于无垠。先序今以上至黄帝,学者所共术,大并世盛衰,因载其祒祥度制,推而远之,至天地未生,窈冥不可考而原也……称引天地剖判以来,五德转移,治各有宜,而符应若兹。"③"五德终始"说既称"凡帝王者之将兴也,天必先见祥乎下民",说天的旨意是历代兴废的根据;又称"代火者必将水,天且先见水气胜"④,人们又可以预知朝代的兴废,不管什么天意不天意了,天意只是"五德终始"法则的体现者,这样,"五德终始"说本身就留给后人或否定天命或肯定天命两条背道而驰的发展道路。

董仲舒春秋公羊学主张天是宇宙万物的创造者,也是人的创

---

① [汉]司马迁:《史记·吴王濞列传》,北京:中华书局,1982年,第2822、2836页。

② 张葆全:《老子今读》,桂林:广西师范大学出版社,2012年,第74页。

③ [汉]司马迁:《史记·孟子荀卿列传》,北京:中华书局,1982年,第2344页。

④ [秦]吕不韦:《吕氏春秋·应同篇》,《诸子百家丛书》本,上海:上海古籍出版社,1989年,第94页上。

造者，"天之所大奉使之王者，必有非人力所能致而自至者，此受命之符也"①，天也是历史的创造者。董仲舒的学说中本有阴阳家的成分，其"以《春秋》灾异之变推阴阳所以错行"②，"董仲舒治《公羊春秋》，始推阴阳，为儒者宗"③，他把邹衍的"五德终始"说改造成为一种天支配下的历史进化论。《春秋》本分春秋一代为所传闻之世、所闻之世与所见之世三个时期，公羊家进一步把这三世解释为乱世、升平、太平三个时期，"所传闻之世，见治起于衰乱之中"，"所闻之世，见治升平"，"所见之世，著治太平"④，认为历史是由乱到治的发展，这是历史进化论。但应当指出，董仲舒的这种历史进化论是建立在对所谓"微言大义"的虚妄的阐发上，而不是对历史事实的忠实记载，比如那"所见之世"的鲁国昭、定、哀三公时代，极其混乱，是完全扯不上"太平之世"的，这完全是为附会汉武帝时代的"大一统"而妄造的言论。

司马迁的历史观也有循环意义，《史记·历书》载："夏正以正月，殷正以十二月，周正以十一月。盖三王之正若循环，穷则反本。天下有道，则不失纪序；无道，则正朔不行于诸侯。"⑤《史记·高祖本纪》载："夏之政忠。忠之敝，小人以野，故殷人承之以敬。敬之敝，小人以鬼，故周人承之以文。文以敝，小人以僿，故

---

① ［汉］班固：《汉书·董仲舒传》，北京：中华书局，1962 年，第 2500 页。
② ［汉］司马迁：《史记·儒林外传》，北京：中华书局，1982 年，第 3128 页。
③ ［汉］班固：《汉书·五行志》，北京：中华书局，1962 年，第 1317 页。
④ 《春秋公羊传注疏》，载《十三经注疏》，上海：上海古籍出版社，1997 年，第 2200 页中。
⑤ ［汉］司马迁：《史记》，北京：中华书局，1982 年，第 1258 页。

救僿莫若以忠。三王之道若循环,终而循始。"①这些都明显受到历史循环论的影响。但司马迁认为这种历史循环论不是在天意的支配下进行,而是历史自己的进展法则,这种循环论的历史进展法则虽然不能真正阐明历史进程,却摆脱了天意的控制,真正回到历史自身上来。尤为可贵的是,司马迁在循环论的历史进程中突出"变"与"改弊"。《史记·六国年表》极力称道秦代制度的变革,"秦取天下多暴,然世异变,成功大。传曰:'法后王',何也?以其近己而俗变相类,议卑而易行也"②。但仅是如此,虽然得以成功"大一统",却不能巩固"大一统",巩固"大一统"还须"改弊","周秦之间,可谓文弊矣。秦政不改,反酷刑法,岂不缪乎?故汉兴,承敝易变,使人不倦,得天统矣"③。因此,"大一统"的实现与巩固须经历"变"与"改弊"两个进程,故汉"得天统",成为历史的循环进程中的一个环节,而秦则未能如是。司马迁又说"罔罗天下放失旧闻,王迹所兴,原始察终,见盛观衰"④,在全面考察历史时,也要强调从"变"的角度来进行。

司马迁追求"通古今之变",既要从古推今之变,又要从今推古之变,所以,他所考察的不是被时间与地点所局限的历史片段,而是整个历史的发展进程,所以他写的是通史,是上至黄帝,下至当代约三千年的通史。因此,在历史编纂上,他批判了几种错误的做法:"儒者断其义,驰说者骋其辞,不务综其终始;历人取其年

---

① [汉]司马迁:《史记》,北京:中华书局,1982年,第393—394页。

② [汉]司马迁:《史记》,北京:中华书局,1982年,第686页。

③ [汉]司马迁:《史记·高祖本纪》,北京:中华书局,1982年,第394页。

④ [汉]司马迁:《史记·太史公自序》,北京:中华书局,1982年,第3319页。

月,数家隆于神运,谱谍独记世谥,其辞略,欲一观诸要难。"①从中我们看到,司马迁强调的是"务综其终始",《史记·惠景间侯者年表》也说"咸表始终"②,这应该看作是对董仲舒春秋公羊学把历史进化论建立在虚妄的解说,如"断其义"而"骋其辞"基础上的一种反动。

董仲舒春秋公羊学的"大一统"的目的是什么呢? 他说:"《春秋》大一统者,天地之常经,古今之通谊也。今师异道,人异论,百家殊方,指意不同,是以上亡以持一统;法制数变,下不知所守。臣愚以为诸不在六艺之科、孔子之术者,皆绝其道,勿使并进。邪辟之说灭息,然后统纪可一而法度可明,民知所从矣。"③"大一统",是为其神学目的论服务的,是要创立一种宗教,创立一个至上神,让它来统治国家,统治人民,这个至上神得以统治的基础是"大一统",这个至上神的形成过程也就是"大一统"形成的过程。这个至上神就是皇帝,在此"大一统"中,君权上升到无以复加的地步。

我们认为从司马迁历史观的系统整体看其"大一统"论,"大一统",这是司马迁所总结的历史发展的必然,是司马迁研究上自黄帝、下至汉武帝时三千年历史的结果,而不是如董仲舒似的从《春秋》的字里行间所得到的哲学结论,不是主观臆测的虚诞无稽之说;"大一统",司马迁认为是种种人事活动的努力使之形成与

---

① [汉]司马迁:《史记·十二诸侯年表》,北京:中华书局,1982年,第511页。

② [汉]司马迁:《史记》,北京:中华书局,1982年,第977页。

③ [汉]班固:《汉书·董仲舒传》,北京:中华书局,1962年,第2523页。

巩固,而不是如董仲舒所说是天意的安排;"大一统",是当日的社
会现实,又是司马迁的社会理想,其《史记》也就是从当日"大一
统"探求历史的必然,而不是像董仲舒一样去追求一种神秘化的
宗教。司马迁的"大一统",又是对道家的反对,《史记·货殖列
传》就批评了老子的"小国寡民"思想,其言:"老子曰:'至治之
极,邻国相望,鸡狗之声相闻,民各甘其食,美其服,安其俗,乐其
业,至老死不相往来。'必用此为务,挽近世涂民耳目,则几无
行矣。"①

　　董仲舒为了强调汉代"大一统"的不可改变性,说"道者万世
亡弊,弊者道之失也","天不变,道亦不变"②,在他那里,历史是
凝固不变的。从司马迁历史观的系统整体看,司马迁也强调"大
一统",但他恰恰认为"大一统"是在"变"与"改弊"之中实现的,
他是要"通古今之变",这种"变"的观念倒是汲取了道家的传统,
司马谈《论六家之要指》就说道家是"与时迁移,应物变化",是
"无成执(势),无常形,故能究万物之情。不为物先,不为物后,故
能为万物主。有法无法,因时为业。有度无度,因物与合。故曰:
'圣人不朽,时变是守。'"③这种"变"的观念,在司马迁的历史观
系统整体中,即成为他认为历史是在不断的"变"中形成,"大一
统"局面也要凭借对前代的"变"与"改弊"来实现。

　　董仲舒宣扬"大一统",还要求思想上的"大一统",为汉武帝

①　[汉]司马迁:《史记》,北京:中华书局,1982年,第3253页。
②　[汉]班固:《汉书·董仲舒传》,北京:中华书局,1962年,第2518—1519页。
③　[汉]司马迁:《史记·太史公自序》,北京:中华书局,1982年,第3289、3292页。

罢黜百家、独尊儒术服务。《史记·礼书》载汉武帝制诏御史："盖
受命而王,各有所由兴,殊路而同归,谓因民而作,追俗为制也。
议者咸称太古,百姓何望? 汉亦一家之事,典法不传,谓子孙何?
化隆者宏博,治浅者褊狭,可不勉与!"①明确指出要为汉立传,为
自家法,要统一思想,董仲舒就用"大一统"投合了汉武帝的口味。
在司马迁的历史观系统整体中,"大一统"只是一种社会局面,而
对当日独尊儒术的"大一统"思想来说,司马迁本人倒是很有点异
端思想的人,他有自己的思想,班固称他"是非颇谬于圣人,论大
道则先黄老而后六经,序游侠则退处士而进奸雄,述货殖则崇势
利而羞贱贫,此其所蔽也"②,班彪、班固是坚持当日正统思想的人
物,班彪自称"唯圣人之道然后尽心"③,班固奉命撰集的《白虎通
义》,即是皇帝亲临裁决的正宗经学,班彪、班固的指责,正表明司
马迁对当日"大一统"思想的反动。

　　这样,我们就看到,司马迁汲取了董仲舒春秋公羊学的"大一
统"历史观念,而摒弃了其"大一统"的种种目的论,否定了道家
"小国寡民"的社会理想;司马迁汲取了道家"变"的观念用之于
自己的历史观,否定了董仲舒"天不变,道亦不变"体现历史上的
形而上学论。"通古今之变",一是"通",一是"变"。由是,司马
迁的历史观系统整体认为,历史是形成与巩固"大一统"的合乎规
律的过程,这个过程得以运动与实现的条件是"变"与"改弊",这

---

① [汉]司马迁:《史记》,北京:中华书局,1982年,第1160—1161页。
② [汉]班固:《汉书·司马迁传》,北京:中华书局,1962年,第2737—2738页。
③ [汉]班固:《汉书·叙传》,北京:中华书局,1962年,第4207页。

样,司马迁就揭示出一连串历史偶然性后面的历史必然性,这就是司马迁历史观系统整体高高地凌驾于董仲舒春秋公羊学与道家之上的新质之一。

三、成一家之言

《春秋》者,《史记·十二诸侯年表》称"七十子之徒口受其传指,为有所刺讥褒讳挹损之文辞不可以书见也"①,《史记·天官书》称"孔子论六经,纪异而说不书"②。《春秋》的简单记事,这就给后人解说留下很大的余地,《春秋公羊传·定公元年》所谓"定、哀多微辞,主人习其读而问其传,则未知己之有罪焉尔"③,这是说自己解说错了还不自知。对《春秋》的解说,本凭借儒生的口授流传下来,这就有因为传的人不同而义理不同的可能,春秋公羊学派又尤好奢谈名理,好借所谓"微言大义"来发挥自己政治上的一些理论,因此,春秋公羊是具有某种批判精神的,是"成一家之言"的,前面所谈到的把春秋历史分为据乱、升平、太平三世,就是其为了附会自己的政治理想而发挥批判之一例。又如《春秋公羊传·庄公四年》载,"九世犹可以复仇乎?虽百世可也……先君之耻,犹今君之耻也,今君之耻,犹先君之耻也"④。这种批判性的发

---

① [汉]司马迁:《史记》,北京:中华书局,1982年,第509页。
② [汉]司马迁:《史记》,北京:中华书局,1982年,第1343页。
③ 《春秋公羊传注疏》,载《十三经注疏》,上海:上海古籍出版社,1997年,第2334页
  上、中。
④ 《春秋公羊传注疏》,载《十三经注疏》,上海:上海古籍出版社,1997年,第2226页中。

挥，即为汉武帝开战匈奴寻找理论根据。《汉书·匈奴传》记载：
"天子意欲遂困胡，乃下诏曰：'高皇帝遗朕平城之忧，高后时单于
书绝悖逆。昔齐襄公复九世之仇，《春秋》大之。'"①因此可以这
么说，《春秋》是作为史的，《公羊传》是解说谈义的。况《春秋》本
身也表现出一种批判精神，司马迁在《史记·太史公自序》中说，
"夫《春秋》上明三王之道，下辨人事之纪，别嫌疑，明是非，定犹
豫，善善恶恶，贤贤贱不肖，存亡国，继绝世，补弊起废，王道之大
者也"②。他十分推崇《春秋》有观点、有是非的做法。

　　司马迁作史"成一家之言"，也提倡有自己的独立见解，也提
倡批判精神，《史记》一方面在体例上表现出自己的批判精神，一
方面更在内容上表现出自己的批判精神。班彪曾批评《史记》说，
"司马迁序帝王则曰本纪，公侯传国则曰世家，卿士特起则曰列
传，又进项羽、陈涉而黜淮南、衡山，细意委曲，条例不经"③。其
实，这正是《史记》用《春秋公羊传》之例表达其褒贬之处，《春秋
公羊传·庄公十年》解释《春秋》的称谓："州不若国，国不若氏，
氏不若人，人不若名，名不若字，字不若子。"④《史记》中以称子最
尊，称字次之，正符合《春秋公羊传》之义。⑤

　　在体例上，《史记》每篇都有论，对所叙述的历史事实与人物

① ［汉］班固：《汉书》，北京：中华书局，1962 年，第 3776 页。
② ［汉］司马迁：《史记》，北京：中华书局，1982 年，第 3297 页。
③ ［南朝宋］范晔：《后汉书·班彪传》，北京：中华书局，1965 年，第 1327 页。
④ 《春秋公羊传注疏》，载《十三经注疏》，上海：上海古籍出版社，1997 年，第 2232 页上。
⑤ 详见陈直《汉晋人对〈史记〉的传播及其评价》，载《中国史学史论集（一）》，上
　海：上海人民出版社，1980 年，第 248—249 页。

加以评论批判,这是把《春秋》的史与《公羊传》的义结合起来的做法。《史记》的评论批判,又不仅仅限于论中,其在叙写时常常随时发表自己的意见。顾炎武曾说:"古人作史,有不待论断而于序事之中即见其指者,惟太史公能之。"①

正是由于具有一种批判精神,所以司马迁敢于对当日皇帝汉武帝以"尤敬鬼神之祀"的讥讽,也敢于记录汲黯当面讥讽武帝的话,"陛下内多欲而外施仁义,奈何欲效唐虞之治乎"②;他也敢于对汉代开国皇帝刘邦的人品处处流露出轻蔑与不满。

由于具有这样一种批判精神,司马迁才敢于正面赞颂农民起义的领袖陈涉,并把他列入世家之中,"秦失其政,而陈涉发迹,诸侯作难,风起云蒸,卒亡秦族。天下之端,自涉发难"③,称"陈胜虽已死,其所置遣侯王将相竟亡秦,由涉首事也"④,充分肯定陈胜的历史地位,把他当作开辟历史新时代的人物。

正是由于有这样一种批判精神,司马迁才敢于写歌颂布衣之徒的《游侠列传》,称道他们"其言必信,其行必果,已诺必诚,不爱其躯,赴士之厄困,既已存亡死生矣,而不矜其能,羞伐其德,盖亦有足多者焉"⑤。为此,班固批评司马迁是"进奸雄"。

正是由于有这样一种批判精神,司马迁才敢于大书其当代

① [清]顾炎武著,黄汝成集释,栾保群、吕宗力校点:《日知录集释》,上海:上海古籍出版社,2013 年,第 1429 页。
② [汉]司马迁:《史记·汲郑列传》,北京:中华书局,1982 年,第 3106 页。
③ [汉]司马迁:《史记·太史公自序》,北京:中华书局,1982 年,第 3310—3311 页。
④ [汉]司马迁:《史记·陈涉世家》,北京:中华书局,1982 年,第 1961 页。
⑤ [汉]司马迁:《史记》,北京:中华书局,1982 年,第 3181 页。

史，对当日社会作出评论，班固说他"其言秦汉，详矣"①，他自己
也说，"及孝惠讫孝景间五十载，追修高祖时遗功臣，及从代来，吴
楚之劳，诸侯子弟若肺腑，外国归义，封者九十有余。咸表始终，
当世仁义成功之著者也"②，"观所以得尊宠及所以废辱，亦当世
得失之林也，何必旧闻"③。这就与孔子为"免时难"④，而少言当
代所见之世不同，"孔氏著《春秋》，隐桓之间则章，至定哀之际则
微，为其切当世之文而罔褒，忌讳之辞也"⑤。董仲舒春秋公羊的
批判精神体现在好谈名理、追求"微言大义"上，但多虚妄任意地
解说历史事实或者借天意来表达，如其多讲灾异，就是皇帝很专
制，没有人敢于批评，可以用灾异来告诫皇帝。严格地说，这只是
捕风捉影、主观附会而已，可能被皇帝及时人所接受，但从历史的
角度来说，是不能令人信服的。从司马迁的历史观系统整体看批
判精神，它是建立在"实录"的基础上的，是建立在翔实的历史材
料基础上的。扬雄《法言·重黎篇》说："太史迁，曰实录。"⑥班固
说："然自刘向、扬雄博极群书，皆称迁有良史之材，服其善序事
理，辨而不华，质而不俚，其文直，其事核，不虚美，不隐恶，故谓之
实录。"⑦司马迁亦引用孔子的话表明自己的"实录"态度："我欲

---

① ［汉］班固：《汉书·司马迁传》，北京：中华书局，1962 年，第 2737 页。

② ［汉］司马迁：《史记·惠景间侯者年表》，北京：中华书局，1982 年，第 977 页。

③ ［汉］司马迁：《史记·高祖功臣侯者年表》，北京：中华书局，1982 年，第 878 页。

④ ［汉］班固：《汉书·艺文志·六艺略·春秋》，北京：中华书局，1962 年，第 1715 页。

⑤ ［汉］司马迁：《史记·匈奴列传》，北京：中华书局，1982 年，第 2919 页。

⑥ ［汉］扬雄：《法言》，载《丛书集成初编》，上海：商务印书馆，1939 年，第 32 页。

⑦ ［汉］班固：《汉书·司马迁传》，北京：中华书局，1962 年，第 2738 页。

载之空言,不如见之于行事之深切著明也";称自己作《史记》,既
"罔罗天下放失旧闻",又要"论考之行事"①,他出游各地时常找
知情人考察历史人物事迹的真实性,如对荆轲刺秦王,司马迁曰:
"世言荆轲,其称太子丹之命,'天雨粟,马生角'也,太过。又言荆
轲伤秦王,皆非也。始公孙季功、董生与夏无且游,具知其事,为
余道之如是。"②司马迁对自己拿不准的事件,或阙如存疑,或存两
说,等等。这样,我们看到了一个"良史之材"历史观系统整体与
一个政治家政治观系统整体的不同,这种不同导致了其相同的要
素在其不同的系统整体中所体现出的质的不同。

每个系统都导向一定的目的,董仲舒春秋公羊学的目的是要
批判划一各家说,建立一个天上太一至上神与地上太一至上神的
对应关系的神说,司马迁《报任安书》说,作《史记》是"稽其成败
兴坏之理"③,追述历史走向"大一统"的渊源与汉代立业的根据,
因此,司马迁批判精神的标准在于人物与事件是否有利于"大一
统",是否符合历史进展规律。所以他批判评论鲁仲连说,"鲁连
其指意虽不合大义,然余多其在布衣之位,荡然肆志,不诎于诸
侯,谈说于当世,折卿相之权"④;"大义",即秦帝的统一事业,这
是符合历史前进趋势的,司马迁明确指出他所要赞扬的是其不畏
强暴大人的荡荡豪气,而不是"不合大义"之处。又如他批判评论
吕后,"孝惠皇帝、高后之时,黎民得离战国之苦,君臣俱欲休息乎

① [汉]司马迁:《史记·太史公自序》,北京:中华书局,1982 年,第 3297、3319 页。
② [汉]司马迁:《史记·刺客列传》,北京:中华书局,1982 年,第 2538 页。
③ [汉]班固:《汉书·司马迁传》,北京:中华书局,1962 年,第 2735 页。
④ [汉]司马迁:《史记·鲁仲连邹阳列传》,北京:中华书局,1982 年,第 2479 页。

无为,故惠帝垂拱,高后女主称制,政不出房户,天下晏然。刑罚罕用,罪人是希。民务稼穑,衣食滋殖"①。他赞扬的是吕后对统一事业的巩固作出的努力,但在叙述具体事件时又揭吕氏的残忍、奸诈等。

司马迁的批判精神,还受到其父司马谈的影响。司马谈《论六家之要指》,就是对当日各种思想的批判。司马谈临终前叮嘱司马迁要用批判精神来处理历史资料,他说,"为太史,无忘吾所欲论著矣","余为太史而弗论载,废天下之史文,余甚惧焉,汝其念哉"②,这里的所谓"论",就是要有批评。《庄子·齐物论》认为,事物本无是非,所以辩论之胜负,全与是非无关,所以也无所谓什么辩论,所谓道家的自然无为,亦有如是的意义在内,在司马谈那儿,这种无批判、无抗争已行不通,司马迁就更不是如此了。

司马迁的批判精神,又是其在对现实生活的观察与体验中形成的。汉武帝时代,经济繁荣,奢侈之风亦兴盛起来,"守闾阎者食粱肉,为吏者长子孙,居官者以为姓号。故人人自爱而重犯法,先行义而后绌耻辱焉。当此之时,网疏而民富,役财骄溢,或至兼并豪党之徒,以武断于乡曲。宗室有土公卿大夫以下,争于奢侈,室庐舆服僭于上,无限度。物盛而衰,固其变也"③,司马迁敏锐的眼光看出了潜伏的社会危机。果然,武帝"及晚节,汉征匈奴,招四夷,天下费多,财用益匮"④,"外攘夷狄,内兴功业,海内之士力

---

① [汉]司马迁:《史记·吕太后本纪》,北京:中华书局,1982 年,第 412 页。
② [汉]司马迁:《史记·太史公自序》,北京:中华书局,1982 年,第 3295 页。
③ [汉]司马迁:《史记·平准书》,北京:中华书局,1982 年,第 1420 页。
④ [汉]司马迁:《史记·汲郑列传》,北京:中华书局,1982 年,第 3113 页。

耕不足粮饟,女子纺绩不足衣服"①。武帝崇尚春秋公羊学中被董
仲舒所发挥的刑名之学,任用酷吏,刑法横行,张汤"决大狱,欲傅
古义,乃请博士弟子治《尚书》《春秋》补廷尉史,平亭疑法"②,"究
之其盛行者,特酷吏藉(公羊学)以济其酷"③,甚至有什么"腹诽
之法"④。司马迁要把这些现实状况都写进《史记》中去。"李陵
之祸"对司马迁思想上是一个根本转变,《报任安书》说,在此之
前,他自许"慷慨之士","绝宾客之知,忘室家之业,日夜思竭其不
肖之材力,务壹心营职,以求亲媚于主上",但就因为据实情为李
陵讲了几句好话,"事乃有大谬不然者",司马迁被下狱,"独与法
吏为伍,深幽囹圄之中",被处腐刑,平日听到与看到的酷吏的种
种暴行,此时此刻,落到他本人的头上。自此以后,他的心境有了
很大的改变,"每念斯耻,汗未尝不发背沾衣也"⑤。《史记》中的
批判精神,尤其是对当代社会的批判,对皇帝的讽刺,与此不是没
有关系的。黑格尔《历史哲学》说,臣属对封建统治者"这种忠诚
乃是建筑在不公平原则上的一种维系,这种关系固然具有一种合
法的对象,但是它的宗旨是绝对不公平的;因为臣属的忠诚并不
是对国家的一种义务,而只是一种对私人的义务——所以事实上
这种忠诚是为偶然机会、反复无常和暴行所左右的"⑥。司马迁的

① [汉]司马迁:《史记·平准书》,北京:中华书局,1982年,第1442—1443页。
② [汉]司马迁:《史记·酷吏列传》,北京:中华书局,1982年,第3139页。
③ [清]皮锡瑞:《经学通论·春秋》,北京:中华书局,1954年,第6页。
④ [汉]司马迁:《史记·平准书》,北京:中华书局,1982年,第1434页。
⑤ [汉]班固:《汉书·司马迁传》,北京:中华书局,1962年,第2725—2736页。
⑥ [德]黑格尔著,王造时译:《历史哲学》,上海:上海书店出版社,2006年,第349页。

情况不正是这样吗？因此，此时此刻，他只有对"大一统"汉朝的忠诚，而减弱了对皇帝私人的忠诚，这就是他为什么对汉王朝"大一统"歌颂而对皇帝讥诮的原因，是现实生活教育了他，也是现实生活使他的批判力更准确，更有力，更有现实性。一部《史记》，正如其《报任安书》所说，是"意有所郁结，不得通其道，故述往事，思来者"，"退论书策以舒其愤，思垂空文以自见"①。

　　从司马迁历史观的系统整体看，司马迁的批判精神，是对道家"自然无为"的一种反动，它汲取了董仲舒春秋公羊学的批判精神，而摒弃了其批判的内容，而这一切，又是在对历史的考信与对现实的观察与体验的基础上进行的，因此，他这种满含批判精神的"成一家之言"是有充分的合理性的。一部《史记》，在封建社会正统派看来，时时具有对封建正统的离心作用，却赢得广大有识之士、广大人民群众的热爱。

　　依上所述，我们得出什么结论呢？我们说，司马迁的历史观中有董仲舒春秋公羊学与道家的成分，但是，司马迁并不是吸取了春秋公羊学与道家的全部，而只是汲取了其部分要素，被司马迁所汲取的春秋公羊学与道家的部分要素又是相互制约与相互影响的，这种相互制约与相互影响又与司马迁对现实的态度、对历史的考信相互制约与相互影响，在制约与影响中，形成了司马迁历史观的系统整体，而其历史观系统整体一经形成，又指导着司马迁所汲取的春秋公羊学与道家的部分要素，指导着他对历史的考信与对现实的态度，使它们在其历史观系统整体中发挥作

---

① ［汉］班固：《汉书·司马迁传》，北京：中华书局，1962 年，第 2735 页。

用,这也是新质产生的过程。

　　当然,司马迁学问渊博,见识深广,又深富创造性,他的思想渊源也不仅限春秋公羊学与道家,他的历史观系统整体还有其他一些要素与组成部分,但是,一来我认为上述二者是其历史观系统整体中较为重要的要素与组成部分,故评述之;一来限于本人的才力与本文的篇幅,也就先评述到这一步。

　　　　　　　　　一九八三年六月初稿,一九八六年四月第二稿

　　　　　　　　　（原载《宁夏教育学院学报》1986 年第 4 期）

“诗史”考辨

一、“诗史”的意味

　　“诗史”两个字合用,最早出现在南朝沈约《宋书·谢灵运传论》中,沈约称曹植诸人的诗作“并直举胸情,非傍诗史”①,意即说他们的诗作都是直抒胸臆而来,并非依傍前人诗作或史事而作。这里的“诗史”,指的是诗歌发展史。“诗史”,也作为著述之书的名称,《苏州府志·艺文志》著录范师道有《唐诗史》一书,今已不见此书,郭绍虞说:“顾名思义,或亦《唐诗纪事》《全唐诗话》一类之作。”②因此,此处的“诗史”是指历史上某个时代的诗歌纪事、诗话的意思,郭绍虞《宋诗话辑佚》载有另一部《诗史》的佚文125条,内容正是如此。

　　“诗史”最为常见的意味是“以诗为史”,是对诗人或诗作的称誉。唐时就有人以“诗史”称誉杜甫,唐人孟棨《本事诗·高逸》说:“杜(甫)逢(安)禄山之难,流离陇蜀,毕陈于诗,推见至隐,殆无遗事,故当时号为‘诗史’。”③宋时称杜甫为“诗史”更为

①　[南朝梁]沈约:《宋书》,北京:中华书局,1974年,第1779页。
②　郭绍虞:《宋诗话考》,北京:中华书局,1979年,第188页。
③　丁福保辑:《历代诗话续编》,北京:中华书局,1983年,第15页。

流行,《新唐书·杜甫传赞》称:"(杜)甫又善陈时事,律切精深,至千言不少衰,世号'诗史'。"①《诗人玉屑》卷十四引孙仅《序》语:"先生以诗鸣于唐,凡出处去就,动息劳佚,悲欢忧乐,忠愤感激,好贤恶恶,一见于诗,读之可以知其世。学士大夫谓之'诗史'。"②据此我们可以看到,作为总体评价的"诗史"大致即"以诗为史",具有以下几个方面的内容:多具叙事性;叙时事,"读之可以知其世",其或补史之阙;多寓"忠愤感激"的褒贬之情;具有比如"律切精深"般的较高的艺术水平。

又有人偏执于上述诸方面之一端而称诗人或诗作为"诗史"。宋人魏泰《临汉隐居诗话》说:"李光弼代郭子仪入其军,号令不更而旌旗改色。及其亡也,杜甫哀之曰:'三军晦光彩,烈士痛稠叠。'前人谓杜甫句为'诗史',盖谓是也。非但叙尘迹撷故实而已。"③这是讲,杜甫的这两句诗不仅仅写出了李光弼被冤而死之后三军痛悼的实事,而重要的是体现出了时代的心声,所谓"读之可以知其世"之意。

宋人蔡绦《西清诗话》据杜甫《送重表侄王砅》诗纠正了《唐书·列女传》的错误,于是感慨地说:"史缺失而缪误,独少陵载之,号'诗史'信矣。"④这是讲杜诗在某处纠史书之误。

明人胡应麟《诗薮》内编卷一说:"四言之赡,极于韦孟。五言之赡,极于《焦仲卿》。杂言之赡,极于《木兰》。歌行之赡,极于

---

① [宋]欧阳修、宋祁撰:《新唐书》,北京:中华书局,1975年,第5738页。
② [宋]魏庆之:《诗人玉屑》,上海:上海古籍出版社,1978年,第304页。
③ [清]何文焕辑:《历代诗话》,北京:中华书局,1981年,第318页。
④ [宋]魏庆之:《诗人玉屑》,上海:上海古籍出版社,1978年,第305页。

《畴昔》《帝京》。排律之赡,极于《岳州》《夔府》诸篇。虽境有神妙,体有古今,然皆叙事工绝。诗中之史,后人但知老杜,何哉!"①他认为只要是"叙事工绝",就可以称之为"诗中之史"。

明人杨慎《升庵诗话》卷十一"咏王安石"条云:"刘文靖公因《书事绝句》云:'当年一线魏瓠穿,直到横流破国年。草满金陵谁种下,天津桥上听啼鹃。'宋子虚《咏王安石》亦云:'投老归耕白下田,青苗独未罢民钱。半山春色多桃李,无奈花飞怨杜鹃。'二诗皆言宋祚之亡由于安石,而含蓄不露,可谓诗史矣。"②这是把以"含蓄不露"的诗法来叙述朝代衰亡原因的诗作称之为"诗史"。但杨慎对"诗史"又有狭义的理解,机械地把诗等同于史,其《升庵诗话》卷十一"诗史"条云:"宋人以杜子美能以韵语纪时事,谓之'诗史'。鄙哉宋人之见,不足以论诗也。夫六经各有体,《易》以道阴阳,《书》以道政事,《诗》以道性情,《春秋》以道名分。后世之所谓史者,左记言,右记事,古之《尚书》《春秋》也。若诗者,其体其旨,与《易》《书》《春秋》判然矣。《三百篇》皆约情合性而归之道德也,然未尝有道德字也,未尝有道德性情句也。《二南》者,修身齐家其旨也,然其言琴瑟钟鼓,荇菜苤苢,夭桃秾李,雀角鼠牙,何尝有修身齐家字耶? 皆意在言外,使人自悟。至于变风变雅,尤其含蓄,言之者无罪,闻之者足以戒。……杜诗之含蓄蕴藉者,盖亦多矣,宋人不能学之。至于直陈时事,类于讪讦,乃其下乘末脚,而宋人拾以为己宝,又撰出'诗史'二字以误后人。如诗

---

① [明]胡应麟:《诗薮》,上海:上海古籍出版社,1979年,第3—4页。
② 丁福保辑:《历代诗话续编》,北京:中华书局,1983年,第862页。

可兼史,则《尚书》《春秋》可以并省。又如今俗卦气歌、纳甲歌,兼阴阳而道之,谓之'诗易'可乎?"①

　　上述数例所称"诗史",尽管也是称誉诗人或诗作的,但显然没有得到后世人们的公认,为什么呢? 我们以下再引几条材料,这些诗人或诗作是被世人公认可称作"诗史"的,两下作一比较,其原因就可以理解了。

　　明人钟惺《古诗归》题曹操《蒿里行》《薤露行》云:"汉末实录,真诗史也。"②《蒿里行》《薤露行》叙述何进谋杀宦官,召董卓进京而祸国殃民,以及群雄讨董卓之事。

　　南宋末诗人汪元量,号水云,本是宫廷琴师,南宋亡后随六宫到燕京,其《醉歌》《湖州歌》《越州歌》,以七绝联章的形式与纪实的手法,把他所目击的南宋覆亡、朝廷被俘北迁元地的情景描摹得淋漓尽致,读时栩栩如生如在眼前。清人李珏跋汪元量《湖山类稿》说:"纪其亡国之戚,去国之苦,艰关愁叹之状,备见于诗。微而显,隐而彰,哀而不怨,欷歔而悲,甚于痛哭,岂《泣血录》所可并也? 唐之事纪于草堂,后人以'诗史'目之,水云之诗,亦宋亡之诗史也,其诗亦鼓吹草堂者也。"③清人吴之振《宋诗钞·水云诗钞小序》说:"诗多纪国亡北徙事,与文丞相狱中倡和,周详恻怆,人谓之'诗史'。"④

---

① 丁福保辑:《历代诗话续编》,北京:中华书局,1983 年,第 868 页。
② 《魏晋南北朝文学史参考资料》,北京:中华书局,1962 年,第 7 页。
③ 孔凡礼辑校:《增订湖山类稿》,北京:中华书局,1984 年,第 188 页。
④ [清]吴之振、吕留良、吴自牧选编,[清]管庭芬、蒋光煦补编:《宋诗钞》,北京:中华书局,1986 年,第 2938 页。

　　元好问,号遗山,生当宋金、金元易代之际,他的诗关心民生疾苦,诉述社会动乱、国破家亡的现实,今人中孚说:"这就是奠定他在文学史上地位的'丧乱诗',这类堪称'诗史'的作品,在《遗山集》中比比皆是,它再现了我国历史上这段黑暗年代触目惊心的场面,读来至今令人心慄。"①

　　顾炎武,明末清初诗人,在清兵南下之际,他的诗鼓吹抗清斗争,叙写清兵暴行,沉雄悲壮,苍凉深郁。清人徐嘉《顾诗笺注凡例》称:"先生身负沉痛,思大揭其亲之志于天下,奔走流离,抚时感事诸作,实为一代诗史,踵美少陵。"②

　　从这几条从古至今称"诗史"的材料来看,"诗史"的意味已由宋明时的分散逐渐向清及今时的集中而专注演进,这表现在以下两点:其一,叙事一般是要表现历史上发生重大转折时刻或国家危亡时刻的史事与民生疾苦,具有强烈的忧国忧民之情。如果单是描摹民生疾苦的叙事诗,尚未被称作"诗史",如白居易诸人的新乐府诗,就未获此殊誉。如果其补史之阙不是叙写重大历史事件的,称作"诗史"也是未必得到公认,如《西清诗话》所称诸作。其二,这是一个崇高的荣誉称号,是指那些具有很高水平的诗人的以诗为史的作品。有些诗作虽然也再现了历史上的重大事件与民生疾苦,但是,或其艺术水平未臻上乘,或其人不够有名,一般也不称其为"诗史"。如民国刘成愚作《洪宪纪事诗》,共

①　中孚:《怎样评价元好问的诗》,载《古典文学三百题》,上海:上海古籍出版社,1986 年,第 318 页。

②　[清]顾炎武著,王蘧常辑注,吴丕绩标校:《顾亭林诗文集汇注》,上海:上海古籍出版社,1983 年,第 1334 页。

绝句二百零八首,记述袁世凯登基到下台的这段史实,章炳麟的
《序》也只是说:"细大皆录之。诗成示余,其词瑰玮可观,余所知
者略备矣。后之百年,庶几作史者有所摭拾。"①正因为如此,历史
上的诗人,从未有谁自诩为"诗史"的,即使他们有意"以诗为
史",也要以另一种谦逊的口吻出之。宋人文天祥《集杜诗自序》
说:"昔人评杜诗为诗史,盖其以咏歌之辞,寓纪载之实,而抑扬褒
贬之意,粲然于其中,虽谓之史可也。予所集杜诗,自余颠沛以
来,世变人事,概见于此矣,是非有意于为诗者也。后之良史,尚
庶几有考焉。"②清人魏源称自己的诗为"稗史情"③。尽管文天祥
的诗反映南宋军民抗击元军入侵的史实,魏源的诗叙述鸦片战争
的史事,他俩也被今天称誉为"诗史",但他们只是说自己的诗有
补于史罢了。

二、"诗史"所表现的民族文化心理

为什么"诗史""以史为诗"就是荣誉称号呢?我们说,正是
由于被称作为"诗史"的诗人或诗作淋漓尽致地发挥诗与史两方
面的传统,表现出深厚的民族文化心理。

我国古代诗歌有"美刺"传统。就"美"来说,《国语·楚语

---

① 刘成禺、张伯驹著,吴德铎标点:《洪宪纪事诗三种》,上海:上海古籍出版社,
1983年,第34页。

② 《文天祥全集》,南昌:江西人民出版社,1987年,第621页。

③ 魏源:《寰海后》,载杨积庆选注《魏源诗文选》,上海:华东师范大学出版社,1990
年,第187页。

上》记叔时曰:"……教之诗,而为之导广显德,以耀明其志。"韦昭注曰:"导,开也。显德,谓若成汤、文、武、周公、僖公之属,诗所美者也。"①这种"美"是与朝代的兴盛发达联系起来的。就"刺"来说,《国语·周语上》载,周厉王暴虐,国人愤怒,纷纷谴责他,厉王使卫巫监谤,召公谏曰:"为川者决之使导,为民者宣之使言。故天子听政,使公卿至于列士献诗,瞽献曲,史献书,师箴,瞍赋,矇诵,百工谏,庶人传语,近臣尽规,亲戚补察,瞽、史教诲,耆、艾修之,而后王斟酌焉,是以事行而不悖。"②此中说出了诗歌的讽刺作用,厉王不听讽谏,后被放逐,清人程廷祚《诗论六》就说:"诗人自不讳刺,而诗之本教,盖在于是矣。胡可以不察耶?"③《诗经》三百零五篇,有少数作品谈到作诗的目的,在比较明确的十一条中,八例为讽,三例为颂。④《毛诗序》论《诗经》中揭露讽刺的诗说:"至于王道衰,礼义废,政教失,国异政,家殊俗,而变风变雅作矣。国史明乎得失之迹,伤人伦之废,哀刑政之苛,吟咏情性,以风其上,达于事变而怀其旧俗者也。"这又把揭露讽刺与时代衰落联系起来。

尽管《诗经》与诗教都有"美刺"两端,但由于在古代社会里不合理的现象大量存在,美好的事物常常受到损害,人们在创作

---

① [战国]左丘明著,[三国吴]韦昭注:《国语》,上海:上海古籍出版社,2015年,第355页。

② [战国]左丘明著,[三国吴]韦昭注:《国语》,上海:上海古籍出版社,2015年,第7页。

③ 郭绍虞:《中国历代文论选(一)》,上海:上海古籍出版社,1979年,第14页。

④ 据郭绍虞的统计与论述。见《中国历代文论选(一)》,上海:上海古籍出版社,1979年,第12页。

实践与理论批评中,逐渐把诗歌的揭露讽刺作用看得更重一点,把"忠愤感激"之音看得更高一点。

战国时,荀况公开称述其个人作诗的起因是"天下不治",《荀子·赋篇》中的《佹诗》首句云:"天下不治,请陈佹诗。"杨倞注曰:"请陈佹异激切之诗,言天下不治之意也。"①屈原生活在楚国面临灭亡之际,其《九章·惜诵》说:"惜诵以致愍兮,发愤以杼情。"其《九章·悲回风》说:"介眇志之所惑兮,窃赋诗之所明。"这都是说心中有郁郁不平之情,故作诗以抒之。其《九章·抽思》云:"道思作颂,聊以自救兮。忧心不遂,斯言谁告兮。"②"作颂"就是作歌作诗,屈原说自己作歌作诗是为了解脱忧苦之心。荀况的《赋篇》与屈原之作在当日及汉代被称作"赋",《汉书·艺文志》"诗赋略论"对他俩的创作有一准确的评价:"春秋之后,周道浸坏,聘问歌咏不行于列国,学诗之士逸在布衣,而贤人失志之赋作矣。大儒孙卿及楚臣屈原离谗忧国,皆作赋以风,咸有恻隐古诗之义。"③荀况与屈原开始了我们诗歌史上从集体吟唱到个人独立创作的新时代,他俩的诗都是针对时代的衰亡而作出的个体反应——"忧国",他俩的诗或着力刺世,或忠愤激切,这些对后世都具有榜样的力量。

建安时期,是我们诗歌史上第一次文人创作高潮,其传统对后世影响极大。建安诗歌具有"慷慨悲凉"的风格,这种风格之所

① 王先谦:《荀子集解》,载《新编诸子集成》,北京:中华书局,1988 年,第 480 页。
② [宋]洪兴祖:《楚辞补注》,北京:中华书局,1983 年,第 121、157、141 页。
③ [汉]班固:《汉书》,北京:中华书局,1962 年,第 1756 页。

以形成,诚如刘勰《文心雕龙·时序》所说:"观其时文,雅好慷慨,良由世积乱离,风衰俗怨,并志深而笔长,故梗概而多气也。"①汉末,宦官与外戚两大政治集团交相干政、相互倾轧,造成政治极端黑暗腐败,又因连年对羌用兵与阶级矛盾尖锐,终于激起黄巾大起义;后又军阀交战,社会混乱,民生涂炭。建安前夕,诗歌先是以《古诗十九首》为代表谱下人生忧患的基调;建安时,曹氏父子与建安七子的创作反映社会动乱、民生疾苦,进而在此基础上表现建功立业的理想与壮志。因此,以揭露与批判为主来反映现实生活,成为当日诗歌的主要职责,慷慨悲歌成为当日诗歌的主旋律,这也就是"建安风骨"的主要构成所在。上述二者再加上一个叙事性,正是日后被称誉为"诗史"的主要条件。

那么,早先诗歌"美"的职责由什么来担当呢? 其一,汉赋把美颂当作了自己的专利。班固《两都赋序》论汉赋的兴起说:"或曰:'赋者,古诗之流也。'昔成、康没而颂声寝,王泽竭而诗不作。大汉初定,日不暇给。至于武、宣之世,乃崇礼官、考文章,内设金马、石渠之署,外兴乐府协律之事,以兴废继绝,润色鸿业。""故言语侍从之臣""朝夕论思,日月献纳。而公卿大臣""时时间作。或以抒下情而通讽谕,或以宣上德而尽忠孝,雍容揄扬,著于后嗣,抑亦雅颂之亚也"②。此中关键性的词句是"润色鸿业""宣上德而尽忠孝",这就是对皇朝兴盛的歌颂与赞美。汉大赋的代表

---

① [南朝梁]刘勰撰,詹锳义证:《文心雕龙义证》,上海:上海古籍出版社,1989 年,第 1694 页。

② [南朝梁]萧统编,[唐]李善注:《文选》,北京:中华书局,1977 年,第 21—22 页。

作品是司马相如的《子虚》《上林》，赋中假设楚国子虚与齐国乌有先生互相夸耀，最后亡是公出来铺陈汉天子上林苑的壮丽与天子射猎的盛况，从而歌颂了大一统中央皇朝无可比拟的气魄与声威。这就是赋颂传统。

其二，一部分乐府诗担当了歌颂天地、歌颂皇朝的职责。乐府诗中有郊庙歌一类，是古代帝王祭祀天地神祇和祭祀祖先所用的乐章，多为赞颂称美功德之辞，《乐府诗集·郊庙歌辞》中收辑有汉至唐的此类作品。乐府诗中又有燕射歌辞一类，是帝王在宴会时所用的乐章，至今存有魏晋南北朝时的燕射乐章，亦多颂扬之辞。乐府诗又有鼓吹曲，其中一部为"铙歌"，本是军乐。汉代有二十二曲，其中四篇辞已亡，下迄魏晋，文人根据"铙歌"诸篇篇名改制的诗作颇多，内容则纯为赞扬各朝各代辉煌的武功。历代皇朝登基伊始，便是制乐。制作歌颂赞美本朝的乐章，以光大皇朝的功德。上述几类乐府诗理所当然地担当起歌颂赞美皇朝的职责，成为歌颂赞美诗的正宗。当然，并不是文人就不作歌颂赞美皇朝的其他诗作，但这样的诗作往往会引起人们的批评，如明初盛行的"台阁体"即是歌功颂德点缀"升平"之作，到明前后七子，便掀起了一个颇有声势的反对"台阁体"的运动，到了清代《四库全书总目》中说："成化以后，安享太平，多台阁雍容之作。愈久愈弊，陈陈相因，遂至咺缓冗沓，千篇一律。"①而乐府诗的此类作品，就不曾引起人们的指责。

诗歌的传播方式有自上而下与自下而上两种，此即《毛诗序》

---

① ［清］永瑢等：《四库全书总目》，北京：中华书局，1965年，第1497页中。

所称"上以风化下，下以风刺上"。"上以风化下"，是颂诗美诗的
传播路线，"先王以是经夫妇、成孝敬、厚人伦、正得失、美教化、移
风俗"①。"下以风刺上"，是讽刺批判现实的诗的传播路线，论
"人伦之废""行政之苛"等。由上而下的诗如上述郊庙歌辞、燕
射歌辞、鼓吹曲之饶歌，是钦定的，由文人集团来承担其创作。由
上而下的诗则落在文人个体的自觉上，是文人们"补察时政"的自
觉行为。"士不可以不弘毅，任重而道远。仁以为己任，不亦远
乎?"②《论语》的话有着久远的号召力，且愈是"天下无道"之时也
就愈显示出力量，如顾炎武，在祖国存亡之际，便提出"保天下者，
匹夫之贱，与有责焉"③。这些都是说文人的社会责任感，并且越
是在"天下无道"与国家危亡的时刻，这种社会责任感就越发强
烈。他们的诗作既是刺末世的，但又是救末世，封建社会知识分
子的矛盾在他们身上也表现得最为强烈。进而，越是在"天下无
道"与国家危亡时刻，也就越有可能写出"忠愤感激"之情的作品。

　　长期以来，我们古代文学理论家与批评家就高扬这样的理
论:批判现实、刺过失的诗有益于社会，抒写悲愤哀苦之音的诗易
工易好。葛洪《抱朴子·辞义》说:"古诗刺过失，故有益而贵;今
诗纯虚誉，故有损而贱也。"④推崇"刺过失"的诗，并认为歌功颂

---

① 《毛诗序》，载《十三经注疏·毛诗正义》，上海:上海古籍出版社,1997年，第271
　　页中、270页下。
② 《论语·泰伯》，载《十三经注疏·论语注疏》，上海:上海古籍出版社,1997年，
　　第2487页上。
③ [清]顾炎武著，黄汝成集释，栾保群、吕宗力校点:《日知录集释》，上海:上海古
　　籍出版社,2013年，第757页。
④ 葛洪:《抱朴子》，《诸子百家丛书》本，上海:上海古籍出版社,1990年，第300页上。

德的诗则有"虚誉"之嫌。刘勰《文心雕龙·情采》说:"盖风雅之
兴,志思蓄愤,而吟咏情性以讽其上,此为情而造文也;诸子之徒,
心非郁陶,苟驰夸饰,鬻声钓世,此为文而造情也。"①他主张,作诗
作文,诗人作家是否"蓄愤""郁陶"是成败的关键。钟嵘《诗品
序》说:"嘉会寄诗以亲,离群托诗以怨。至于楚臣去境,汉妾辞
宫。或骨横朔野,或魂逐飞蓬;或负戈外戍,杀气雄边;塞客衣单,
孀闺泪尽;又士有解佩出朝,一去忘返;女有扬娥入宠,再盼倾国;
凡斯种种,感荡心灵,非陈诗何以展其义,非长歌何以骋其情? 故
曰:'《诗》可以群,可以怨。'使穷贱易安,幽居靡闷,莫尚于诗
矣。"②他认为诗歌是抒愤消悲最好的工具。韩愈《荆谭唱和诗
序》说:"夫和平之音淡薄,而愁思之声要妙;欢愉之辞难工,而穷
苦之言易好也。是故文章之作,恒发于羁旅草野。至若王公贵
人,气满志得,非性能而好之,则不暇以为。"③欧阳修《梅圣俞诗
集序》说:"予闻世谓诗人少达而多穷。夫岂然哉? 盖世所传诗
者,多出于古穷人之辞也。凡士之蕴其所有,而不得施于世者,多
喜自放于山巅水涯,外见虫鱼、草木、风云、鸟兽之状类,往往探其
奇怪。内有忧思感愤之郁积,其兴于怨刺,以道羁臣寡妇之所叹,
而写人情之难言,盖愈穷则愈工。然则非诗之能穷人,殆穷者而

① [南朝梁]刘勰撰,詹锳义证:《文心雕龙义证》,上海:上海古籍出版社,1989年,
　　第1158页。
② [南朝梁]钟嵘著,曹旭集注:《诗品集注》,上海:上海古籍出版社,1994年,第
　　47页。
③ 郭绍虞:《中国历代文论选(二)》,上海:上海古籍出版社,1979年,第129页。

后工也。"①韩、欧两人从诗人的创作实践与读者阅读诗作时的感受这两方面来论述，认为愁思悲苦最易于打动人心，何况诗中的愁思悲苦是心中的愁思悲苦的抒发与描摹，这样的诗作当然易工易好了。这些文学理论家与批评家，从优秀诗作的价值取向上，肯定了刺过失与抒发悲愤哀苦之音的作用。

从以上的分析我们可以看到，"诗史"所具备的刺过失、抒忠愤等内在蕴含，在我们古代优秀诗歌传统照耀下，它更辉煌，在我们古代现实主义诗歌理论的呐喊张扬下，它更强烈。

三、古代史学传统与"诗史"

以下我们再从古代史学传统来理解"诗史"为何是一种赞誉之称。史学传统，就是班固在《汉书·司马迁传赞》中评论司马迁史学时所说："然自刘向、扬雄博极群书，皆称迁有良史之材，服其善序事理，辨而不华，质而不理，其文直，其事核，不虚美，不隐恶，故谓之实录。"②这里的精神是"实录"，具体的要求是"不虚美，不隐恶"。刘知几论史，也主张"不掩恶，不虚美"，要求"善恶必彰，真伪尽露"③。一般来说，"不隐恶"要比"不虚美"难，它需要一颗真正的心与大无畏的精神。史家高树"实录"之旗，更偏重于"不

---

① 郭绍虞：《中国历代文论选（二）》，上海：上海古籍出版社，1979 年，第 130 页。

② ［汉］班固：《汉书》，北京：中华书局，1962 年，第 2738 页。

③ ［唐］刘知几著，［清］浦起龙通释，王煦华整理：《史通通释》，上海：上海古籍出版社，2009 年，第 393 页。

隐恶",古代称为"良史"的并引以为史家骄傲的晋董狐与齐太史就是证明。春秋时有晋太史董狐,晋灵公被赵穿所杀,晋大夫赵盾没有表示自己的态度,董狐就在史册上写道:"赵盾弑其君。"孔子曰:"董狐,古之良史也,书法不隐。"①春秋时,齐国大夫崔杼杀国君,齐国太史在史册上写道:"崔杼弑其君。"崔杼怒,杀太史。太史的两个弟弟先后继为太史,仍作同样记载,又都被崔杼杀了。太史的另一弟弟继作太史,又作同样的记载,崔杼无可奈何,"南史氏闻大史尽死,执简以往。闻既书矣,乃还"②。史家的"不隐恶"与诗人"刺过失"的批判精神不正有一致之处吗?

"经世致用"是传统史学宗旨的根本问题,它包括垂训、蓄德、通变、借鉴等几方面的内容。垂训,即对人们进行历史教育;蓄德,即通过学习历史以增进思想道德修养;通变,即了解历史变化及趋势;借鉴,即以历史作为政治得史的镜子。传统史学视借鉴功用最为重要,王夫之《读通鉴论》卷六称:"所贵乎史者,述往以为来者师也,为史者,记载徒繁,而经世之大略不著,后人欲得其得失之枢机以效法之无由也,则恶用史为?"③这几乎将借鉴作为史学的唯一宗旨。借鉴古时历史,则又主要是借鉴历代灭亡的原因以警惕自己重蹈覆辙。洪迈《容斋随笔》卷一六《前代为鉴》条云:"人臣引古规戒,当近取前代,则事势相接,言之者有证,听之

---

① 《左传·宣公二年》,载《十三经注疏》,上海:上海古籍出版社,1997 年,第 1867 页中。

② 《左传·襄公二十五年》,载《十三经注疏》,上海:上海古籍出版社,1997 年,第 1984 页上。

③ [清]王夫之:《读通鉴论》,北京:中华书局,1975 年,第 156—157 页。

者足以鉴。《诗》曰'殷鉴不远,在夏后之世.'《周书》曰:'今惟殷坠厥命,我其可不大鉴!'又曰:'有殷受天命,惟有历年,惟不敬厥德,乃早坠厥命.'周公作《无逸》,称殷三宗。汉祖命群臣言吾所以有天下,项氏所以失天下,命陆贾著秦所以失天下。张释之为文帝言秦汉之事,秦所以失,汉所以兴。贾山借秦为喻。贾谊请人主引殷周秦事而观之。魏郑公上书于太宗云:'方隋之未乱,自谓必无乱;方隋之未亡,自谓必无亡。臣愿当今动静以隋为监.'"①夺取政权建立新皇朝,各个朝代的各位英主都各自有一套独特的本领,但丢失江山覆亡朝廷的君主,其败绩劣行恶法却似乎如出一辙,这不能不引起人们的警惕,因此,早在三千年前的时候,就有前代为鉴之说,并延续于整个古代史学。这就是魏征所说:"鉴国之安危,必取于亡国。"②这样,难怪"诗史"要"以诗为史"地叙事时,笔墨多集中在末世了。

　　"以诗为史"叙事时,大都是把笔墨集中于朝代末世的历史史实上,这也可以从历代修史的缺陷中找出答案。修史的惯例是后朝为前朝修史,后朝在修史时,往往会有意识地掩盖本朝在推翻前朝过程中的一些血腥行为,也会有意识地缺漏某些前朝军民英勇抵抗的史实。如清修明史,"关于南明之事,如随从唐王、桂王等诸臣,书中仅概括地称道其尽忠守节等封建道德,于抗清斗争的具体事迹,皆略而不书。这都是由于史官屈从于清统治者的严

---

① [宋]洪迈撰,穆公校点:《容斋随笔》,上海:上海古籍出版社,2015年,第139页。
② [唐]吴兢:《贞观政要·刑法第三十一》,合肥:黄山书社,2002年,,第163页。

威,明显地捏造和歪曲了历史"①。因此,身处易代之际的诗人,其诗作中对新王朝统治者暴行的揭露与对旧王朝军民英勇抵抗的描摹等内容,正可以补史之阙,因此,在后世看来,这些诗作的"史"的意味颇浓。钱谦益从宋亡时的诗作中看出了这一点,又由于他自身是由明降清的,对这一点的理解也就更有意味。其《序胡致果诗》说:"孟子曰:'诗亡然后《春秋》作。'《春秋》未作以前之诗,皆国史也……三代以降,史自史,诗自诗,而诗之义不能不本于史。曹之《赠白马》,阮之《咏怀》,刘之《扶风》,张之《七哀》,千古之兴亡升降感叹悲愤皆于诗发之。驯至于少陵而诗中之史大备,天下称之曰'诗史'。唐之诗,入宋而衰,宋之亡也,其诗称盛,皋羽之《恸西台》,玉泉之《悲竺国》,水云之《苕歌》,《谷音》之越吟,如穷冬冱寒,风高气栗,悲噫怒号,万籁杂作,古今之诗,莫变于此时,亦莫盛于此时。至今新史盛行,空坑厓山之故事与遗民旧老,灰飞烟灭,考诸当日之诗,则其人犹存,其事犹在。残篇啮翰与金匮石室之书,并悬日月,谓诗之不足以续史也,不亦诬乎?"②被称誉为"诗史"的作品,描摹出发生在朝代末世的而被后朝修史时有意遗漏的种种政治事件与人情世态,这样的诗,真正具有"史"的作用。

---

① 王树民:《史部要籍解题》,北京:中华书局,1981 年,第 136 页。
② [清]钱谦益著,[清]钱曾笺注,钱仲联标校:《牧斋有学集》,上海:上海古籍出版社,1996 年,第 800—801 页。

四、"以诗为史"与"以史为诗"

诗与史的结合有两种形式,一是"以诗为史",一是"以史为诗"。历代都有"咏史"诗流行,经久不衰,但充其量只是诗歌的一种品类罢了。而"以诗为史",却是对诗人或诗作的极高称誉,这与我国古代史学的崇高地位也是分不开的。

我国是史学最早发达的国度,周代时,史官就有细致的分工与明确的职责。《周礼》载,周代官员"六曰史,掌官书以赞治",他们为:"大史掌建邦之六典","小史掌邦国之志","内史掌王之八枋之法,以诏王治","外史掌书外令,掌四方之志,掌三皇五帝之书,掌达书名于四方""御史掌邦国、都鄙及万民之治令,以赞冢宰"。① 因此,史在我国有着崇高的地位,刘知几《史通·史官建置》说:"史之为用,其利甚博。乃生人之急务,为国家之要道。有国有家者,其可缺之哉!"②诗,尽管也有"刺过失""补察时政"等社会性质,但也有情感性质、娱乐性质、审美性质等,且往往要求从个体出发。这样,诗在"生人之急务,国家之要道"等政治功用方面远远地落后于史。而在我国古代,政治与政治思想是古代上层建筑意识形态的核心部分,是与国计民生紧密相关的。因此,"诗史""以诗为史"就是在把诗推崇为史的同时,提高了诗的

① 《周礼注疏》,载《十三经注疏》,上海:上海古籍出版社,1997年,第655页下、817页上、818页中、829页上、820页中下、822页下。

② [唐]刘知几著,[清]浦起龙通释,王煦华整理:《史通通释》,上海:上海古籍出版社,2009年,第281页。

地位。

陆游《读杜诗》绝句云:"千载诗亡不复删,少陵谈笑即追还。常憎晚辈言诗史,《清庙》《生民》伯仲间。"①陆游不满意当时人们只把杜甫称作以诗记事,如《西清诗话》所说,陆游推崇杜甫是一位为国为民的诗人,认为杜甫的诗作与《诗经》不相上下。后世人们称之为"诗史"的意味,正在于诗中所述之事不是一般的事,而是具有巨大的深沉的历史感的史事,因此,人们在吟诵这些诗作时,也是在回顾具有重大历史意义的往事,从当日事物的被摧毁中感受着心灵的巨大震动,从血与火的纪实中领略着悲壮的美,从中也看到被誉为"诗史"的诗人那一颗炽热的心。赵翼《题遗山集》有诗句说:"国家不幸诗家幸,赋到沧桑句便工。"②可以说,"诗史"的全部意味都在其中了。

"诗史"的庸俗性用法,如《玉壶清话》卷一:

真宗尝曲宴群臣于太清楼,君臣欢笑无间。忽问:"鏖沽尤佳者何处?"中贵人奏有南仁和者,亟令进之,遍赐宴席。上亦颇爱,问其价,中人以实对。上遽问近臣曰:"唐酒价几何?"无能对者,唯丁晋公奏曰:"唐酒每升三十。"上曰:"安知?"丁曰:"臣尝读杜甫诗曰:'早来就饮一斗酒,恰有三百青

① [宋]陆游著,钱仲联点校:《剑南诗稿》,长沙:岳麓书社,1998年,第779页。《清庙》《生民》,《诗经》中的作品。
② [清]赵翼著,李光颖、曹光甫校点:《瓯北集》,上海:上海古籍出版社,1997年,第772页。

铜钱。'是知一升三十。"上大喜曰："甫之诗，自可为一时之史。①

如此庸俗性用法，此处不论。

（原载《广西大学学报》1990 年第 5 期）

---

① ［宋］释文莹：《玉壶清话》，北京：中华书局，1985 年，第 1 页。

论先秦两汉史学观念之三变
——从"微言大义"到"文胜质则史""实录"

一、"《春秋》笔法"与"微言大义"

《汉书·艺文志》云:

> 古之王者世有史官。君举必书,所以慎言行、昭法式也。
> 左史记言,右史记事。①

《春秋》非常讲究怎样"记言记事";司马迁称《春秋》"文成数万,
其指数千"②,显然是说《春秋》的记言记事是为了突出其"指",
"指"即旨意,甚至记言记事之"指"应该重于其自身。看下面这
个例子,《春秋》昭公十三年:

> 夏四月,楚公子比自晋归于楚,弑其君虔于乾溪。③

---

① [汉]班固:《汉书》,北京:中华书局,1962 年,第 1715 页。
② [汉]司马迁:《史记·太史公自序》,北京:中华书局,1982 年,第 3297 页。
③ [清]阮元校刻:《十三经注疏》,上海:上海古籍出版社,1997 年,第 2068 页下。

《左传》昭公十三年：

　　夏五月，癸亥，王缢于芋尹申亥氏。①

《春秋》与《左传》的记载不一致，前者是"弑其君"，后者是"王
缢"。杨树达《春秋大义述》解释《春秋》的记载曰：

　　楚公子比不能死义，故加以弑君之罪。②

事件本身是"王缢"，其"指"是贬斥楚公子比"不能死义"，于是被
"加以弑君之罪"。又，《春秋》襄公七年：

　　十有二月，公会晋侯、宋公、陈侯、卫侯、曹伯、莒子、邾子
　　于鄬。郑伯髡顽如会，未见诸侯，丙戌，卒于鄵。③

本是郑伯被其大夫子驷弑之，而这里不这样说，只说是"卒"，为什
么这样记载？《公羊传》襄公七年解释说：

　　操者何？郑之邑也。诸侯卒其封内不地，此何以地？隐
　　之也。何隐尔？弑也。孰弑之？其大夫弑之。曷为不言其

---

① ［清］阮元校刻：《十三经注疏》，上海：上海古籍出版社，1997年，第2070页上。

② 杨树达：《春秋大义述》，上海：上海古籍出版社，2007年，第36页。

③ ［清］阮元校刻：《十三经注疏》，上海：上海古籍出版社，1997年，第1938页上。

大夫弑之？为中国讳也。曷为为中国讳？郑伯将会诸侯于
鄢，其大夫谏曰："中国不足归也，则不若与楚。"郑伯曰："不
可。"其大夫曰："以中国为义，则伐我丧，以中国为强，则不若
楚。"于是弑之。①

其"指"是"为中国讳也"，故"不言其大夫弑之"。《穀梁传》襄公
七年解释其"指"说：

未见诸侯，其曰如会何也？致其志也。礼，诸侯不生名，
此其生名何也？卒之名也。卒之名，则何为加之如会之上？
见以如会卒也。其见以如会卒何也？郑伯将会中国，其臣欲
从楚，不胜其臣，弑而死。其不言弑何也？不使夷狄之民，加
乎中国之君也。②

又，《春秋》僖公二十八年载"天王狩于河阳"，杜预注曰："晋实召
王，为其辞逆而意顺，故《经》以'王狩'为辞。"③事是"晋实召
王"，纪事则为"王狩"，也是显示其"指"。

显示其"指"，实际上就是直接叙写出史家所认为的历史事件
的原动力、原因、本质之类。记言记事以"义"，不就事记事，而是
探究其动力、原因、本质之类，应该是中国古代史学自觉、高度发

---

① ［清］阮元校刻：《十三经注疏》，上海：上海古籍出版社，1997 年，第 2302 页下。
② ［清］阮元校刻：《十三经注疏》，上海：上海古籍出版社，1997 年，第 2426 页下。
③ ［清］阮元校刻：《十三经注疏》，上海：上海古籍出版社，1997 年，第 1824 页上。

展的表现。《左传》把如此显示其"指"的记事称之为"书法"。《左传》宣公二年载其前辈史家纪事的例子：

　　　　乙丑，赵穿攻灵公于桃园。宣子未出山而复。大史书曰："赵盾弑其君。"以示于朝。宣子曰："不然。"对曰："子为正卿，亡不越竟，反不讨贼，非子而谁?"宣子曰："乌呼，'我之怀矣，自诒伊戚'，其我之谓矣!"孔子曰："董狐，古之良史也，书法不隐。赵宣子，古之良大夫也，为法受恶。惜也，越竟乃免。"①

事是"赵穿攻灵公于桃园"的弑君，而记事则是"赵盾弑其君"，因为事件真正的原因在于"子为正卿，亡不越竟，反不讨贼，非子而谁"，因此，"赵穿攻灵公于桃园"之"指"就是"赵盾弑其君"。这是先秦良史"书法不隐"的突出例子，即"不隐"历史的真正原因；所谓纪事以"法"就是为了显示其"指"。《左传》庄公二十三年载曹刿谏鲁庄公曰："君举必书，书而不法，后嗣何观?"②强调的是纪事一定要有一个准则，这个准则就是直接叙写出历史事件的原动力、原因或本质，这就是"法"。于是，当记事以"事"时，是"赵穿攻灵公于桃园"的弑君；而记事以"法"，所谓《春秋》"诛心"，就是揭示出事件的真正原因是"赵盾弑其君"。两者的差异，在于就事记事，还是记事重"法"、重"义"。

―――――――――――――――

① ［清］阮元校刻：《十三经注疏》，上海：上海古籍出版社，1997年，第1867页中、下。
② ［清］阮元校刻：《十三经注疏》，上海：上海古籍出版社，1997年，第1779页上。

《孟子·离娄下》载孟子论先秦史学：

> 孟子曰："王者之迹熄而《诗》亡，《诗》亡然后《春秋》作。
> 晋之《乘》，楚之《梼杌》，鲁之《春秋》，一也：其事则齐桓、晋
> 文，其文则史。孔子曰：'其义则丘窃取之矣。'"①

孟子的这段话叙说了先秦史学的各个方面：一是其产生、兴盛而
受到社会重视的时期，即"《诗》亡然后《春秋》作"；二是其文本形
式，即"晋之《乘》，楚之《梼杌》，鲁之《春秋》，一也"；三是其内容，
即所谓"其事则齐桓、晋文"；四是其方法，即"其文则史"，杨伯峻
解释"其文则史"曰"所用的笔法不过一般史书的笔法"②，也就是
说，"文"即一般史书的笔法；五是正确理解其撰作意义，即所谓
"义"，孙奭疏曰："盖《春秋》以义断之，则赏罚之意于是乎在，是
天子之事也，故曰'其义则丘窃取之矣'，'窃取之'者，不敢显述
也，故以赏罚之意寓之褒贬，而褒贬之意则寓于一言耳。"③这样就
得出一个结论，《春秋》的记言记事，强调的是"指""义"，期望揭
示事件的原动力，或者事件的实际意味是什么。如此记载了，就
是所谓"《春秋》笔法""书法""微言大义"。以上五者，"义"是最
为重要的表达与接受，《史记·孔子世家》称"《春秋》之义行，则
天下乱臣贼子惧焉"。④《史记·太史公自序》称：

---

① 杨伯峻：《孟子译注》，北京：中华书局，1960年，第192页。
② 杨伯峻：《孟子译注》，北京：中华书局，1960年，第192—193页。
③ ［清］阮元校刻：《十三经注疏》，上海：上海古籍出版社，1997年，第2728页上。
④ ［汉］司马迁：《史记》，北京：中华书局，1982年，第1943页。

　　《春秋》以道义,……为人君父而不通于《春秋》之义者,
必蒙首恶之名。为人臣子而不通于《春秋》之义者,必陷篡弑
之诛,死罪之名。其实皆以为善,为之不知其义,被之空言而
不敢辞。①

司马迁认定《春秋》全在"义"。《春秋》襄公二十五年载"夏五月,
乙亥,齐崔杼弑其君光"②,是其记事以"义"的突出一例。《左传》
襄公二十五年详细记载:

　　崔子曰:"婴也何害? 先夫当之矣。"遂取之。庄公通焉,
骤如崔氏。以崔子之冠赐人。侍者曰:"不可。"公曰:"不为
崔子,其无冠乎?"崔子因是,又以其间伐晋也,曰:"晋必将
报。"欲弑公以说于晋,而不获间。公鞭侍人贾举,而又近之,
乃为崔子间公。夏五月,莒为且于之役故,莒子朝于齐。甲
戌,飨诸北郭。崔子称疾不视事。乙亥,公问崔子,遂从姜
氏。姜入于室,与崔子自侧户出。公拊楹而歌。侍人贾举止
众从者,而入闭门。甲兴,公登台而请,弗许;请盟,弗许;请
自刃于庙,勿许。皆曰:"君之臣杼疾病,不能听命。近于公
宫,陪臣干掫有淫者,不知二命。"公逾墙。又射之,中股,反
队,遂弑之。……大史书曰:"崔杼弑其君。"崔子杀之。其弟

<hr>

① [汉]司马迁:《史记》,北京:中华书局,1982 年,第 3297—3298 页。
② [清]阮元校刻:《十三经注疏》,上海:上海古籍出版社,1997 年,第 1982 页。

嗣书而死者二人。其弟又书，乃舍之。南史氏闻大史尽死，
执简以往。闻既书矣，乃还。①

虽然不是崔杼直接动手弒君，但是在崔杼的指使下其君被弒，因
此，以"书法"、以"义"，就一定是"崔杼弒其君"，这是透过表面现
象看到了史事的本质。所以大史一定要这样记，虽然被杀，其两
个弟弟也还是要这样记。

事件的真实发生与事件背后的原因，一是言、事，一是"义"，
记言记事最终要达到"义"的境界，这是史学的最高宗旨；但是，如
果是以"义"述"义"，言、事则模糊了，失去了本来应该在史学中
的地位。且事与"义"，本不在一个叙写层面，因此有所出入是肯
定的。那么我们要问：《春秋》本可以既记述事件的本来发生，又
揭示史家所认为的事件的原因、本质是什么，为什么不这样做呢？
或以为古时记言记事以简，但更重要的是观念。《春秋》认为，
"义"比事更重要，事轻于"义"，不要因为事而妨碍了"义"，如《左
传》定公十四年：

戏阳速告人曰："大子则祸余。大子无道，使余杀其母。
余不许，将戕于余；若杀夫人，将以余说。余是故许而弗为，
以纾余死。谚曰：'民保于信。'吾以信义也。"《注》："使义可

---

① ［清］阮元校刻：《十三经注疏》，上海：上海古籍出版社，1997 年，第 1983 页中、
下—1984 页上。

信,不必信言。"①

戏阳速说:太子让我弑其母,我不答应,就要杀我;我如果弑其母,他又要归罪于我而解脱自己。因此,我只有答应他而实际不动手,以暂免一死。我以行为合乎"义",而不死守诺言。《左传》昭公十四年载,叔向尸其弟叔鱼于市,仲尼曰:"叔向,古之遗直也……曰义也夫,可谓直矣。"《注》:"于义未安,直则有之。"②《穀梁传》僖公二十二年论宋襄公云:

　　言之所以为言者,信也。言而不信,何以为言?信之所以为信者,道也。信而不道,何以为道?道之贵者时,其行势也。③

《论语·卫灵公》"君子贞而不谅"孔注:

　　贞,正;谅,信也。君子之人正其道耳,言不必小信。④

《孟子·离娄下》:

_____

① [清]阮元校刻:《十三经注疏》,上海:上海古籍出版社,1997年,第2151页下。
② [清]阮元校刻:《十三经注疏》,上海:上海古籍出版社,1997年,第2076页下。
③ [清]阮元校刻:《十三经注疏》,上海:上海古籍出版社,1997年,第2400页下。
④ [清]阮元校刻:《十三经注疏》,上海:上海古籍出版社,1997年,第2518页下。

孟子曰："大人者，言不必信，行不必果，惟义所在。"①

钱钟书在录引上述文字后说：

> 《吕氏春秋·当务篇》论"大乱天下者"有四，其一为"信而不当理"。皆可与戏阳速语相发明。②

史实的记载也是"言"，"惟义所在"，相比之下"言"就不那么重要了。所以，司马迁称"《春秋》以道义"，③并不以"道事"称《春秋》。

因为取之以"义"，就要突出"书法""微言大义"，为此，《春秋》有自己的一套话语，《左传》隐公元年：

> 书曰："郑伯克段于鄢。"段不弟，故不言弟；如二君，故曰克；称郑伯，讥失教也：谓之郑志。不言出奔，难之也。④

汉董仲舒《春秋繁露·玉英》：

> 《春秋》之书事时，诡其实以有避也；其书人时，易其名以

---

① 杨伯峻：《孟子译注》，北京：中华书局，1960 年，第 189 页。
② 钱钟书：《管锥编》第 1 册，北京：中华书局，1986 年，第 244 页。
③ ［汉］司马迁：《史记·太史公自序》，北京：中华书局，1982 年，第 3297 页。
④ ［清］阮元校刻：《十三经注疏》，上海：上海古籍出版社，1997 年，第 1716 页中。

有讳也。故诡晋文得志之实，以代讳避致王也。①

所谓有所"避""讳"。《左传》成公十四年：

> 故君子曰："《春秋》之称，微而显，志而晦，婉而成章，尽而不污，惩恶而劝善。非圣人谁能修之？"②

《左传》昭公三十一年：

> 是以《春秋》书齐豹曰"盗"，三叛人名，以惩不义，数恶无礼，其善志也。故曰：《春秋》之称，微而显，婉而辨。上之人能使昭明，善人劝焉，淫人惧焉，是以君子贵之。③

这些都是讲《春秋》的"书法""微言大义"的表达方式，既要"微、婉"，不是直通通的；又要"显、辨"，让人们理解。所以韩愈《进学解》称《春秋》谨严"④，一字一句都是有含义的，或者说，都有言外之意的。《史记·孔子世家》载：

---

① [汉]董仲舒：《春秋繁露》，《诸子百家丛书》本，上海：上海古籍出版社，1989年，第21页下。

② [清]阮元校刻：《十三经注疏》，上海：上海古籍出版社，1997年，第1913页下。

③ [清]阮元校刻：《十三经注疏》，上海：上海古籍出版社，1997年，第2126页下—2127页上。

④ 屈守元、常思春主编：《韩愈全集校注》，成都：四川大学出版社，1996年，第1910页。

　　(《春秋》)约其文辞而指博。故吴楚之君自称王,而春秋贬之曰"子";践土之会实召周天子,而《春秋》讳之曰"天王狩于河阳":推此类以绳当世。贬损之义,后有王者举而开之。《春秋》之义行,则天下乱臣贼子惧焉。孔子在位听讼,文辞有可与人共者,弗独有也。至于为《春秋》,笔则笔,削则削,子夏之徒不能赞一辞。①

可见《春秋》对"书法"的讲究。《公羊传》闵公元年:

　　《春秋》为尊者讳,为亲者讳,为贤者讳。②

纪事有所"讳",即只记载事情应该是怎么样的,如果事情不这样,那么就"讳",是《春秋》"笔法""微言大义"的又一表现。《史通·曲笔》:

　　略外别内,掩恶扬善,《春秋》之义也。自兹已降,率由旧章。史氏有事涉君亲,必言多隐讳,虽直道不足,而名教存焉。③

"直道不足",这就是曲笔,事件按照不应该发展的方向发展了,于

----

① [汉]司马迁:《史记》,北京:中华书局,1982 年,第 1943 页—1944 页。
② [清]阮元校刻:《十三经注疏》,上海:上海古籍出版社,1997 年,第 2244 页上。
③ [唐]刘知几撰,[清]浦起龙通释,王煦华整理:《史通通释》,上海:上海古籍出版社,2009 年,第 182—183 页。

是就"削"。有的曲笔可能是主动的,除了上述纪事与实际史实有出入外,还有就是不记载,是《春秋》"笔法""微言大义"的另一表现。如《左传》成公二年:

> 王以巩伯宴,而私贿之。使相告之曰:"非礼也,勿籍。"①

按规矩周王不应该接待晋国使者,但周王怕得罪晋国,对巩朔又私宴又送礼,却让司仪告诉史官,不要把这件事记载下来。如果是史官为尊者讳,这是一回事,现在是尊者不要史官记载某事。又如《困学纪闻》卷二"张子韶"条翁元圻案曰:

> 《春秋》定公十四年:"五月,于越败吴于檇李。吴子光卒。"胡《传》曰:"定公五年,于越入吴,至是败吴于檇李。会黄池之岁,越又入吴。悉书于史。哀之元年,吴子败越,栖勾践于会稽之上,而史策不书,疑仲尼削之也。"②

孔子作《春秋》,"笔则笔,削则削","削"就是该记载而削去不记载,或者就是不记载。于是,前述史实与纪事间的出入,就成为合理的了。因为强调的是作史的惩恶劝善,所谓"《春秋》之义行,则

---

① [清]阮元校刻:《十三经注疏》,上海:上海古籍出版社,1997年,第1898页上。
② [宋]王应麟著,翁元圻等注:《困学纪闻》,上海:上海古籍出版社,2008年,第259页。

天下乱臣贼子惧焉",这应该是"惟义所在"的目的。

二、"文胜质则史"观念的产生

孔子坚守的是记言记事以"义",这是其理想境界,但实际上史学观念已经有了改变,《论语·雍也》载:

> 子曰:"质胜文则野,文胜质则史。文质彬彬,然后
> 君子。"①

这是孔子承认现实的看法,是其对普遍意义的史、当代的史的看法。孔子称"文胜质则史",应该是以《春秋》以"义"为标准来评价当代的"史"了。汉王充《论衡·量知》:

> 能雕琢文书,谓之史匠。②

"文"包括两个含义,有文采与有文饰。记言记事以"文",既是一种社会风气,又是孔子的现实崇尚,刘师培《论文杂记》(一三)云:

> 孔尚文言,(孔子曰:"其旨远,其词文。"又曰:"言之无
> 文,行之不远。"又曰:"非文词不为功。")曾戒鄙词,(曾子

---

① [清]阮元校刻:《十三经注疏》,上海:上海古籍出版社,1997年,第2479页上。
② [汉]王充:《论衡》,上海:上海人民出版社,1974年,第195页。

曰:"出词气,斯远鄙倍矣。")尚文之证也。①

而《论语·八佾》称"子曰:'周监于二代,郁郁乎文哉! 吾从周。'"②这也可以当作历史观来看,即孟子所说的"其文则史"。记言记事以"文",起因应该是所谓《春秋》的"事"已多有"异辞",《春秋公羊传》隐公元年:

> 所见异辞,所闻异辞,所传闻异辞。③

这三句曾屡次论说,在桓公二年、哀公十四年亦提及。所谓"异辞",就是不同说法。董仲舒《春秋繁露·精华》所谓"《春秋》无达辞"④,亦是此意。司马迁《史记·十二诸侯年表序》云:

> 七十子之徒口受其传指,为有所刺讥褒讳挹损之文辞不可以书见也。鲁君子左丘明惧弟子人人异端,各安其意,失其真,故因孔子史记具论其语,成《左氏春秋》。⑤

怎样克服"人人异端,各安其意,失其真"? 这就是"有所刺讥褒讳

---

① 刘师培:《中国中古文学史论文杂记》,北京:人民文学出版社,1959年,第124页。
② [清]阮元校刻:《十三经注疏》,上海:上海古籍出版社,1997年,第2467页中。
③ [清]阮元校刻:《十三经注疏》,上海:上海古籍出版社,1997年,第2200页上、中。
④ [汉]董仲舒:《春秋繁露》,《诸子百家丛书》本,上海:上海古籍出版社,1989年,第24页上。
⑤ [汉]司马迁:《史记》,北京:中华书局,1982年,第509—510页。

抿损之文辞"应该有所"书见",司马迁称这就是《左氏春秋》。
《史记·太史公自序》载:

> 子曰:"我欲载之空言,不如见之于行事之深切著
> 明也。"①

纪事,既可以落实"义",又更"深切著明"。班固《汉书·艺文志》
亦云:

> 有所褒讳贬损,不可书见,口授弟子,弟子退而异言。丘
> 明恐弟子各安其意,以失其真,故论本事而作传,明夫子不以
> 空言说经也。②

一方面指出关键在"褒讳贬损",另一方面指出作史书要"论本
事"来"褒讳贬损",不能"空言"。因此,"论本事"就成为追求更
准确的"义",这是以"文"述"义"。"文胜质"之"文",并非仅仅
指文采,实际上还应该是"文义",如《晋书·杜预传》载:

> (杜预)乃耽思经籍,为《春秋左氏经传集解》。又参考
> 众家谱第,谓之《释例》。又作《盟会图》《春秋长历》,备成一
> 家之学,比老乃成。又撰《女记赞》。当时论者谓预文义质

---

① [汉]司马迁:《史记》,北京:中华书局,1982 年,第 3297 页。
② [汉]班固:《汉书》,北京:中华书局,1962 年,第 1715 页。

直,世人未之重,唯秘书监挚虞赏之,曰:"左丘明本为《春秋》作传,而《左传》遂自孤行。《释例》本为《传》设,而所发明何但《左传》,故亦孤行。"①

就有"文义质直"的说法。实际上,"文胜质则史"的对象是"文义"。那么,先秦史学的笔法是如何"文"的呢?

其一,"文"之以鬼神梦境。《易·巽》:"用史巫纷若。"孔颖达疏:"史,谓祝史;巫,谓巫觋:并是接事鬼神之人也。"②"史"之梦境鬼神叙写并不奇怪。《论衡·案书》:

左氏得实,明矣。言多怪,颇与孔子"不语怪、力"相违返也。③

范宁《〈春秋穀梁传〉集解序》:

左氏艳而富,其失也巫。(杨士勋注:巫者谓多叙鬼神之事,预言祸福之期:申生之托狐突,荀偃死不受含,伯有之厉,彭生之妖,是也。)④

刘知几《史通·杂说上》称其"思涉鬼神"。柳宗元《非〈国语〉上》

① [唐]房玄龄:《晋书》,北京:中华书局,1974年,第1031—1032页。
② [清]阮元校刻:《十三经注疏》,上海:上海古籍出版社,1997年,第69页上、中。
③ [汉]王充:《论衡》,上海:上海人民出版社,1974年,第438页。
④ [清]阮元校刻:《十三经注疏》,上海:上海古籍出版社,1997年,第2361页。

《卜》：

> 左氏惑于巫而尤神怪之。①

欧阳修《左氏失之巫论》：

> 石言于晋，神降于莘，内蛇斗而外蛇伤，新鬼大而故鬼小。②

《左传》中的鬼神之事，是用以预言将来之事的。如僖公十年：

> 秋，狐突适下国，遇大子，大子使登仆，而告之曰："夷吾无礼，余得请于帝矣。将以晋畀秦，秦将祀余。"对曰："臣闻之：'神不歆非类，民不祀非族。'君祀无乃殄乎？且民何罪？失刑乏祀，君其图之！"君曰："诺。吾将复请。七日，新城西偏，将有巫者而见我焉。"许之，遂不见。及期而往，告之曰："帝许我罚有罪矣，敝于韩。"③

晋大夫狐突所见是早已被骊姬害死的太子申生，已成为鬼的申生

---

① 《柳宗元集》，北京：中华书局，1979 年，第 1291 页。

② 见《欧阳修全集》"附录卷一"所录之胡柯《欧阳修年谱》，北京：中华书局，2001 年，第 2597 页。

③ [清]阮元校刻：《十三经注疏》，上海：上海古籍出版社，1997 年，第 1801 页下—1802 页上。

预言了僖公十五年韩原之战晋惠公将败于秦。又如昭公三十一年：

　　十二月，辛亥，朔，日有食之。是夜也，赵简子梦童子裸而转以歌。旦占诸史墨，曰："吾梦如是，今而日食，何也？"对曰："六年及此月也，吴其入郢乎！终亦弗克。入郢必以庚辰，日月在辰尾。庚午之日，日始有谪。火胜金，故弗克。"①

这是以梦境预言了六年后此月吴入郢却终亦弗克。又有即时应验的例子，如成公二年：

　　韩厥梦子舆谓己曰："且辟左右。"故中御而从齐侯。邴夏曰："射其御者，君子也。"公曰："谓之君子而射之，非礼也。"射其左，越于车下。射其右，毙于车中。②

韩厥听从了梦中父亲"且辟左右"的话，果然左右都被射杀，而自己躲过一难。

　　以梦来使某件应该做的事获得其合法性，古有传统，如《尚书·说命上》：

　　王庸作书以诰曰："以台正于四方，惟恐德弗类，兹故弗

---

① ［清］阮元校刻：《十三经注疏》，上海：上海古籍出版社，1997 年，第 2127 页上。
② ［清］阮元校刻：《十三经注疏》，上海：上海古籍出版社，1997 年，第 1894 页下。

言。恭默思道,梦帝赉予良弼,其代予言。"乃审厥象,俾以形
旁求于天下。说筑傅岩之野,惟肖。爰立作相。王置诸其
左右。①

《国语·楚语上》亦记殷高宗梦见傅说。钱钟书说:

> 左氏记贤人君子之言鬼神,即所以垂戒劝。②

其二,"文"之以代言。僖公二十二年:

> 晋大子圉为质于秦,将逃归,谓嬴氏曰:"与子归乎?"对
> 曰:"子,晋大子,而辱于秦,子之欲归,不亦宜乎? 寡君之使
> 婢子侍执巾栉,以固子也。从子而归,弃君命也。不敢从,亦
> 不敢言。"遂逃归。③

夫妻密谋,何人知之? 但通过密谋说出逃归是怎样实施的。又如
《左传》宣公二年:

> 宣子骤谏,公患之,使鉏麑贼之。晨往,寝门辟矣,盛服
> 将朝,尚早,坐而假寐。麑退,叹而言曰:"不忘恭敬,民之主

---

① ［清］阮元校刻:《十三经注疏》,上海:上海古籍出版社,1997 年,第 174 页中、下。
② 钱钟书:《管锥编》第 1 册,北京:中华书局,1986 年,第 182 页。
③ ［清］阮元校刻:《十三经注疏》,上海:上海古籍出版社,1997 年,第 1813 页中。

也。贼民之主,不忠。弃君之命,不信。有一于此,不如死
也。"触槐而死。①

人死之前的独白,何以知之? 当出自想象,只是按理来说应该是
这样,以此来惩恶劝善。《孔丛子·答问第二十一》:

　　　陈王涉读《国语》言申生事,顾博士曰:"始予信圣贤之
道,乃今知其不诚也,先生以为何如?"答曰:"王何谓哉?"王
曰:"晋献惑听谗,而书又载骊姬夜泣,公而以信入其言。人
之夫妇,夜处幽室之中,莫能知其私焉,虽黔首犹然,况国君
乎! 予以是知其不信,乃好事者为之辞,将欲成其说,以诬愚
俗也,故使予并疑于圣人也。"博士曰:"不然也。古者人君外
朝则有国史,内朝则有女史,举则左史书之,言则右史书之,
以无讳示后世。善以为式,恶以为戒,废而不记,史失其官。
故凡若晋侯骊姬床第之私,房中之事,不得掩焉。若夫设教
之言,驱群俗使人入道,而不知其所以者也,今此皆书实事累
累,若贯珠可无疑矣。"王曰:"先生真圣人之后风也,今幸得
闻命,寡人无过焉。"②

钱钟书说:

---

① [清]阮元校刻:《十三经注疏》,上海:上海古籍出版社,1997 年,第 1867 页上。
② 题[汉]孔鲋撰,宋咸注《孔丛子》卷六,《续修四库全书》第 932 册影宋刻本,第
　 738—739 页。

上古既无录音之具,又乏速记之方,驷不及舌,而何其口
角亲切,如聆謦欬欤? 或为密勿之谈,或乃心口相语,属垣烛
隐,何所据依? 如僖公二十四年介之推与母偕逃前之问答,
宣公二年鉏麑自杀前之慨叹,皆生无傍证、死无对证
者。……盖非记言也,乃代言也,如后世小说、剧本中之对话
独白也。左氏设身处地,依傍性格身分,假之喉舌,想当然
耳。……方中通《陪集》卷二《博论》下:"《左》《国》所载,文
过其实者强半。即如苏、张之游说,范、蔡之共谈,何当时一
出诸口,即成文章? 而又谁为记忆其字句,若此其纤悉不遗
也?"解事不减陈涉。……史家追叙真人实事,每须遥体人
情,悬想事势,设身局中,潜心腔内,忖之度之,以揣以摩,庶
几入情合理,盖与小说、院本之臆造人物,虚构境地,不尽同
而可相通,记言特其一端。……《左传》记言而实乃拟言、代
言,谓是后世小说、院本中对话、宾白之椎轮草创,未遽
过也。①

缪文远《战国策考辨》萃集诸家之说,考辨出《战国策》中的拟托
之作有九十八篇之多。②

于是,刘知几《史通·杂说上》:

　　《左氏》之叙事也,述行师则簿领盈视,呛聒沸腾;论备火

---

① 钱钟书:《管锥编》第 1 册,北京:中华书局,1986 年,第 164、165、166 页。
② 缪文远:《战国策考辨》,北京:中华书局,1984 年。

则区分在目,修饰峻整;言胜捷则收获都尽;记奔败则披靡横前;申盟誓则慷慨有余;称谲诈则欺诬可见;谈恩惠则煦如春日;纪严切则凛若秋霜;叙兴邦则滋味无量;陈亡国则凄凉可悯。或腴辞润简牍,或美句入咏歌,跌宕而不群,纵横而自得。若斯才者,殆将工侔造化,思涉鬼神,著述罕闻,古今卓绝。①

"史"之"文",可以更好地实现纪事的功能,即用更多的东西来展示事件的原动力。但又带来新的问题,即韩愈《进学解》称"《左氏》浮夸"②。《左传》亦有纪事文辞上的夸张,如元人盛如梓《庶斋老学丛谈》卷一:

　　晋景公病,将食麦,张如厕,陷而卒。国君病,何必如厕?假令如厕,岂能遽陷而卒? 此皆文胜其实,良可发笑!③

事见成公十年。钱钟书曰:

　　论景公事,言外意谓国君内寝必有如《周礼·天官·玉

————————————

① [唐]刘知几著,[清]浦起龙通释,王煦华整理:《史通通释》,上海:上海古籍出版社,2009 年,第 422 页。

② 屈守元、常思春主编:《韩愈全集校注》,成都:四川大学出版社,1996 年,第 1910 页。

③ [元]盛如梓:《庶斋老学丛谈》,载《丛书集成初编》第 328 册,上海:商务印书馆,1936 年,第 6 页。

府》所谓"褒器"、《史记·万石君传》所谓"厕牏"者,无须出外就野涸耳。①

李格非《书〈战国策〉后》说:

其事浅陋不足道,然而人读之,则必乡其说之工而忘其事之陋者,文辞之胜移之而已。②

王觉《书〈战国策〉后》说:

虽非义理之所存,而辩丽横肆,亦文辞之最,学者所不宜废也。③

《左传》襄公二十五年载:

冬十月,子展相郑伯如晋,拜陈之功。子西复伐陈,陈及郑平。仲尼曰:"《志》有之:'言以足志,文以足言。'不言,谁知其志? 言之无文,行而不远。晋为伯,郑入陈,非文辞不为

① 钱钟书:《管锥编》第 1 册,北京:中华书局,1986 年,第 206 页。
② 《李文叔书战国策后》,载鲍彪校注《战国策校注》,《缩本四部丛刊初编》本,上海:商务印书馆,1936 年,第 262 页上。
③ 《王觉题战国策》,载鲍彪校注《战国策校注》,《缩本四部丛刊初编》本,上海:商务印书馆,1936 年,第 262 页下。

功。慎辞哉!"①

行人文辞,有的就是史官所拟,有的亦是记录的对象,《周礼·春官宗伯·外史》:

> 外史掌书外令,掌四方之志,掌三皇五帝之书,掌达书名于四方。若以书使于四方,则书其令。②

晋杜预《〈春秋经传集解〉序》:

> 《周礼》有史官,掌邦国四方之事,达四方之志。③

因此,"言之无文,行而不远"应该既指空间又指时间,这虽然是讲行人辞令之"文"的用处,但用为历史著作同样如此。所以,孔子所谓"质胜文则野,文胜质则史",是真正认识到"史"之"文"的意义的;不过,从"惟义所在"的历史观出发,"文质彬彬,然后君子",虽然是指人,但如果是指从事历史的人,《左传》中的"君子曰",就是史学观在"文胜质则史"之时的注重"义",就应该做到"文质彬彬"。

---

① [清]阮元校刻:《十三经注疏》,上海:上海古籍出版社,1997年,第1985页下。
② [清]阮元校刻:《十三经注疏》,上海:上海古籍出版社,1997年,第820页中、下。
③ [清]阮元校刻:《十三经注疏》,上海:上海古籍出版社,1997年,第1704页上。

三、风气捩转与《史记》《汉书》的"实录"

"文胜质则史"在司马迁《史记》撰作中仍有表现,扬雄《法
言·君子》称:

> 多爱不忍,子长也。仲尼多爱,爱义也;子长多爱,爱
> 奇也。①

司马迁亦尚有《左传》之风,即所谓"好奇"。但史实的"信"与纪
事的"实录"更为司马迁所关注。钱钟书称《史记》云:

> "学者多称五帝,尚矣。然尚书独载尧以来;而百家言黄
> 帝,其文不雅驯,荐绅先生难言之。……其轶事乃时见于他
> 说……(余)择其言尤雅者……"《左传》宣公二年称董狐曰
> "古之良史,书法不隐",襄公二十五年又特载南史氏直笔无
> 畏,盖知作史当善善恶恶,而尚未识信信疑疑之更为先务也。
> 《孟子·尽心》论《武成》曰:"尽信书不如无书",又《万章》记
> 咸丘蒙、万章问事:"有诸?""信乎?"孟子答:"齐东野人之语
> 也","好事者为之也";《公羊传》隐公元年、桓公二年论"远"
> 事,哀公十四年论《春秋》托始,屡称"所见异辞,所闻异辞,所
> 传闻异辞";《穀梁传》桓公五年论《春秋》之义,谓"信以传

---

① 汪荣宝撰,陈仲夫点校:《法言义疏》,北京:中华书局,1987 年,第 507 页。

信,疑以传疑";史识已如雨中萤焰,明灭几微。马迁奋笔,乃
以哲人析理之真通于史家求事之实,特书大号,言:前载之不
可尽信,传闻之必须裁择,似史而非之"轶事"俗说应沟而外
之于史,"野人"虽为常"语",而"缙绅"未许"易言"。孟子开
宗,至马迁而明义焉。①

他认为自司马迁始"史家求事之实"。司马迁序说自己撰作的
宗旨:

> 究天人之际,通古今之变,成一家之言。②

其宗旨怎么实现? 司马迁盛赞孔子"我欲载之空言,不如见之于
行事之深切著明也"之言,视之为自己作《史记》的准则。扬雄
《法言·重黎》:

> 或问《周官》,曰:"立事。"《左氏》,曰:"品藻。"太史迁,
> 曰:"实录。"③

班固《汉书·司马迁传赞》表达对司马迁及其《史记》的看法:

---

① 钱钟书:《管锥编》第 1 册,北京:中华书局,1986 年,第 251—252 页。
② [汉]班固:《汉书》,北京:中华书局,1962 年,第 2735 页。
③ 汪荣宝撰,陈仲夫点校:《法言义疏》,北京:中华书局,1987 年,第 413 页。

又其是非颇缪于圣人,论大道而先黄老而后六经,序游侠则退处士而进奸雄,述货殖则崇势利而羞贱贫,此其所蔽也。然自刘向、扬雄博极群书,皆称迁有良史之材,服其善序事理,辨而不华,质而不俚,其文直,其事核,不虚美,不隐恶,故谓之"实录"。①

"其是非颇缪于圣人"云云,还是述说"义",也就是司马迁所说的"成一家之言";但这段文字的重心,一是"善序事理,辨而不华,质而不俚"的"文",二是在于张扬"其文直,其事核,不虚美,不隐恶"的"实录",既是称赏司马迁,又是为自己的史书撰作立本。在这些话里,显然全是对撰作主体的要求,即站在史家的立场上怎样把史写好,而不是一定要史去承担什么职责,史更客观了。司马迁、班固已深切地认识到,史实的原动力还是存在于史实本身之中,应该以"实录"述"义",所谓"桃李不言,下自成蹊"吧。

"实录"影响深远,连后世不是史家的曹植也有这样的话:

　　若吾志不果,吾道不行,亦将采庶官之实录,辨时俗之得失,定仁义之衷,成一家之言。虽未能藏之于名山,将以传之于同好。②

---

① [汉]班固:《汉书》,北京:中华书局,1962年,第2737—2738页。
② [三国魏]曹植:《与杨德祖书》,载[南朝梁]萧统编,[唐]李善注《文选》(影印本),北京:中华书局,1977年,第594页上、下。

而杜预《〈春秋左氏传〉序》曰：

> 仲尼因鲁史策书成文，考其真伪，而志其典礼，上以遵周公之遗制，下以明将来之法。①

"考其真伪"，这是以后代的观念来推导前人也是这样做的。

为了实现"实录"，自有一套方法，如断代史就不用避讳。班固《汉书·艺文志》云：

> 《春秋》所贬损大人当世君臣，有威权势力，其事实皆形于传，是以隐其书而不宣，所以免时难也。②

班固是讲《左传》以纪事显示"义"而不是直通通地显示"义"，所以能"免时难"；而他自己是以断代史"免时难"的，范文澜称《汉书》曰：

> 案中国自汉以下，政尚专制，忌讳滋多，本朝之人必不敢指斥本朝，以速罪戾。班氏史体，最合著述家之心理，盖记前朝之事，危疑较少，讥弹政事，臧否人物，均视在当代为自由，《汉书》家独盛后世，即此故也。③

---

① ［清］阮元校刻：《十三经注疏》，上海：上海古籍出版社，1997 年，第 1705 页上。
② ［汉］班固：《汉书》，北京：中华书局，1962 年，第 1715 页。
③ 范文澜：《正史考略》，载《范文澜文集》第 2 卷，石家庄：河北教育出版社，2002 年，第 28 页。

《晋书·王沈传》：

> 与荀颛、阮籍共撰《魏书》，多为时讳，未若陈寿之实
> 录也。①

这是说王沈、荀颛、阮籍以魏人撰《魏书》，故多有"时讳"。《宋
书·自序》载沈约称刘宋时人作《宋书》：

> 且事属当时，多非实录，又立传之方，取舍乖衷，进由时
> 旨，退傍世情，垂之方来，难以取信。②

也是指出"事属当时"而影响到"多非实录"。考察"实录"之
"实"，固然可以说是纪事的合乎实际、合乎事实，此"实"即《易·
既济》"东邻杀牛，不如西邻之禴祭，实受其福"之"实"；③而"实
录"之"实"又有另一方面的意思，即实质、实际上的意思，如《孟
子·滕文公上》："夏后氏五十而贡，殷人七十而助，周人百亩而
彻，其实皆什一也。"④汉王充《论衡·讥日》："作车不求良辰，裁
衣独求吉日，俗人所重，失轻重之实也。"⑤这里的"实"又有"微言

---

① ［唐］房玄龄等：《晋书》，北京：中华书局，1974 年，第 1143 页。
② ［南朝梁］沈约：《宋书》，北京：中华书局，1974 年，第 2467 页。
③ ［宋］朱熹注：《周易》，上海：上海古籍出版社，1987 年，第 54 页。
④ 杨伯峻：《孟子译注》，北京：中华书局，1960 年，第 118 页。
⑤ ［汉］王充：《论衡》，上海：上海人民出版社，1974 年，第 368 页。

大义"的"义"的意味,从纪事中看出"实"的本质意义是什么;"实"与"义"的某些部分是重合的。因此,司马迁的"实录"是符合实际的记载,而不仅仅是如实记载。虽然说史对当代的惩恶劝善作用与《春秋》时代相比,已渐为弱化,而更突出的是古代作史的另一目的——鉴。这也是有传统的,《尚书·召诰》"我不可不监于有夏,亦不可不监于有殷"①;《诗经·大雅·文王》"宜鉴于殷,骏命不易"②;《诗经·大雅·荡》"殷鉴不远,在夏后之世"③;等等,早就指出这一点。但"鉴"更注重事实,而"实"与"义"相比,纪事的意味更重,更有利于"鉴"。

宋人吴缜《新唐书纠谬序》称:

> 夫为史之要有三:一曰事实,二曰褒贬,三曰文采。有是事而如是书,斯谓事实。因事实而寓惩劝,斯谓褒贬。事实、褒贬既得矣,必资文采以行之,夫然后成史。至于事得其实矣,而褒贬、文采则阙焉,虽未能成书,犹不失为史之意;若乃事实未明,而徒以褒贬、文采为事,则是既不成书,而又失为史之意矣。④

孔子对史的要求,最重褒贬之类的"义",于是有时穿越史实直接

---

① [清]阮元校刻:《十三经注疏》,上海:上海古籍出版社,1997年,第213页上。
② [清]阮元校刻:《十三经注疏》,上海:上海古籍出版社,1997年,第505页中。
③ [清]阮元校刻:《十三经注疏》,上海:上海古籍出版社,1997年,第554页上。
④ [清]卢文弨校补,[清]蒋光煦辑:《清人校勘史籍两种·新唐书纠谬》,北京:北京图书馆出版社,2004年,第841页。

述"义",这是所谓透过现象看到本质,但又带有颇多的主观;《左
传》的"文胜质则史",期望以"文"述"义",这是所谓展示历史的
丰富性,又颇多臆想中的客观;到两汉的"实录",这是所谓再现并
还原历史,但实际上是以"实录"述"义"。史学观念与史学方法,
就是在"义""文""实录"三者之间的循环,更是纠结与重合,"义"
似乎处于更高层次,但要依赖于"事","文"是方法,也要依赖于
"事","实录"则直述依赖于"事",但也在追寻"义",三者在性质
上似乎是并列的,而实际操作上、侧重点上是有先后的。傅斯年
所谓"史的观念之进步,在于由主观的哲学及伦理价值论变作客
观的史料学"①,就上述"三变"而言,确实如此。

(原载《重庆师范大学学报》2012 年第 2 期)

——————————

① 《傅斯年讲史学》,南京:凤凰出版社,2008 年,第 1 页。

"左史记言，右史记事"与文体生成

——关于叙事诸文体录入总集的讨论

　　《易·系辞下》："上古结绳而治，后世圣人易之以书契，百官以治，万民以察。"①《〈尚书〉序》称伏牺氏"始画八卦，造书契，以代结绳之政，由是文籍生焉"②。以上两段话讲述了文字、文籍的产生及其功能。《文心雕龙·书记》："大舜云：'书用识哉！'所以记时事也。"③"书"者为"史"，《礼记·玉藻》所谓君王"动则左史书之，言则右史书之"④；《汉书·艺文志》称"左史记言，右史记事"的集合体"事为《春秋》，言为《尚书》"⑤，那么，"左史记言，右史记事"二者各自生成文体的情况是怎样的？总集，"自诗赋下，各为条贯，合而编之"⑥，即分文体汇集各位作家的作品，从总集最可看出文体是否生成，因此，本文把文体生成与总集录入合在一

---

① 《周易正义》，载《十三经注疏》，上海：上海古籍出版社，1997年，第87页中。
② ［南朝梁］萧统编，［唐］李善注：《文选》，北京：中华书局，1977年，第638页上。
③ ［南朝梁］刘勰撰，詹锳义证：《文心雕龙义证》，上海：上海古籍出版社，1989年，第918页。
④ 《礼记正义》，载《十三经注疏》，上海：上海古籍出版社，1997年，第1473页下—1474页上。
⑤ ［汉］班固：《汉书》，北京：中华书局，1962年，第1715页。
⑥ ［唐］魏征等：《隋书·经籍志四》，北京：中华书局，1973年，第1089页。

起来讨论。

一、"左史记言"之"言"生成为文体

"言",即指言语这一动作,这一动作的功能就是表达,《释名·释言语》:"言,宣也,宣彼此之意也。"①"左史记言"之"言"就是言语这一动作所表达者,此处考察"言为《尚书》"的文体生成情况。前人谈《尚书》文体,有"六体"之说,伪孔安国《〈尚书〉序》称:"芟夷烦乱,剪截浮辞,举其宏纲,撮其机要,足以垂世立教,典、谟、训、诰、誓、命之文,凡百篇。"②除"典"有"记事"外,"谟、训、诰、誓、命"都是语言行为动作,有些成了后世延续使用的文体,就是因为这些行为动作产生了文辞,即以此命名文体,而行为动作也由动词变成了命名文体的名词。下面来看具体情况。

其一,训。《高宗肜日》"乃训于王曰",伪孔传:"祖己既言,遂以道训谏王。"③训,训勉、教导,其词就是"训"体文字。

其二,诰。《大诰》"王若曰:猷大诰尔多邦越尔御事",伪孔传:"周公称成王命,顺大道以告天下众国,及于御治事者,尽及之。"④诰即告诉、告诫、劝勉,这个行为动作产生的文词,就是文体"诰"的文字。

其三,誓。《尚书·汤誓》为商汤动员部属征伐夏桀的誓师

① [汉]刘熙撰,任继昉汇校:《释名汇校》,济南:齐鲁书社,2006年,第176页。
② 《尚书正义》,载《十三经注疏》,上海:上海古籍出版社,1997年,第114页下。
③ 《尚书正义》,载《十三经注疏》,上海:上海古籍出版社,1997年,第176页中。
④ 《尚书正义》,载《十三经注疏》,上海:上海古籍出版社,1997年,第198页上。

词,伪孔传解题:"戒誓汤士众。"孔颖达疏曰:"此经皆誓之辞也。"①从其中"尔不从誓言,予则孥戮汝,罔有攸赦",可知当时就称此文字为"誓"。"誓言"是"誓"这个行为动作发出的,于是这个行为动作就成为文体"誓"。

其四,命。《顾命》伪孔传:"实命群臣,叙以要言。"②命这个行为动作产生的言语文辞为"命"体。《文心雕龙·诏策》称"诰、誓、命"曰:"皇帝御寓,其言也神。渊嘿黼扆,而响盈四表,唯诏策乎! 昔轩辕唐虞,同称为'命'。命之为义,制性之本也。其在三代,事兼诰誓。誓以训戎,诰以敷政,命喻自天,故授官锡胤。"③这就对"命"体的产生、内涵加以具体说明。

其五,谟。《皋陶谟》"曰若稽古皋陶曰:允迪厥德,谟明弼谐。"伪孔传:"谟,谋也。皋陶为帝舜谋。""言人君当信蹈行古人之德,谋广聪明,以辅谐其政。"④"允迪厥德,谟明弼谐"是开场白,以下是帝舜、禹、皋陶君臣之间的讨论、谋划。《皋陶谟》中不见"谟曰"云云,但文辞的确是"谟"这一行为动作所产生的,那么,这些讨论、谋划形成的文辞即应该是"谟"体,但"谟"体后世没有延续使用。

又有《尚书》"十体"的说法。孔颖达疏:"说者以《书》体例有十,此六者之外,尚有征、贡、歌、范四者,并之则十矣。若《益稷》

---

① 《尚书正义》,载《十三经注疏》,上海:上海古籍出版社,1997 年,第 160 页上。
② 《尚书正义》,载《十三经注疏》,上海:上海古籍出版社,1997 年,第 237 页下。
③ [南朝梁]刘勰撰,詹锳义证:《文心雕龙义证》,上海:上海古籍出版社,1989 年,第 724—726 页。
④ 《尚书正义》,载《十三经注疏》,上海:上海古籍出版社,1997 年,第 138 页上。

《盘庚》单言,附于十事之例。今孔不言者,不但举其机约,亦自征、贡、歌、范非君出言之名,六者可以兼之。"①"征、贡、歌、范四者",依《尚书》篇题而称,孔颖达疏称其"非君出言之名",故可并于六体。但是,孔颖达以"君出言之名"为文体,实质上提出了文体命名的一个主要原则,即依语言行为动作来命名文体,虽然有不尽恰当之处,但给我们以启示,可以依语言行为动作所产生文辞这一现象来探讨《尚书》中的文体的,这应该是文体的最早形态。而这些作为表达的"言"之所以可以成为文体,就在于这种表达具有较强的自足性,自有界限,自成单位,其成为文体的最后一步就是以行为动作为其命名了,故人称这是古代文体生成方式之一,即"由行为方式向文本方式的变迁"②,由此可见一斑。

当最早的"左史记言"者《尚书》可以析出诸多的文体时,表明"左史记言"生成的文体已经可以独立,作为独立文体的"言",自然就可以入总集。虽然有诸多的"左史记言"之"言"成为文体,但"言"仍有整体性存在者,如以《论语》《国语》为代表之"语体",或如《战国策》,它实际上是当时纵横家(即策士)游说之辞的汇编,之所以称其"策",所谓"盖录而弗叙,故即简而为名也"③,就以连编好的竹简相称了。整体性存在的"言",至《文选》

① 《尚书正义》,载《十三经注疏》,上海:上海古籍出版社,1997年,第115页上。
② 详见郭英德《中国古代文体学论稿》,北京:北京大学出版社,2005年,第29页。又见胡大雷《论中古时期文体命名与文体释名》所说"以产生文体的行为动作,即'做什么'来命名文体",载《中山大学学报》2011年第4期。
③ 《文心雕龙·史传》,[南朝梁]刘勰撰,詹锳义证《文心雕龙义证》,上海:上海古籍出版社,1989年,第571页。

时尚未进入总集，即《文选序》云：

> 　　若贤人之美辞，忠臣之抗直，谋夫之话，辨士之端，冰释
> 泉涌，金相玉振，所谓坐狙丘，议稷下，仲连之却秦军，食其之
> 下齐国，留侯之发八难，曲逆之吐六奇，盖乃事美一时，语流
> 千载，概见坟籍，旁出子史，若斯之流，又亦繁博。虽传之简
> 牍，而事异篇章，今之所集，亦所不取。①

这些"美辞"，这些"话"，如何生成为文体，这是后话。

二、"右史记事"之"事"与总集

　　与"左史记言"相比，"右史记事"的整体性存在的状况更突
出一些，延续的时间也长一些，原因在于最早的"右史记事"者《春
秋》，其"记事者，以事系日，以日系月，以月系时，以时系年，所以
纪远近、别同异也。故史之所记，必表年以首事，年有四时，故错
举以为所记之名也"。②《春秋》即以"年"为单位记事，而不以
"事"为单位；《左传》的"传"，"传者，转也；转受经旨，以授于

---

① ［南朝梁］萧统编，［唐］李善注：《文选》，北京：中华书局，1977 年，卷首第 2 页
　 上、下。
② 《春秋左传正义·春秋序》，载《十三经注疏》，上海：上海古籍出版社，1997 年，
　 第 1703 页中、下。

后"①，"传"者解说而已，《左传》的叙事单位仍是"年"。"年"长
短的固定性与"事"长短的随机性，使二者并非总能恰切相合，因
此对叙事而言，以"年"为单位的叙事，在"事"的自足性、自成单
位上对其生成文体是有妨碍的，以"年"为单位的"事"，不大适合
于生成具有自足性的、自有界限的文体。

　　"右史记事"在司马迁时开始以"人"为单位，《史记》创"传"
体，"序帝王则曰本纪，公侯传国则曰世家，卿士特起则曰列
传"②，"及史迁各传，人始区详而易览，述者宗焉"③。其突出的特
点即以"人"为单位叙事，但如此的"传"仍不能从史书中析出而
入总集，也就是仍不能成为集部的独立文体，原因有如《文选
序》云：

　　　　至于记事之史，系年之书，所以褒贬是非，纪别异同，方
　　之篇翰，亦已不同。④

但是，"传"不入总集而"传"中某些成分可以作为文体可以入总
集，即萧统称"记事之史，系年之书"中自成文体的"赞、论、序、
述"是可以入总集的。"记事之史，系年之书"中的"传"为什么

① 《文心雕龙·史传》，[南朝梁]刘勰撰，詹锳义证《文心雕龙义证》，上海：上海古
　籍出版社，1989年，第569页。
② [南朝宋]范晔：《后汉书·班彪列传》，北京：中华书局，1965年，第1327页。
③ 《文心雕龙·史传》，[南朝梁]刘勰撰，詹锳义证《文心雕龙义证》，上海：上海古
　籍出版社，1989年，第583页。
④ [南朝梁]萧统编，[唐]李善注：《文选》，北京：中华书局，1977年，卷首第2页下。

"方之篇翰,亦已不同"呢? 首先因为它是一个集合体,比如说它是含有"赞、论、序、述"等文体的集合体;且在"记事"上也是一个集合体,"传"是对人一生事迹的记载,人的一生必定有许多事,这许多事凑在一起不见得就是一件完整的"事"。而"篇翰",应该是一个自有界限的具有自足性的文体单位。其次,刘勰曾论"传"在记事的另一方面也有"方之篇翰,亦已不同"之处:

> 或有同归一事,而数人分功,两记则失于复重,偏举则病于不周,此又铨配之未易也。①

刘知几也有类似的说法:

> 若乃同为一事,分在数篇,断续相离,前后屡出,于《高纪》则云语在《项传》,于《项传》则云事具《高纪》。②

因此,诸人之"传"的"记事"在史书中以"互见"的方式存在,就史书整体而言,"事"是完整的;而单就一"事"来说,"传"的"记事"就是不完整的,所谓"同为一事,分在数篇"。所以,"传"在史书中可以是一个独立的篇章,但独立出来就构不成一个独立的篇章,所以说"方之篇翰,亦已不同"。

---

① 《文心雕龙·史传》,[南朝梁]刘勰撰,詹锳义证《文心雕龙义证》,上海:上海古籍出版社,1989 年,第 604 页。

② [唐]刘知几著,[清]浦起龙通释,王煦华整理:《史通通释》,上海:上海古籍出版社,2009 年,第 25 页。

　　"事"在总集中也有出现，不过是以附属的形式。在《文选》中，"右史记事"者是随同各种独立文体存在的，即《文选》在录入独立文体的作品时，一并"剪截"了史书所叙产生此作品之"事"，称之为"序"。请看以下的事例。

　　《文选》赋"郊祀类"录扬雄《甘泉赋》，其起首云：

　　　　孝成帝时，客有荐雄文似相如者。上方郊祀甘泉泰畤、汾阴后土，以求继嗣，召雄待诏承明之庭。正月，从上甘泉还，奏《甘泉赋》以风。其辞曰……①

这是从《汉书·扬雄传》"剪截"而来，是叙说《甘泉赋》是如何产生的"事"，《文选》把它与《甘泉赋》一并录入，把这段文字作为"序"。

　　《文选》赋"畋猎类"扬雄《长杨赋》，其起首云：

　　　　明年，上将大夸胡人以多禽兽，秋，命右扶风发民入南山，西自褒斜，东至弘农，南驱汉中，张罗网罝罘，捕熊黑豪猪、虎豹狄玃、狐兔麋鹿，载以槛车，输长杨射熊馆。以网为周阹，纵禽兽其中，令胡人手搏之，自取其获，上亲临观焉。是时农民不得收敛，雄从至射熊馆，还，上《长杨赋》。聊因笔

---

① ［南朝梁］萧统编，［唐］李善注：《文选》，北京：中华书局，1977 年，第 111 页上、下。

　　墨之成文章,故藉翰林以为主人,子墨为客卿以风。其辞
　　曰……①

　　这也是《汉书·扬雄传》的叙事,是叙说产生《长杨赋》之“事”,
《文选》把它与《长杨赋》一并录入,把这段文字作为“序”。具有
说服力的还有《文选》赋“畋猎类”扬雄《羽猎赋》,《文选》赋“鸟兽
类”贾谊《鵩鸟赋》,都是如此,在载录的赋作前,分别有“剪截”
《汉书·扬雄传》《汉书·贾谊传》的“记事”。

　　我们再来看《文选》其他文类的情况。《文选》诗“劝励类”有
韦孟《讽谏》,《汉书·韦贤传》载录此诗时有说明文字:“为楚元
王傅,傅子夷王及孙王戊。戊荒淫不遵道,孟作诗风谏……”②
《文选》依样录入,作为“序”,然后录诗。《文选》诗“杂歌类”的汉
高祖《歌》,其“歌”前载:

　　高祖还,过沛,留,置酒沛宫,悉召故人父老子弟佐酒。
　　发沛中儿得百二十人,教之歌,酒酣,上击筑,自歌曰……③

　　这是对汉高祖某一段生平事迹的介绍,是叙说高祖“自歌曰”的背
景。《文选》把这段文字视作“序”。上述文字亦见于《汉书·高
帝纪》,仅首句人称不同。《文选》“移”有刘歆《移书让太常博

---

① [南朝梁]萧统编,[唐]李善注:《文选》,北京:中华书局,1977年,第135页下——
　　136页上。
② [汉]班固:《汉书》,北京:中华书局,1962年,第3101页。
③ [南朝梁]萧统编,[唐]李善注:《文选》,北京:中华书局,1977年,第407页下。

士》，《汉书·楚元王传》载录此文时有曰：

> 及歆亲近，欲建立《左氏春秋》及《毛诗》《逸礼》《古文尚书》皆列于学官。哀帝令歆与《五经》博士讲论其义，诸博士或不肯置对。歆因移书太常博士，责让之曰……①

《文选》所录也有与此相同的说明文字，《文选》视之为"序"。

《文选》"设论"扬雄《解嘲》，《汉书·扬雄传》载录此文时有说明文字：

> 哀帝时，丁、傅、董贤用事，诸附离之者或起家至二千石。时雄方草《太玄》，有以自守，泊如也。或嘲雄以玄尚白，而雄解之，号曰《解嘲》。其辞曰……②

《文选》把此段文字作为"序"。班固《答宾戏》，《后汉书·班固传》在载录此文时还有说明文字，《文选》所录也是有说明文字的，与《后汉书·班固传》所载相同，《文选》把这段文字视作"序"。

《文选》"辞"有汉武帝《秋风辞》，其前有序，云：

> 上行幸河东，祠后土。顾视帝京欣然，中流与群臣饮燕。

---

① ［汉］班固：《汉书》，北京：中华书局，1962 年，第 1967 页。
② ［汉］班固：《汉书》，北京：中华书局，1962 年，第 3565—3566 页。

上欢甚,乃自作《秋风辞》曰……①

《汉武帝故事》载录此文时有说明文字,文字与此基本相同。

《文选》"吊文"有贾谊《吊屈原文》,有序:

（贾谊）既以谪去,意不自得,及渡湘水,为赋以吊屈原。屈原,楚贤臣也,被谗放逐,作《离骚赋》,其终篇曰:"已矣哉!国无人兮,莫我知也。"遂自投汨罗而死。谊追伤之,因自喻。其辞曰……②

此即《汉书·贾谊传》载录此文时的叙述文字,《文选》"剪截"而来。

以上所列,表明《文选》在载录各种文体的作品,把史书对作品介绍的"事"一并"剪截"。考其原因,这就是章学诚《文史通义·书教上》所说"言、事"合一:

《尚书》典谟之篇,记事而言亦具焉;训诰之篇,记言而事亦见焉。古人事见于言,言以为事,未尝分事言为二物也。③

《文选》载录的这些作品,都由"言"生成的文体;但"言"离不开

---

① [南朝梁]萧统编,[唐]李善注:《文选》,北京:中华书局,1977年,第636页上。
② [南朝梁]萧统编,[唐]李善注:《文选》,北京:中华书局,1977年,第831页下—832页上。
③ [清]章学诚著,叶瑛校注:《文史通义校注》,北京:中华书局,1985年,第31页。

"事",所以一并载录,但这是"右史记事"附属于"左史记言"了。《文选》载录各种文体的作品的"言、事"合一,源于生活现实的"言、事"合一。《尚书·舜典》有"询事考言",蔡沈集传:"尧言询舜所行之事而考其言。"①即《韩非子·二柄》:

　　　为人臣者陈而言,君以其言授之事,专以其事责其功。功当其事,事当其言,则赏;功不当其事,事不当其言,则罚。②

孔子曰:"先行其言,而后从之","古者言之不出,耻躬之不逮也"。③ 先"言"后"事",说了就要做到,"言"与"事"是一体而不可分的。

　　　"言、事"合一,又有类书中"叙事"与诸文体的并立,《艺文类聚序》:

　　　以为前辈缀集,各抒其意,《流别》《文选》,专取其文,《皇览》《遍略》,直书其事,文义既殊,寻检难一。爰诏撰其事且文,弃其浮杂,删其冗长,金箱玉印,比类相从,号曰《艺文类聚》,凡一百卷。其有事出于文者,便不破之为事,故事居其前,文列于后,俾夫览者易为功,作者资其用,可以折衷

----

① ［宋］蔡沈:《书集传》,南京:凤凰出版社,2010 年,第 9 页。
② 陈奇猷校注:《韩非子集释》,上海:上海人民出版社,1974 年,第 111 页。
③《论语注疏》,载《十三经注疏》,上海:上海古籍出版社,1997 年,第 2462 页中、2472 页上。

今古,宪章坟典云尔。①

《艺文类聚》按门类采撷群书,辑录资料,分为两大部分,先是"叙事",出自经、史、子各类著述所载;后列诸文体之"文",这是"其有事出于文者,便不破之为事"的文体之"文"。唐刘肃《大唐新语》卷九载:

　　　　玄宗谓张说曰:"儿子等欲学缀文,须检事及看文体。《御览》之辈,部帙既大,寻讨稍难。卿与诸学士撰集要事并要文,以类相从,务取省便,令儿子等易见成就也。"②

这是《初学记》的编纂意图和编纂体例,各门类资料,先列"事",直接标明"叙事"与"事对",后列诸文体中叙及该"事"者。

　　上述情况表明,史书的"传"不适合单列,而在总集、类书中,"事"却屡屡要展现自身,个中透露出强烈的独立要求,这应该是促发着"右史记事"怎样生成文体的动力之一。

三、"传""记"以"篇翰"方式生成文体

　　史书的"传"不能作为文体独立,于是文人撰作着"篇翰"形

─────────────

① [唐]欧阳询:《艺文类聚》,上海:上海古籍出版社,1982年,第27页。
② [唐]刘肃:《大唐新语》,《唐宋史料笔记丛刊》本,北京:中华书局,1984年,第137页。

式的"传"，当然，其基本条件是在"传"中"事"具有自足性。如刘
知几说：

> 窃以书名竹素，岂限详略，但问其事竟如何耳。借如召
> 平、纪信、沮授、陈容，或运一异谋，树一奇节，并能传之不朽，
> 人到于今称之。岂假编名作传，然后播其遗烈也！嗟乎！自
> 班、马以来，获书于国史者多矣。其间则有生无令闻，死无异
> 迹，用使游谈者靡征其事，讲习者罕记其名，而虚班史传，妄
> 占篇目。若斯人者，可胜纪哉！古人以没而不朽为难，盖为
> 此也。①

虽然是批评某些史书的"传"不重"事"，但纪传体史书就在于重
"人"，故人物"靡征其事"即无"事"亦有"传"的情况，也是可以理
解的。但以"篇翰"的方式撰作"传"就该注重"事"及其"事"的集
中性。《文苑英华》有传体三十篇，章学诚对其有个说明，其曰：

> 《文苑英华》有传五卷，盖七百九十有二，至于七百九十
> 有六，其中正传之体，公卿则有兵部尚书梁公李岘，节钺则有
> 东川节度卢坦，（皆李华撰传。）文学如陈子昂，（卢藏用撰
> 传。）节操如李绅，（沈亚之撰传。）贞烈如杨妇、（李翱。）窦
> 女，（杜牧。）合于史家正传例者，凡十余篇。……自述非正体

---

① 《史通·列传》，载［唐］刘知几著，［清］浦起龙通释，王煦华整理《史通通释》，上
海：上海古籍出版社，2009年，第43页。

者,(《陆文学自传》之类。)立言有寄托者,(《王承福传》之类。)借名存讽刺者,(《宋清传》之类。)投赠类序引者,(《强居士传》之类。)俳谐为游戏者,(《毛颖传》之类。)亦次于诸正传中。①

这是对有人提出入"集"之"传"非"正传"驳辩。但我们应该看到,入"集"之"传"则重在"事",更重在单一的"事",所以章学诚突出提到"公卿""节钺""文学""节操""贞烈"的叙事统一性,以及"立言有寄托""借名存讽刺""俳谐为游戏"等题材的单一性。

从另外一方面说,如刘知几称《史记》《汉书》,"凡所包举,务存恢博,文辞入记,繁富为多。是以《贾谊》《晁错》《董仲舒》《东方朔》等传,唯上录言,罕逢载事"云云,②倒过来说,以"篇翰"的方式撰作的"传"重在"事",一般是要避免"唯上录言,罕逢载事""文辞入记,繁富为多"的,是不像史书的"传"那样包含传主的诸种文章的。所以,史书的"传"与以"篇翰"的方式撰作的"传",二者的篇法是不一样的。方苞《古文约选序》就称,诸如《左传》《史记》之类,"各自成书,具有首尾,不可分翦","虽有篇法可求","学者必览其全而后可取精焉"。③

又有姚铉《唐文粹》,卷九十九、一百为"传录纪事",内有"题传后二""假物四""忠烈三""隐逸二""奇才一""杂伎二""妖惑

---

① [清]章学诚著,叶瑛校注:《文史通义校注》,北京:中华书局,1985年,第250页。
② 《史通·载言》,载[唐]刘知几著,[清]浦起龙通释,王煦华整理《史通通释》,上海:上海古籍出版社,2009年,第30—31页。
③ [清]方苞:《古文约选》,雍正刻本,卷首。

一""录二""纪事十"，共二十七篇，从这些纲目，可见其"记事"的
单一性。

又有吕祖谦《宋文鉴》卷一四九、一五十收录传十七篇，分别
为《补亡先生传》《退士传》《六一居士传》《桑怿传》《赵延嗣传》
《范景仁传》《文中子补传》《无名君传》《洪渥传》《曹氏女传》《方
山子传》《公默先生传》《上谷郡君家传》《巢谷传》《孙少述传》
《钱乙传》《玉友传》，都不是录自史书的"传"，而是以"篇翰"的方
式撰作的"传"。

又有"右史记事"之"记"生成为文体。记，把印象保持在脑
中，进而是记录、载录。《国语·晋语四》："瞽史记曰：'嗣续其
祖，如谷之滋，必有晋国。'"①进而是公牍札子，汉袁康《越绝书·
外传记吴王占梦》："王孙骆移记曰：'今日壬午，左校司马王孙骆，
受教告东掖门亭长公孙圣：吴王昼卧觉寤，而心中惆怅也如有悔。
记到，车驰诣姑胥之台。'"②记又指典籍、著作。《庄子·天地》：
"《记》曰：'通于一而万事毕，无心得而鬼神服。'"③记即书名。
记，或指记述或解释典章制度的文字的专书，如《周礼·考工记》
《礼记》《大戴礼记》。记成为文体名，即以叙事为主，兼及议论抒
情和山川景观的描写。明吴讷《文章辩体序说·记》："《金石例》
云：记者，记事之文也。西山曰：记以善叙事为主。《禹贡》《顾

① ［战国］左丘明著，［三国吴］韦昭注：《国语》，上海：上海古籍出版社，2015年，第
241页。

② 《越绝书》，《丛书集成初编》本，北京：中华书局，1985年，第51页。

③ ［清］郭庆藩：《庄子集释》，北京：中华书局，1961年，第404页。

命》乃记之祖,后人作记,未免杂以议论。"①作为文体的"记",晋
陶潜有《桃花源记》,沈约有《南齐仆射王奂枹园寺刹下石记》,②
徐师曾《文体明辨序说·记》称:"《文选》不列其类,刘勰不著其
说,则知汉魏以前,作者尚少,其盛自唐始也。"③"记"的盛行以唐
代时撰写嵌在墙上的碑记,即"壁记"为契机,唐封演《封氏闻见
记·壁记》:"朝廷百司诸厅,皆有壁记。叙官秩创置及迁授始末,
原其作意,盖欲著前政履历,而发将来健羡焉。故为记之体,贵其
说事详雅,不为苟饰。"④州县官署也有壁记,如唐柳宗元有《武功
县丞壁记》《馆驿使壁记》等。《文苑英华》有记体三十七卷,其中
有《枕中记》,《唐国史补》卷下称其"庄子寓言之类",称作者沈既
济"真良史才也",⑤认定"记"的叙事性质。从以上所述也可知
"记"的一事一叙的篇翰性质。《唐文粹》有记体七卷,《宋文鉴》
有记体八卷。

　　"传""记"由"右史记事"之"事"生成文体,但其生成方式却
是"篇翰"式的;虽然其文体命名有所袭自,但与传统多有所不同,
如此独立的文体进入总集是自然而然的。

---

① [明]吴讷、徐师曾:《文章辨体序说·文体明辨序说》,北京:人民文学出版社,
　　1962 年,第 41 页。
② [三国蜀]诸葛亮《黄陵庙记》,世以为伪托。
③ [明]吴讷、徐师曾:《文章辨体序说·文体明辨序说》,北京:人民文学出版社,
　　1962 年,第 145 页。
④ [唐]封演:《封氏闻见记》,载《四部家藏》,济南:山东画报出版社,2004 年,第
　　20—21 页。
⑤ [唐]李肇、赵璘:《唐国史补·因话录》,上海:上海古籍出版社,1979 年,第 55 页。

四、"叙事"成为文体而入总集

宋代又有出现自创以"叙事"命名的文体,彭时《文章辨体序》:

> 至宋西山真先生集为《文章正宗》,其目凡四:曰辞命,曰
> 议论,曰叙事,曰诗赋。天下之文,诚无出此四者,可谓备且
> 精矣。①

永瑢等《文章正宗》"提要"曰:

> 是集分辞令、议论、叙事、诗歌四类,录《左传》《国语》以
> 下,至于唐末之作。(案:总集之选录《左传》《国语》,自是编
> 始,遂为后来坊刻古文之例。)②

真德秀《文章正宗》的文体以"叙事"命名,其体例的创新性有二:
一为创制的"叙事"文体,从文体分类上说,可以笼括所有"叙事"
文字及其各种文体,既可录《左传》《史记》文字入集,又录以"篇
翰"方式生成的"右史记事"的文字,如韩愈《圬者王承福传》《何

---

① [明]吴讷、徐师曾:《文章辨体序说·文体明辨序说》,北京:人民文学出版社,
　　1962年,第7页。
② [清]永瑢等:《四库全书总目》,北京:中华书局,1965年,第1699页中。

蕃传》,柳子厚《宋清传》《种树郭橐驼传》《梓人传》,以及碑、铭数篇。二为解决了以往"记事之史,系年之书"不成"篇翰"的问题。真德秀破《左传》以"年"为单位的记事而以"叙事"为单位,篇题为"叙某某本末",如第一篇《叙隐桓嫡庶本末》,或"叙某某",如《叙晋文始霸》。这些"叙事",或为一年之中多种事的某一选录,或为一事跨两年度的合一,如"左氏"《叙晋人杀厉公》就是把成公十七年、十八年事合在一起为一篇。破《史记》以"人"为单位的"记事",节录为以"事"为单位者,篇题为"叙某某"如《叙项羽救钜鹿》《叙刘项会鸿门》;虽然其亦有"某某传",却是拆《史记》合传整篇而单录一人之传者,如《屈原传》,且删略了原文所录屈原的《怀沙之赋》及篇末的"太史公曰",即"赞"体文字。总之,其"叙事"的构成是一事一篇,或一人一事一篇,其"叙事"作为文体可谓以"篇翰"方式生成。

　　现在讨论"叙事"何以能成为文体入文章总集。

　　其一,社会需求把古文经典变为"作文之式"。宋初,向往韩、柳,提倡古文,陈师道云:"余以古文为三等:周为上,七国次之,汉为下。周之文雅;七国之文壮伟,其失骋;汉之文华赡,其失缓;东汉而下无取焉。"①人们要学习古文以提高写作能力,写作能力就是"属辞比事",《礼记·经解》:"属辞比事,《春秋》教也","属辞比事而不乱,则深于《春秋》者也"。②"属辞比事"的榜样就是《左传》的叙事。而本来,对《左传》的崇尚由来已久,如杜预称《左

————————
① 《后山诗话》,载何文焕《历代诗话》,北京:中华书局,1981 年,第 305 页。
② 《礼记正义》,载《十三经注疏》,上海:上海古籍出版社,1997 年,第 1609 页下。

传》“为例之情有五”：“一曰微而显”“二曰志而晦”“三曰婉而成章”“四曰尽而不污”“五曰惩恶而劝善”。①《史通·杂说上》论《左传》叙事之美：

> 《左氏》之叙事也，述行师则簿领盈视，哤聒沸腾；论备火则区分在目，修饰峻整；言胜捷则收获都尽；记奔败则披靡横前；申盟誓则慷慨有余；称谲诈则欺诬可见；谈恩惠则煦如春日；纪严切则凛若秋霜；叙兴邦则滋味无量；陈亡国则凄凉可悯。或腴辞润简牍，或美句入咏歌，跌宕而不群，纵横而自得。若斯才者，殆将工侔造化，思涉鬼神，著述罕闻，古今卓绝。如二《传》(指《公羊》《穀梁》)之叙事也，榛芜溢句，疣赘满行，华多而少实，言拙而寡味。若必方于《左氏》也，非唯不可为鲁、卫之政，差肩雁行，亦有云泥路阻，君臣礼隔者矣。②

《史通·模拟》称“左氏为书，叙事之最”③，到《文章正宗》，其“叙事”为文体收录最多者即《左传》的文字。宋时，学习《左传》古文以应课试成为时尚，姚铉《唐文粹序》：“五代衰微之弊，极于晋汉，而渐革于周氏，我宋勃兴”，“惟韩吏部超卓群流独高邃古，以二帝

---

① 《春秋左传正义·春秋序》，载《十三经注疏》，上海：上海古籍出版社，1997年，第1706页中—1707页上。

② ［唐］刘知几著，［清］浦起龙通释，王煦华整理：《史通通释》，上海：上海古籍出版社，2009年，第422页。

③ ［唐］刘知几著，［清］浦起龙通释，王煦华整理：《史通通释》，上海：上海古籍出版社，2009年，第206页。

三王为根本,以六经四教为宗师,凭陵躏轹,首唱古文,遏横流于昏垫,辟正道于夷坦","盖资新进后生干名求试者之急用","止以古雅为命,不以雕篆为工,故侈言蔓辞,率皆不取"。① 称编纂"古文"入总集是为了"求试者之急用"。而尤为突出,如吕祖谦生平研究《左传》,其自序《左氏博议》"为诸生课试之作","谈余语隙,波及课试之文,予思有以佐其笔端,乃取左氏书理乱得失之迹,疏其说于下"②。《左氏博议》,又称《东莱博议》,全书共 4 卷,选《左传》文 66 篇,所谓"《博议》则随事立义"③,"随事"就是"剪截"《左传》片段,"立义"就是评点。因此,宋时的总集在注重"略其芜秽,集其清英"的阅读功能的同时,又"把古文经典变为'制义之金针'"④,正是如此,真德秀《文章正宗·纲目》称"独取《左氏》《史》《汉》叙事之有可喜者,与后世记、序、传、志之典则简严者","以为作文之式"⑤。

其二,历史的经验使"叙事"以"篇翰"方式成为文体。"剪截"整体性优秀作品的片段以独立成体,在史书与总集的发展历史的理论大厦与技术武库里有成法可依。

---

① [宋]姚铉:《唐文粹》,载《缩本四部丛刊初编》,上海:商务印书馆,1936 年,第 3 页。
② [宋]吕祖谦:《东莱先生左氏博议》,《丛书集成初编》本,北京:中华书局,1985 年,第 1 页。
③ 吕祖谦《春秋左氏传说》"提要",[清]永瑢等《四库全书总目》,北京:中华书局,1965 年,第 220 页下。
④ 吴承学语,见《中国古代文体学研究》第五章《宋代文章总集的文体学意义》,北京:人民出版社,2011 年,第 332 页。本节所述多有受其文启发之处。
⑤ [宋]真德秀:《文章正宗》,载《文渊阁四库全书》第 1355 册,上海:上海古籍出版社,1985 年,第 6 页。

　　一是史书纪事本末体的出现。"物有本末,事有终始"①,纪
事本末体以历史事件为纲,将重要史实分别列目,独立成篇,各篇
又按年月顺序编写,创始于南宋袁枢的《通鉴纪事本末》,《四库总
目提要》称其"以《通鉴》旧文,每事为篇,各排比其次第,而详叙
其始终,命曰纪事本末,史遂又有此一体"②。史书纪事本末体的
出现,解决了"事"的独立问题,吕祖谦《左传博议》"随事立义",
为"剪截"《左传》"纪事本末"的片段提供了经验,如《文章正宗》
"叙事"首列《叙隐桓嫡庶本末》;这当然是真德秀作为编纂者自
定的篇名。

　　二是"剪截"《左传》"纪事本末"的片段,体例上必定要有所
依,钱钟书云:"古人选本之精审者,亦每改削篇什。"③《文选》就
多有删节、合并,以下略举数例。《文选》卷四十任昉《奏弹刘
整》,李善注云:"昭明删此文大略,故详引之,令与《弹》相应
也。"④可见萧统出于《文选》整体的考虑,对原文有所删节。《文
选》卷四十二曹植《与吴季重书》李善注曰:

　　　　植集此书别题云:"夫为君子而不知音乐,古之达论谓之
　　　通而蔽。墨翟自不好伎,何谓过朝歌而回车乎? 足下好伎,
　　　而正值墨氏回车之县,想足下助我张目也。"今本以"墨翟之

————————————

① 《礼记正义·大学》,载《十三经注疏》,上海:上海古籍出版社,1997 年,第 1673
　　页上。
② [清]永瑢等:《四库全书总目》,北京:中华书局,1965 年,第 437 页中。
③ 钱钟书:《管锥编》第 3 册,北京:中华书局,1979 年,第 1067 页。
④ [南朝梁]萧统编,[唐]李善注:《文选》,北京:中华书局,1977 年,第 561 页上。

好伎"置"和氏无贵矣"之下,盖昭明移之,与季重之书相映耳!①

顾农说:"由此可知《文选》本《与吴季重书》乃是经过编辑加工的,实际上原来是两封信,这里给合为一封了。"②

五、经、史、子、集齐入总集与文学观念的新变

《左传》《史记》可以"剪截"出"纪事本末"的片段独立成"篇翰",以"叙事"文体入总集,那么,从观念与技术上讲,其他经、史、子应该也是能够以这样的方式入总集的。于是有曾为真德秀宾客的汤汉,其总集《妙绝古今》,卷一选摘《左氏》《国语》《孙子》《列子》《庄子》《荀子》文字,卷二选摘《国策》《史记》《淮南子》的文字。明陈仁锡编《古文汇编》,《四库总目提要》该书"提要"称其"以经、史、子、集分部"。③ 清代《古文观止》,录《左传》《国语》《战国策》《公羊传》《穀梁传》《礼记·檀弓》共七十篇。还录有《史记》的《伯夷列传》《管晏列传》《屈原列传》《滑稽列传》,其中《屈原列传》原为《屈原贾生列传》,删略了屈原的《怀沙》及贾生事迹。《滑稽列传》,只录淳于髡事迹,其他删略。又有曾国藩《经史百家杂钞》,经、史、子三类的文章,约占全书四分之一的分量,

① [南朝梁]萧统编,[唐]李善注:《文选》,北京:中华书局,1977年,第595页下。
② 顾农:《文选论丛》,扬州:广陵书社,2007年,第46页。
③ [清]永瑢等:《四库全书总目》,北京:中华书局,1965年,第1763页上。

这是超越传统集部的总集，涵括经、史、子、集四部，把中国古代全部具有魅力的文章乃至片段文字笼括进来，所谓一个也不能少。而我们今日的诸种《中国古代文学作品选》，也是经、史、子、集的作品都录的。于是我们想到刘勰《文心雕龙》，他就是把经、史、子、集的文章都当作文体来论述的。而从文体学上讲，文体生成从“左史记言，右史记事”一路走来，发展成为各自界域明晰的文体，又能够走出自己的诸如经、史、子、集之类的集合体而融入新的集合体，在这个过程中，文体或改变着自身，或丰富并发展着自身，文体学也在如此的过程中前进。

（原载《中山大学学报》2015 年第 4 期）

史书"载文"论

《晋书·挚虞传》称挚虞"又撰古文章,类聚区分为三十卷,名曰《流别集》,各为之论,辞理惬当,为世所重"。① 《隋书·经籍志四》载:

> 总集者,以建安之后,辞赋转繁,众家之集,日以滋广,晋代挚虞,苦览者之劳倦,于是采摘孔翠,芟剪繁芜,自诗赋下,各为条贯,合而编之,谓为《流别》。②

作为文章总集之祖的《文章流别集》,又是怎么来的? 本文论证,文章总集是怎样一步步从史学文献编纂走来的历程。

一、"成文"与史书"载文"

文章最早是以"成文"的存世方式而被史官作为史料保存。"成文"就是已经写成的文章。"成文"在史书正式编纂前就已存在,《汉书·艺文志》所称"古之王者世有史官,君举必书",而"左

---

① [唐]房玄龄等:《晋书·挚虞传》,北京:中华书局,1974 年,第 1427 页。
② [唐]魏征等:《隋书·经籍志四》,北京:中华书局,1973 年,第 1089 页。

史记言,右史记事"者并非就是史书,只是编纂史书的原始材料,待"事为《春秋》,言为《尚书》"①,才是史书。故刘知几《史通·外篇·史官建置》论"为史之道,其流有二"云:

　　　书事记言,出自当时之简;勒成删定,归于后来之笔。②

史书是依照"当时之简"的"删定"而"勒成"的,"当时之简"中有已成型的文章,这才是所谓"成文"。《国语·楚语上》载申叔时列举太子学习的九种教材,除《诗》《礼》《乐》外,有记事的史书《春秋》《世》,记言的史书《令》《语》《故志》《训典》,这些"言"就是"成文"。"言"之所以就是"成文",是因为作为表达的"言"具有较强的自足性,自有界限,自成单位,其成为文体的最后一步就是以行为动作为其命名了,故称这是古代文体生成方式之一,即"由行为方式向文本方式的变迁"③。而对史书编纂来说,这些"成文"就是史料。

　　文章最早的传播方式之一是被编纂入史书。史官把"成文"编纂入史书,即"载言""载文";刘知几《史通》有《载言》《载文》专门讨论史书的载录"成文"的问题。所谓"言为《尚书》",即以

---

① ［汉］班固:《汉书》,北京:中华书局,1962 年,第 1715 页。
② ［唐］刘知几著,［清］浦起龙通释,王煦华整理:《史通通释》,上海:上海古籍出版社,2009 年,第 301 页。
③ 详见郭英德《中国古代文体学论稿》,北京:北京大学出版社,2005 年,第 29 页。又见胡大雷《论中古时期文体命名与文体释名》所说"以产生文体的行为动作即'做什么'来命名文体",载《中山大学学报》2011 年第 4 期。

"载言"构成史书,孔安国《〈尚书〉序》称:"芟夷烦乱,剪截浮辞,举其宏纲,撮其机要,足以垂世立教,典、谟、训、诰、誓、命之文,凡百篇。"①刘知几《史通·六家》称:

> 盖《书》之所主,本于号令,所以宣王道之正义,发话言于臣下,故其所载,皆典、谟、训、诰、誓、命之文。②

《尚书》就是"本于号令",是由"话言"构成的。而编年体史书《左传》以"言之与事,同在传中"及"言事相兼"构成史书,其表现就是"载言""载文"。《左传》中多录有"成文",《史通·申左》云:

> 寻《左氏》载诸大夫词令、行人应答,其文典而美,其语博而奥,述远古则委曲如存,征近代则循环可复。必料其功用厚薄,指意深浅,谅非经营草创,出自一时,琢磨润色,独成一手。斯盖当时国史已有成文,丘明但编而次之,配《经》称《传》而行也。③

尤其是"其文典而美,其语博而奥"的"大夫词令、行人应答"更应该是"成文",是左丘明把它们编纂进史书的。

―――――――――――

① 《尚书正义》,载《十三经注疏》,上海:上海古籍出版社,1997 年,第 114 页下。
② [唐]刘知几著,[清]浦起龙通释,王煦华整理:《史通通释》,上海:上海古籍出版社,2009 年,第 2 页。
③ [唐]刘知几著,[清]浦起龙通释,王煦华整理:《史通通释》,上海:上海古籍出版社,2009 年,第 391—392 页。

司马迁作《史记》，也是掌握一批"成文"的，《史记·太史公自序》"谈为太史公"《集解》："如淳曰：'《汉仪注》太史公，武帝置，位在丞相上。天下计书先上太史公，副上丞相，序事如古《春秋》。'"《史记·太史公自序》："自曹参荐盖公言黄老，而贾生、晁错明申、商，公孙弘以儒显，百年之间，天下遗文古事靡不毕集太史公。太史公仍父子相续纂其职。"司马迁撰作《史记》，也是收录"成文"的，《史记·太史公自序》"迁为太史令，䌷史记石室金匮之书"《索隐》："如淳云：'抽彻旧书故事而次述之。'"①事实上，由于《史记》的"载言""载文"，"成文"为《史记》的主要篇幅之一。

"成文"又有总汇，有一种史书为"言"之"成文"的总汇，这就是《尚书》。

二、《左传》"载文"论

刘知几所论《左传》中"当时国史已有成文"者不仅仅只是"大夫词令、行人应答"，邵炳军《左氏春秋文系年注析》②，其中对《左传》"成文"有着详尽的载录，此处以《文心雕龙》所称《左传》"载文"来考察：

《诠赋》：至如郑庄之赋"大隧"，士蒍之赋"狐裘"，结言

---

① ［汉］司马迁：《史记》，北京：中华书局，1982 年，第 3287、3319、3296 页。
② 邵炳军：《左氏春秋文系年注析》，桂林：广西师范大学出版社，2008 年。

短韵,词自己作,虽合赋体,明而未融。①

此二者为"赋",前者为《隐公元年》"郑伯克段于鄢"的尾声,郑庄公与其母因赋而"遂为母子如初"。② 后者为《僖公五年》所载之事,士蒍的赋为:"狐裘龙茸,一国三公,吾谁适从?"③述说了晋国的乱象。

《颂赞》:晋舆之称原田……(丘明)谓为颂,斯则野颂之变体,浸被乎人事矣。④

此为"诵",舆人之诵为"原田每每,舍其旧而新是谋"⑤,晋文侯以此确定了战的决心。

《祝盟》:蒯聩临战,获祐于筋骨之请。⑥

---

① [南朝梁]刘勰撰,詹锳义证:《文心雕龙义证》,上海:上海古籍出版社,1989 年,第 274 页。

② 《春秋左传正义》,载《十三经注疏》,上海:上海古籍出版社,1997 年,第 1717 页上。

③ 《春秋左传正义》,载《十三经注疏》,上海:上海古籍出版社,1997 年,第 1795 页上。

④ [南朝梁]刘勰撰,詹锳义证:《文心雕龙义证》,上海:上海古籍出版社,1989 年,第 319 页。

⑤ 《春秋左传正义·僖公二十八年》,载《十三经注疏》,上海:上海古籍出版社,1997 年,第 1825 页上。

⑥ [南朝梁]刘勰撰,詹锳义证:《文心雕龙义证》,上海:上海古籍出版社,1989 年,第 366 页。

此为"祝",蒯聩在临战时曾祷告祖先,其中有请求"无绝筋,无折骨,无面伤,以集大事"数语①。

　　《祝盟》:盟者,明也。驲毛白马,珠盘玉敦。陈辞乎方明之下,祝告于神明者也。②

"驲毛"即"驲旄",即"驲旄之盟",《襄公十年》载伯舆之大夫瑕禽"坐狱于王庭"的争讼之语:"昔平王东迁,吾七姓从王,牲用备具。王赖之,而赐之驲旄之盟,曰:'世世无失职。'"③以此驳斥本微贱之说。

　　《铭箴》:魏绛讽君于后羿,楚子训民于在勤。④

"魏绛讽君"者为《虞人之箴》,其曰:"芒芒禹迹,画为九州,经启九道。民有寝庙,兽有茂草,各有攸处,德用不扰。在帝夷羿,冒于原兽,忘其国恤,而思其麀牡。武不可重,用不恢于夏家。兽臣

---

① 《春秋左传正义·哀公二年》,载《十三经注疏》,上海:上海古籍出版社,1997年,第2157页上。

② [南朝梁]刘勰撰,詹锳义证:《文心雕龙义证》,上海:上海古籍出版社,1989年,第377页。

③ 《春秋左传正义》,载《十三经注疏》,上海:上海古籍出版社,1997年,第1949页上。

④ [南朝梁]刘勰撰,詹锳义证:《文心雕龙义证》,上海:上海古籍出版社,1989年,第413页。

司原，敢告仆夫。"①"楚子训民"者，楚庄王告诫国人，箴曰："民生在勤，勤则不匮。"②

《诔碑》：逮尼父之卒，哀公作诔，观其慭遗之切，呜呼之叹，虽非叡作，古式存焉。③

孔丘卒，鲁哀公诔之曰："旻天不吊，不慭遗一老。俾屏余一人以在位，茕茕余在疚。呜呼哀哉！尼父。无自律。"④

《谐讔》：昔华元弃甲，城者发"睅目"之讴；臧纥丧师，国人造"侏儒"之歌。⑤

"睅目"之讴者，宋华元兵败逃归，城者讴曰："睅其目，皤其腹，弃甲而复。于思于思，弃甲复来。"华元使其骖乘谓之曰："牛则有

① 《春秋左传正义·襄公四年》，载《十三经注疏》，上海：上海古籍出版社，1997年，第 1933 页下。

② 《春秋左传正义·宣公十二年》，载《十三经注疏》，上海：上海古籍出版社，1997年，第 1880 页中。

③ ［南朝梁］刘勰撰，詹锳义证：《文心雕龙义证》，上海：上海古籍出版社，1989 年，第 429 页。

④ 《春秋左传正义·哀公十六年》，载《十三经注疏》，上海：上海古籍出版社，1997年，第 2177 页中。

⑤ ［南朝梁］刘勰撰，詹锳义证：《文心雕龙义证》，上海：上海古籍出版社，1989 年，第 526 页。

皮,犀兕尚多,弃甲则那?"役人曰:"从其有皮,丹漆若何?"①"侏
儒"之歌者,鲁败于小国邾,国人作歌讽刺曰:"臧之狐裘,败我于
狐骀。我君小子,朱儒是使。朱儒!朱儒!使我败于邾。"②

　　《谐讔》:昔还社求拯于楚师,喻智井而称麦麴;叔仪乞粮
　　于鲁人,歌珮玉而呼庚癸。③

"昔还"二句,楚国伐萧,萧大夫还无社求救于楚大夫申,为避人耳
目,两人用隐语。④ "叔仪"二句,吴国大夫叔仪求粮于鲁国公孙
有山,为避人耳目,两人用隐语。⑤

　　《论说》:及烛武行而纾郑。⑥

---

① 《春秋左传正义·宣公二年》,载《十三经注疏》,上海:上海古籍出版社,1997
　年,第1866页下。
② 《春秋左传正义·襄公四年》,载《十三经注疏》,上海:上海古籍出版社,1997
　年,第1934页上。
③ [南朝梁]刘勰撰,詹锳义证:《文心雕龙义证》,上海:上海古籍出版社,1989年,
　第540页。
④ 《春秋左传正义·宣公十二年》,载《十三经注疏》,上海:上海古籍出版社,1997
　年,第1883页。
⑤ 《春秋左传正义·哀公十三年》,载《十三经注疏》,上海:上海古籍出版社,1997
　年,第2172页上。
⑥ [南朝梁]刘勰撰,詹锳义证:《文心雕龙义证》,上海:上海古籍出版社,1989年,
　第708页。

郑国大夫烛之武说服秦军退兵①，后世摘录出以独立成篇，题为《烛之武退秦军》。

> 《檄移》：晋厉伐秦，责箕郜之焚。②

晋厉公派吕相指责秦国，《左传·成公十三年》所录此即为《檄》。③

> 《书记》：《春秋》聘繁，书介弥盛。绕朝赠士会以策，子家与赵宣以书，巫臣之遗子反，子产之谏范宣，详观四书，辞若对面。④

秦大夫绕朝赠晋大夫士会书曰："子无谓秦无人，吾谋适不用也。"表示自己已识破晋国之计。⑤ 郑国子家派人送书与赵宣子，说明

---

① 《春秋左传正义·僖公三十年》，载《十三经注疏》，上海：上海古籍出版社，1997年，第 1831 页。

② ［南朝梁］刘勰撰，詹锳义证：《文心雕龙义证》，上海：上海古籍出版社，1989 年，第 764 页。

③ 《春秋左传正义》，载《十三经注疏》，上海：上海古籍出版社，1997 年，第 1911—1912 页。

④ ［南朝梁］刘勰撰，詹锳义证：《文心雕龙义证》，上海：上海古籍出版社，1989 年，第 920 页。

⑤ 《春秋左传正义·文公十三年》，载《十三经注疏》，上海：上海古籍出版社，1997年，第 1852 页中、下。

郑国有功于晋,愿与晋结盟。① 巫臣结怨子反,逃亡晋国,子反杀其族人,巫臣写信指责,并说要让他疲于奔命而死。② 郑子产写信劝谏晋范宣子减少向诸侯各国征收财物,称这样对晋及范宣子都不利。③ 此四事都成为《左传》叙事的一个环节。

从上述所引,可以得出两个结论:一是《左传》的"载文"都可说是具有文体意味的,二是《左传》的"载文"是为了叙事,是因为其"言"或"文"本身是叙事的一个环节。于是我们就可理解《左传》为什么是"事经",《文心雕龙·史传》称其"举得失以表黜陟,征存亡以标劝戒;褒见一字,贵逾轩冕;贬在片言,诛深斧钺"④,这是要以叙事表达出来的,这就是《左传》"载言""载文"的意味。

但《左传》等编年体史书的"载言""载文"还是有遗憾的,刘知几说,如果按照左丘明以事为纲,即重在"事当冲要者,必盯衡而备言"的做法,那么,"其有贤如柳惠,仁若颜回,终不得彰其名氏,显其言行",即有品行而未曾参与大事件者,就不能青史留名;还有撰作文章而未曾参与大事件者,也不能青史留名;所以刘知

---

① 《春秋左传正义·文公十七年》,载《十三经注疏》,上海:上海古籍出版社,1997年,第1860页。
② 《春秋左传正义·成公七年》,载《十三经注疏》,上海:上海古籍出版社,1997年,第1903页。
③ 《春秋左传正义·襄公二十四年》,载《十三经注疏》,上海:上海古籍出版社,1997年,第1979页。
④ [南朝梁]刘勰撰,詹锳义证:《文心雕龙义证》,上海:上海古籍出版社,1989年,第566—567页。

几说，"此其所以为短也"，"丘明自知其略也，故为《国语》以广之"。①

三、《史记》《汉书》"载文"论

纪传体史书以人为纲，那么，对人物言行、思想才华等方面的关注自然可以并列于对事件的关注，如《史记》《汉书》通过"载文"即表现出这样的特点。

我们先来看《史记》的情况。《屈原贾生列传》载录《怀沙之赋》《吊屈原赋》《鵩鸟赋》，其篇末云：

> 太史公曰：余读《离骚》《天问》《招魂》《哀郢》，悲其志。适长沙，观屈原所自沈渊，未尝不垂涕，想见其为人。及见贾生吊之，又怪屈原以彼其材，游诸侯，何国不容，而自令若是。读《鵩鸟赋》，同死生，轻去就，又爽然自失矣。②

司马迁谈到此二人的作品，一称"悲其志"，二称"又爽然自失"，完全是就传主的情感而言，非就"事"而言。《鲁仲连邹阳列传》载："邹阳者，齐人也。游于梁，与故吴人庄忌夫子、淮阴枚生之徒交。上书而介于羊胜、公孙诡之间。胜等嫉邹阳，恶之梁孝王。

---

① ［唐］刘知几著，［清］浦起龙通释，王煦华整理：《史通通释》，上海：上海古籍出版社，2009 年，第 25—26 页。
② ［汉］司马迁：《史记》，北京：中华书局，1982 年，第 2503 页。

孝王怒,下之吏,将欲杀之。邹阳客游,以谗见禽,恐死而负累,乃从狱中上书。"司马迁录《狱中上书》全文,篇末太史公曰:

> 邹阳辞虽不逊,然其比物连类,有足悲者,亦可谓抗直不桡矣,吾是以附之列传焉。①

纯粹就是为存文辞而录文。又,《司马相如列传》载录传主文章,原因是武帝"读《子虚赋》而善之",于是,司马相如"请为《天子游猎赋》,赋成奏之"。此文章本与叙事关系不大;甚或作品又有着充分的虚构性,"相如以'子虚',虚言也,为楚称;'乌有先生'者,乌有此事也,为齐难;'无是公'者,无是人也,明天子之义。故空藉此三人为辞,以推天子诸侯之苑囿"②。载录赋作的原因就是作品是美文,"相如他所著,若《遗平陵侯书》《与五公子相难》《草木书》篇不采,采其尤著公卿者云"③,"著"者,美文也。

　　《史记》还通过载录传主的文章,来关注史事的思想、学术渊源,如《李斯传》《始皇本纪》载录秦统一前后李斯的几次上书以及《焚书令》的原文,这就不单单是叙事了,也为后代保存了有关秦代政治历史的重要文献资料。又如班固《汉书》多有增补《史记》之处,具体就在多"载文"上,如《贾谊传》末载,"贾谊言三代与秦治乱之意,其论甚美,通达国体",所以"凡所著述五十八篇,

① ［汉］司马迁:《史记》,北京:中华书局,1982年,第2469、2479页。
② ［汉］司马迁:《史记》,北京:中华书局,1982年,第3002页。
③ ［汉］司马迁:《史记》,北京:中华书局,1982年,第3073页。

掇其切于世事者著于传云”①,收入有《治安策》等。

　　《汉书》列传“多载有用之文”,如比较完整地引用诏书、奏议、对策、著述和书信,西汉一朝有价值的文章,《汉书》几乎搜罗殆尽,这是《汉书》的重要特点。如《晁错传》收入《言兵事书》和《募民徙塞下》,《董仲舒传》收入《天人三策》,《公孙弘传》有《贤良策》,等等。

　　刘知几称,《汉书》假如按照《左传》体例,“晁错、董生之对策,刘向、谷永之上书”之类“识洞幽显,言穷军国”者,“或以文烦事博,难为次序”而不被载录;故“凡所包举,务存恢博,文辞入记,繁富为多。是以贾谊、晁错、董仲舒、东方朔等传,唯尚录言,罕逢载事”云云。② 章学诚《文史通义·诗教下》盛赞《史记》《汉书》的“载文”:

　　　　马、班二史,于相如、扬雄诸家之著赋,俱详著于列传,自刘知几以还,从而抵排非笑者,盖不胜其纷纷矣,要皆不为知言也。盖为后世文苑之权舆,而文苑必致文采之实迹,以视范史而下,标文苑而止叙文人行略者,为远胜也。然而汉廷之赋,实非苟作,长篇录入于全传,足见其人之极思,殆与贾疏董策,为用不同,而同主于以文传人也。③

―――――――――

① [汉]班固《汉书·贾谊传》,北京:中华书局,1962年,第2265页。
② 《史通·载言》,载[唐]刘知几著,[清]浦起龙通释,王煦华整理《史通通释》,上海:上海古籍出版社,2009年,第30—31页。
③ [清]章学诚著,叶瑛校注:《文史通义校注》,北京:中华书局,1985年,第80页。

这样说来,由于"载文",《史记》《汉书》还可兼作文章读本了,史称《汉书》,"当世甚重其书,学者莫不讽诵焉"①,世人读史,还在读"文章"了。

对于《史记》《汉书》的"载文"多辞赋,刘知几《史通·载文》批评说:

> 若马卿之《子虚》《上林》,扬雄之《甘泉》《羽猎》,班固《两都》,马融《广成》,喻过其体,词没其义,繁华而失实,流宕而忘返,无裨劝奖,有长奸诈,而前后《史》《汉》皆书诸列传,不其谬乎!②

刘知几就史论史书,认为史书不能作为文章读本。赵翼则称之为班固的个人爱好:

> 总计《汉书》所载文字皆有用之文。至如《司马相如传》所载《子虚赋》《谕蜀文》《谏猎疏》《宜春宫赋》《大人赋》(《史记》亦载),《扬雄传》载其《反离骚》《河东赋》《校猎赋》《长杨赋》《解嘲》《解难》《法言》序目,此虽无关于经术政治,而班固本以作赋见长,心之所好,爱不能舍,固文人习气,而

---

① [南朝宋]范晔:《后汉书·班固传》,北京:中华书局,1965年,第1334页。

② [唐]刘知几著,[清]浦起龙通释,王煦华整理:《史通通释》,上海:上海古籍出版社,2009年,第114—115页。

亦可为后世词赋之祖也。①

如果说班固作史书"载文"多辞赋确为个人爱好，那么，班固则有把史书视作文章读本的意思了。

四、晋时史书"载文"与《文章流别集》

《廿二史札记》称《三国志》"简净"：

> 袁宏《汉纪》，曹操薨，子丕袭位，有汉帝命嗣丞相魏王一诏，寿《志》无之。《献帝传》，禅代时，有李伏、刘廙、许芝等劝进表十一道，丕下令固辞，亦十余道，寿《志》亦尽删之，惟存九锡文一篇，禅位策一通而已。②

《三国志》"简净"的表现之一，即其少于"载文"，如《三国志》不录赋。魏人赋作盛行，如"时邺铜爵台新成，太祖悉将诸子登台，使各为赋"③，《魏书》称曹丕"故论撰所著《典论》、诗赋，盖百余篇"④，曹植所著赋作众多，自不待言，建安七子的王粲善于辞赋，

---

① [清]赵翼：《廿二史札记·汉书多载有用之文》，北京：中华书局，1984年，第31页。
② [清]赵翼：《廿二史札记·三国志书事得实处》，北京：中华书局，1984年，第125页。
③ [晋]陈寿：《三国志·陈思王传》，北京：中华书局，1982年，第557页。
④ 陈寿：《三国志·文帝纪》注引，北京：中华书局，1982年，第88页。

但《三国志》不录魏赋，全书仅有录吴赋一例①。《文选》所录三国名篇34篇，除去入《晋书》的阮籍、嵇康共4篇，《三国志》只录诸葛亮《出师表》、曹植《求自试表》、曹植《求通亲表》、钟会《檄蜀文》数篇而已。也未录曹丕《典论》的文字。《三国志》"载文"过简，人们经常举的一个例子就是对九品中正制的记载，《魏志·陈群传》只载有"制九品官人之法，群所建也"数字②，不见上疏、奏议等讨论此项政策。

《史通·载文》云：

> 历选众作，求其秽累，王沈、鱼豢，是其甚焉；裴子野、何之元，抑其次也。陈寿、干宝，颇从简约，犹时载浮讹，罔尽机要。③

记载三国的史书，有陈寿《三国志》、王沈（？—266年）《魏书》、鱼豢《魏略》，陈寿《三国志》留存至今，其"历选众作"的"颇从简约"，可做这样的推测：史书可以不承担文章读本的职责，能简则简。如《文章流别集》所论"王粲《砚铭》""建安中，文帝与临淄侯各失稚子，命徐干、刘桢等为之哀辞"，这些作品《三国志》就未录。

① 《三国志·吴书·胡综传》："黄武八年夏，黄龙见夏口，于是权称尊号，因瑞改元。又作黄龙大牙，常在中军，诸军进退，视其所向，命综作赋曰……"载［晋］陈寿《三国志》，北京：中华书局，1982年，第1414页。
② ［晋］陈寿：《三国志·魏书·陈群传》，北京：中华书局，1982年，第635页。
③ ［唐］刘知几著，［清］浦起龙通释，王煦华整理：《史通通释》，上海：上海古籍出版社，2009年，第117页。

或在历代的流传中,人们选择了"颇从简约"的《三国志》,因为不过多地"载文",更尽到史书的职责。显示出文章要从史书中分离出来的倾向。

与作为总集的《文章流别集》相呼应的是,晋时出现以"言"之"成文"的总汇为史书者,如东晋孔衍撰《汉尚书》《后汉尚书》《魏尚书》,集录各时代有关政治的言论为史书,仿《尚书》体,已佚。但是,时代不同了,"取其美词典言,足为龟镜者,定以篇第,纂成一家"的做法,已不适合时代的需要,"原夫《尚书》之所记也,若君臣相对,词旨可称,则一时之言,累篇咸载。如言无足纪,语无可述,若此故事,虽有脱略,而观者不以为非。爰逮中叶,文籍大备,必剪截今文,摸拟古法,事非改辙,理涉守株。故舒元所撰《汉》《魏》等书,不行于代也"。[①] 但是,这种做法表明了文章有总集,而也有以"言"之总汇、全由"载言"构成为史书,也曾是一种时尚。

五、典志与"言""文"总汇的编纂

史书典志对文章总集的生成,也有着相当的影响。

一是典志本多有"载文"。《史记》有"书",《汉书》有"志","书、志"亦多"载文",如《史记·乐书》载录魏文侯与子夏论乐、孔子与宾牟贾论乐、子贡与师乙论乐、平公与师旷论乐,等等。如

---

① 《史通·六家》,载[唐]刘知几著,[清]浦起龙通释,王煦华整理《史通通释》,上海:上海古籍出版社,2009年,第3页。

《汉书·礼乐志》的载文:贾谊论乐、董仲舒对策、王吉上疏、刘向之说,及《安世房中歌》十七章、《郊祀歌》十九章。在《汉书》的十志中,也有重要历史文献的收载,如《食货志》收入晁错的《论贵粟疏》等。

二是史官的职责又有编纂其他档案材料的分类总汇,他们编纂的分类总汇载录于史部,如《隋书·经籍志二》论"仪注"总汇的"编于史志":

> 仪注之兴,其所由来久矣。自君臣父子,六亲九族,各有上下亲疏之别。养生送死,吊恤贺庆,则有进止威仪之数。唐、虞已上,分之为三,在周因而为五。《周官》,宗伯所掌吉、凶、宾、军、嘉,以佐王安邦国,亲万民,而太史执书以协事之类是也。是时典章皆具,可履而行。周衰,诸侯削除其籍。至秦,又焚而去之。汉兴,叔孙通定朝仪,武帝时始祀汾阴后土,成帝时初定南北之郊,节文渐具。后汉又使曹褒定汉仪,是后相承,世有制作。然犹以旧章残缺,各遵所见,彼此纷争,盈篇满牍。而后世多故,事在通变,或一时之制,非长久之道,载笔之士,删其大纲,编于史志。而或伤于浅近,或失于未达,不能尽其旨要。遗文余事,亦多散亡。今聚其见存,以为仪注篇。①

又如《隋书·经籍志二》论"旧事"的总汇:

① [唐]魏征等:《隋书》,北京:中华书局,1973 年,第 971—972 页。

古者朝廷之政,发号施令,百司奉之,藏于官府,各修其职,守而弗忘。《春秋传》曰"吾视诸故府",则其事也。《周官》,御史掌治朝之法,太史掌万民之约契与质剂,以逆邦国之治。然则百司庶府,各藏其事,太史之职,又总而掌之。汉时,萧何定律令,张苍制章程,叔孙通定仪法,条流派别,制度渐广。晋初,甲令已下,至九百余卷,晋武帝命车骑将军贾充,博引群儒,删采其要,增律十篇。其余不足经远者为法令,施行制度者为令,品式章程者为故事,各还其官府。缙绅之士,撰而录之,遂成篇卷,然亦随代遗失。今据其见存,谓之旧事篇。①

《隋书·经籍志二》论"刑法"的总汇:

汉初,萧何定律九章,其后渐更增益,令甲已下,盈溢架藏。晋初,贾充、杜预删而定之,有律,有令,有故事。梁时,又取故事之宜于时者为《梁科》。后齐武成帝时,又于麟趾殿删正刑典,谓之《麟趾格》。后周太祖,又命苏绰撰《大统式》。隋则律令格式并行。自律已下,世有改作,事在《刑法志》。《汉律》久亡,故事驳议,又多零失。今录其见存可观者,编为刑法篇。②

---

① [唐]魏征等:《隋书》,北京:中华书局,1973 年,第 967 页。
② [唐]魏征等:《隋书·经籍志二》,北京:中华书局,1973 年,第 974 页。

其中有晋陈寿《汉名臣奏事》《魏名臣奏事》等。

《史通·载言》:"案迁、固列君臣于纪传,统遗逸于表志,虽篇名甚广而言无独录。"①这些"旧事""仪注""刑法"等总汇,弥补了纪传体史书"言无独录"的缺陷。

自魏晋以来,多有把"各有故事,而布在职司"者②,编纂为总汇。这些总汇,又有在集部者,如魏应璩编书记之文的《书林》,或者利用"典志"材料编纂某一文体的总集,如晋荀勖《晋歌诗》《晋宴乐歌辞》。当文章成为档案材料的一类,文章总集的生成就是自然而然的。

三是"艺文志"对"文章志"的影响,《汉书·艺文志·诗赋略》或可直接视为"文章志"的前身。《隋书·经籍志二》"簿录篇"载有"文章志"一类的书,如:荀勖撰《杂撰文章家集叙》十卷、挚虞撰《文章志》四卷、傅亮撰《续文章志》二卷、宋明帝撰《晋江左文章志》三卷、沈约撰《宋世文章志》二卷。③《汉书·叙传》称《艺文志》之作是"刘向司籍,九流以别;爰著目录,略序洪烈"④;刘向、刘歆父子在校书时要作叙录,叙录的内容,一般应著录书名与篇目;叙说校雠原委,介绍著作者生平,总说书名的含义,辨别

---

① [唐]刘知几著,[清]浦起龙通释,王煦华整理:《史通通释》,上海:上海古籍出版社,2009 年,第 31 页。

② [南朝梁]刘勰撰,詹锳义证:《文心雕龙义证》,上海:上海古籍出版社,1989 年,第 830 页。

③ [唐]魏征等:《隋书·经籍志二》,北京:中华书局,1973 年,第 991 页。

④ [汉]班固:《汉书》,北京:中华书局,1962 年,第 4244 页。

书的真伪,评说思想、史实,叙述学术源流,判别书的价值。梁阮
孝绪《七录序》云:"昔刘向校书,辄为一录,论其指归,辨其讹谬,
随竟奏上,皆载本书。"①"文章志"依史书"艺文志"而来,改"司
籍"为"司篇",是以"篇"为单位的著录。现有挚虞《文章志》的佚
文,《三国志·魏书·陈思王传》注引:

> 挚虞《文章志》曰:刘季绪名修,刘表子。官至东安太守。
> 著诗、赋、颂六篇。②

又《后汉书·桓彬传》李贤等注引:

> 案挚虞《文章志》,(桓)麟文见在者十八篇,有碑九首,
> 诔七首,《七说》一首,《沛相郭府君书》一首。③

个人文章作品秘阁有所收藏者,如《三国志·魏书·陈思王传》载
魏明帝诏曰:"撰录(曹)植前后所著赋、颂、诗、铭、杂论凡百余篇,
副藏内外。"④秘书监校定图籍、编撰"文章志",这些个人文章作
品的情况被记载下来;而别集、总集的撰录,依"文章志"所录情况
按图索骥罢了,"文章志"应该是总集编纂的前期工作。

---

① [唐]释道宣:《广弘明集》,载《缩本四部丛刊初编》,上海:商务印书馆,1936年,
第36页下。
② [晋]陈寿:《三国志》,北京:中华书局,1982年,第560页。
③ [南朝宋]范晔:《后汉书》,北京:中华书局,1965年,第1260页。
④ [晋]陈寿:《三国志·陈思王传》,北京:中华书局,1982年,第576页。

六、秘书监与文章总集的编纂

《后汉书·马融传》有典校秘书之语。盖古代图书集中帝室，西汉时藏于天禄阁，东汉时藏于东观，故谓之秘书；亦以东汉崇尚谶纬，故取秘密之意。魏武帝时之秘书令，改为机要之职，后乃改称中书令，而以秘书令仍为监，掌艺文图籍之事，晋代之秘书监兼统领著作局，担当修史之任；秘书监可谓史职。①

在秘书监工作，首要职责之一即编纂史学文献，这当然也最有利于其编纂"文章志"、文章总集一类。以下历叙在秘书监工作而编纂"文章志"、文章总集者：

荀勖，字公曾，领秘书监，曾整理记籍，撰次汲冢古文竹书。

挚虞，字仲洽，历秘书监，"撰《文章志》"，"又撰古文章，类聚区分为三十卷，名曰《流别集》，各为之论，辞理惬当，为世所重"。②

李充，字弘度，为大著作郎，"于时典籍混乱，充删除烦

---

① 关于"秘书监"的沿革，《唐六典》卷10、《通典》卷26有较为系统的阐释。以上概括瞿蜕园《历代职官简释》秘书监、秘书省、秘书郎诸条目而成。《历代职官简释》，附于[清]黄本骥《历代职官表》一书，上海：上海古籍出版社，1980年，第115—116页。

② [唐]房玄龄等：《晋书·挚虞传》，北京：中华书局，1974年，第1427页。

重,以类相从,分作四部,甚有条贯,秘阁以为永制"。①《隋志》著录其《翰林论》三卷,梁时五十四卷。②

宋明帝刘彧,宋文帝第十一子,"世祖践阼,为秘书监","好读书,爱文义,在藩时,撰《江左以来文章志》"③;《隋志》著录其《赋集》四十卷④。

谢灵运,曾出就秘书监职,宋文帝"使整理秘阁书,补足遗阙。又以晋氏一代,自始至终,竟无一家之史,令灵运撰《晋书》,粗立条流"⑤。《隋志》著录有《赋集》九十二卷,《诗集》五十卷(梁五十一卷),《诗集钞》十卷,《杂诗钞》十卷、录一卷,《诗英》九卷(梁十卷),《七集》十卷,《连珠集》五卷⑥。

殷淳,字粹远,"少好学,有美名。(宋)少帝景平初,为秘书郎,衡阳王文学,秘书丞","在秘书阁撰《四部书目》凡四十卷,行于世"。⑦《隋志》著录其《妇人集》三十卷。⑧

谢朓,字敬冲,宋末"领秘书监"⑨,《隋志》著录其《杂言诗钞》五卷⑩。

---

① [唐]房玄龄等:《晋书·文苑·李充传》,北京:中华书局,1974年,第2391页。

② [唐]魏征等:《隋书·经籍志四》,北京:中华书局,1973年,第1082页。

③ [南朝梁]沈约:《宋书·明帝纪》,北京:中华书局,1974年,第151、170页。

④ [唐]魏征等:《隋书·经籍志四》,北京:中华书局,1973年,第1082页。

⑤ [南朝梁]沈约:《宋书·谢灵运传》,北京:中华书局,1974年,第1772页。

⑥ [唐]魏征等:《隋书·经籍志四》,北京:中华书局,1973年,第1082、1084、1084、1084、1084、1086、1087页。

⑦ [南朝梁]沈约:《宋书·殷淳传》,北京:中华书局,1974年,第1597页。

⑧ [唐]魏征等:《隋书·经籍志四》,北京:中华书局,1973年,第1082页。

⑨ [唐]姚思廉:《梁书·谢朓传》,北京:中华书局,1973年,第262页。

⑩ [唐]魏征等:《隋书·经籍志四》,北京:中华书局,1973年,第1084页。

　　沈约,字休文,吴兴武康人。《梁书·沈约传》称,齐时,
"文惠太子入居东宫,(沈约)为步兵校尉,管书记,直永寿省,
校四部图书";"迁太子家令,后以本官兼著作郎"。①《隋志》
著录其《集钞》十卷。②

　　于是可知,在秘书监担当史职,则是文章总集编纂的必要条件。
当我们知道萧统东宫官属中有许多成员如殷钧、张率、殷芸、张
缅、刘孝绰、谢举、王规、王锡、张缵等,都有秘书监工作的经历,那
么,我们对《文选》的编纂将会多一份理解。

　　以上联系史书"载文"、史职编纂档案材料、史例编纂"艺文
志",以及史官编纂"文章志"等方面考察文章总集的生成,可看出
不仅"六经皆史"而且一切文字"皆史"对我们当前学术研究的
意味。

---

① ［唐］姚思廉:《梁书·沈约传》,北京:中华书局,1973 年,第 233 页。
② ［唐］魏征等:《隋书·经籍志四》,北京:中华书局,1973 年,第 1082 页。

史书"书、志"体例的生成

——"文胜质则史"辨

一、史官撰作的原始目的及其文字的简略

《汉书·艺文志》云：

> 古之王者世有史官。君举必书，所以慎言行、昭法式也。
> 左史记言，右史记事。①

可知自远古而来，史官撰作史书的原始目的之一，就在于为后世
社会"昭法式"而已。于是，就时常有史官如此告诫君王："君举必
书"，一言一行是会让后世人们知晓的，因此要"慎言行"。如《左
传·庄公二十三年》载：

> (鲁庄)公如齐观社，非礼也。曹刿谏曰："不可。夫礼，
> 所以整民也。故会以训上下之则，制财用之节；朝以正班爵
> 之义，帅长幼之序；征伐以讨其不然。诸侯有王，王有巡守，

---

① ［汉］班固：《汉书》，北京：中华书局，1962 年，第 1715 页。

以大习之。非是,君不举矣。君举必书,书而不法,后嗣
何观?"①

曹刿的意思是说:君王的行动必须被记载下来,君王您的不合礼
的举动被记载下来,后代子孙看到的是什么?《白虎通义》载:

  王法立史记事者,以为臣下之仪样,人之所取法则也。
动则当应礼,是以必有记过之史,彻膳之宰。《礼·玉藻》曰:
"动则左史书之,言则右史书之。"《礼·保傅》曰:"王失度,
则史书之,工诵之,三公进读之,宰夫彻其膳。是以天子不得
为非。故史之义不书过则死,宰不彻膳亦死。②

君王的一言一行都为"昭法式","是以天子不得为非"。
  远古时代的"君举必书""左史记言,右史记事",限于书写的
物质条件,简策繁重,当时史官的"记言记事"是尽可能的简略,此
即阮元《文言说》云:"古人以简策传事者少,以口舌传事者多;以
目治事者少,以口耳治事者多。"③章太炎说:"古者简帛重烦,多
取记臆。"④此即所谓原始史书的简言。所以宋代起就有人"黜

① 《春秋左传正义》,载《十三经注疏》,上海:上海古籍出版社,1997 年,第 1778 页
　 下—1779 页上。
② [清]陈立撰,吴则虞点校:《白虎通义疏证》,《新编诸子集成》,北京:中华书局,
　 1994 年,第 237—238 页。
③ [清]阮元撰,邓经元点校:《揅经室集》,北京:中华书局,1993 年,第 605 页。
④ 章太炎:《国故论衡》,上海:上海古籍出版社,2003 年,第 52 页。

《春秋》之书,不使列于学官,至戏目为'断烂朝报'"①,称其只是大事记的标题而已。因此,后人往往对史著的"记言""记事"不甚了了;且随着岁月的逝去,后人对史著为什么如此的"记言""记事"更不甚了了。于是后人对其有所解释,如《春秋经》起首隐公元年"元年春王正月。三月,公及邾仪父盟于蔑",《左传》解释说:"元年春,王周正月。不书即位,摄也。三月,公及邾仪父盟于蔑,邾子克也。未王命,故不书爵。曰'仪父',贵之也。"②就对为什么"不书即位""不书爵"作出解释。又有《公羊传》《穀梁传》的解释《春秋》,如《春秋经》襄公七年:

> 十有二月,公会晋侯、宋公、陈侯、卫侯、曹伯、莒子、邾子于鄬。郑伯髡顽如会,未见诸侯,丙戌,卒于鄵。③

本是郑伯被其大夫子驷弑之,而这里不这样说,只说是"卒"。为什么要这样记载?《公羊传》解释说:

> 鄵者何? 郑之邑也。诸侯卒其封内不地,此何以地? 隐之也。何隐尔? 弑也。孰弑之? 其大夫弑之。曷为不言其大夫弑之? 为中国讳也。曷为为中国讳? 郑伯将会诸侯于鄬,其大夫谏曰:"中国不足归也,则不若与楚。"郑伯曰:"不

---

① [元]脱脱等:《宋史》卷327列传第86,北京:中华书局,1985年,第10550页。
② 《春秋左传正义》,载《十三经注疏》,上海:上海古籍出版社,1997年,第1713—1714页。
③ 《春秋左传正义》,载《十三经注疏》,上海:上海古籍出版社,1997年,第1938页上。

可。"其大夫曰:"以中国为义,则伐我丧,以中国为强,则不若楚。"于是弑之。①

其"微言大义",即以书写出郑伯死在自己的封地里,隐晦地表达郑伯是弑而死,这是"为中国讳也",故"不言其大夫弑之"。而《穀梁传》是这样解释的:

> 未见诸侯,其日如会何也? 致其志也。礼,诸侯不生名,此其生名何也? 卒之名也。卒之名,则何为加之如会之上? 见以如会卒也。其见以如会卒何也? 郑伯将会中国,其臣欲从楚,不胜其臣,弑而死。其不言弑何也? 不使夷狄之民加乎中国之君也。②

郑伯将会中原诸侯,其臣"欲从楚",如此意见不合而被弑;楚当时为"夷狄",《穀梁传》称如此记载是为了"不使夷狄之民加乎中国之君也"。正因为古代史书的"记言、记事"的简略,当时过境迁,人们往往不易理解,因此,需要作出解释。

正是因为对《春秋》有着种种解释,于是又有对这些解释体例的说明,如杜预称《春秋》所谓"皆经国之常制,周公之垂法,史书之旧章,仲尼从而修之,以成一经之通体";而《左传》的解释有"三体",一是"其微显阐幽,裁成义类者,皆据旧例而发义,指行事

---

① 《春秋公羊传注疏》,载《十三经注疏》,上海:上海古籍出版社,1997 年,第 2302 页下。
② 《春秋穀梁传注疏》,载《十三经注疏》,上海:上海古籍出版社,1997 年,第 2426 页下。

以正褒贬"，为正例；二是"诸称'书、不书、先书、故书、不言、不称、书曰'之类，皆所以起新旧，发大义"，"谓之变例"；三是"然亦有史所不书，即以为义者。然亦有史所不书，即以为义者。此盖《春秋》新意，故传不言凡，曲而畅之也。其经无义例，因行事而言，则传直言其归趣而已，非例也"，此为"归趣"。①

　　原始史书的简言，再是其书写习惯与体例，这就使后世人们需要解释才能对"史"有明晰的理解。这种解释，或者多以较为详细叙事来清楚说明史事，或者从"微言"中探求"大义"，或者是二者的结合。我们从《公羊传》与《穀梁传》的不同解释，可知人们对史官的原始记载有着不同的理解，因此得出其不同的"微言大义"；这也就从反面证明，史官的原始记载是需要人们去解释的，更重要的是，人们是利用这种对原始记载的解释，来表达自己当下性的观念。所以，"《春秋》笔法"被称为"微言大义"，"微言"，微眇之言，《逸周书·大戒》言"微言入心"②，以"微言"述"大义"，人们认为历史记载的有些地方不是实话实说的，而是用精微的用词去暗示深刻的道理，以此来打动人心；于是，通过对原始记载的解释，以实现历史与当下性的结合。

二、讲史及其两种范式

　　古时对史官所为，需要阐释者很多，如对史官的占卜结果，也

---

① 《春秋左传序》，载［南朝梁］萧统编，［唐］李善注《文选》，北京：中华书局，1977年，第639页下。
② 黄怀信：《逸周书校补注译》，西安：三秦出版社，2006年，第245页。

是需要解说的,《左传·文公十三年》载:

> 邾文公卜迁于绎。史曰:"利于民而不利于君。"邾子曰:
> "苟利于民,孤之利也。天生民而树之君,以利之也。民既利
> 矣,孤必与焉。"左右曰:"命可长也,君何弗为?"邾子曰:"命
> 在养民。死之短长,时也。民苟利矣,迁也,吉莫如之!"遂迁
> 于绎。①

邾子就对史的卜辞"利于民而不利于君"作出自己的判断。

"微言入心",这是需要具有相当的领悟能力的;而更多的情况是,"微言"是需要解释才能让人们领悟的,史事是需要详细讲述才能知其来龙去脉的。因此,在先秦的史官制度设计上,史官又要有讲史的任务。当时有两种史官,"即太史与瞽蒙,他们所传述的历史,原以瞽蒙传诵为主,而以太史的记录帮助记忆"②。《周礼·大史》载大史的职责,其中有:

> 大祭祀,与执事卜日,戒及宿之日,与群执事读礼书而协
> 事。祭之日,执书以次位常,辨事者考焉,不信者诛之。大会
> 同、朝觐,以书协礼事。及将币之日,执书以诏王。③

---

① 《春秋左传正义》,载《十三经注疏》,上海:上海古籍出版社,1997 年,第 1852 页下。
② 《左传作者及其成书年代》,载《徐中舒历史论文选辑》,北京:中华书局,1998 年,第 1147 页。
③ 《周礼注疏》,载《十三经注疏》,上海:上海古籍出版社,1997 年,第 817 页下。

讲的就是大史"执书"以讲礼讲史。如《逸周书·史记》载左史戎夫为周穆王讲史,就罗列二十八件亡国之事。又如《国语·楚语下》载王孙圉论国宝"又有左史倚相,能道训典以叙百物,以朝夕献善败于寡君,使寡君无忘先王之业"①,称史官陈辞君王,是通过讲史来提供从政鉴戒的。所以,《国语·周语上》载天子听政,有所谓"瞽、史教诲"而"王斟酌焉"②。

阎步克称:"古史传承本有'记注'和'传诵'两种形式","史官记其大略于简册之上,其详情则由瞽矇讽诵"。③ 从讲史是以太史的记录的底本来看,可见所谓《春秋》三传都是《春秋》为底本的阐释。讲史主要是讲什么?

杜预《春秋左传序》称《左传》之作:

> 左丘明受经于仲尼,以为经者不刊之书也。故传或先经以始事,或后经以终义,或依经以辨理,或错经以合异,随义而发其例之所重,旧史遗文,略不尽举,非圣人所修之要故也。身为国史,躬览载籍,必广记而备言之。④

---

① [战国]左丘明著,[三国吴]韦昭注:《国语》,上海:上海古籍出版社,2015年,第390页。

② [战国]左丘明著,[三国吴]韦昭注:《国语》,上海:上海古籍出版社,2015年,第6页。

③ 阎步克:《乐师、史官文化传承之异同及意义》,载《乐师与史官——传统政治文化与政治制度论集》,北京:生活·读书·新知三联书店,2001年,第94页。

④ [晋]杜预:《春秋左传序》,[南朝梁]萧统编,[唐]李善注《文选》,北京:中华书局,1977年,第639页上、下。

正是以《春秋》为底本的"讲史"。桓谭《新论》曰："左氏经之与传,犹衣之表里,相持而成,有经而无传,使圣人闭门思之,十年不能之也。"①是说"传"之类的解释的重要性。唐人刘知几《史通·六家》称《左传》的"释经":

> 《左传》家者,其先出于左丘明。孔子既著《春秋》,而丘明受经作传。盖传者,转也,转受经旨,以授后人。……观《左传》之释经也,言见经文而事详传内,或传无而经有,或经阙而传存。其言简而要,其事详而博,信圣人之才羽翮,而述者之冠冕也。②

所谓"事详传内"就是《左传》的"释经"方式,依《春秋》讲述事件。左丘明本来就是史官,"丘明既躬为太史,博总群书,至如梼杌、纪年之流,《郑书》《晋志》之类,凡此诸籍,莫不毕睹。其《传》广包它国,每事皆详"③;他的"释经",即说明《春秋》笔法,更多依据深厚的史事材料来补充《春秋》。最显著的一例如《春秋》"郑伯克段于鄢"一句,《左传》就有详尽的史实解说。

《公羊传》也是依《春秋》而讲史,《四库全书总目》"春秋公羊传注疏提要"称说其"释经"的渊源:

---

① [宋]李昉等:《太平御览》卷610《学部四》,北京:中华书局,1960年,第2746页上。
② [唐]刘知几著,[清]浦起龙通释,王煦华整理:《史通通释》,上海:上海古籍出版社,2009年,第10页。
③ [唐]刘知几著,[清]浦起龙通释,王煦华整理:《史通通释》,上海:上海古籍出版社,2009年,第390页。

　　徐彦《疏》引戴宏《序》曰："子夏传与公羊高,高传与其子平,平传与其子地,地传与其子敢,敢传与其子寿。至汉景帝时,寿乃与齐人胡母子都着于竹帛。何休之《注》亦同。"(休说见《隐公二年》"纪子伯、莒子盟于密"条下)今观《传》中有"子沈子曰""子司马子曰""子女子曰""子北宫子曰",又有"高子曰""鲁子曰",盖皆传授之经师,不尽出于公羊子。①

《公羊传》专讲"微言大义",如《公羊传》闵公元年称"《春秋》为尊者讳,为亲者讳,为贤者讳"②,那就要对这些情况作出说明。一般认为《公羊传》讲"改制",宣扬"大一统",为后王立法;讲"所见异辞,所闻异辞,所传闻异辞"的"三世说"历史哲学。《穀梁传》以语录体和对话文体为主来讲解《春秋》,以"讲史"宣扬儒家思想的礼义教化和宗法情谊。

　　因此,从现今所看到的《左传》与《公羊》《穀梁》而言,《左传》以释事为主,而《公羊》《穀梁》以释义理为主;释事与释义理可谓讲史的两大范式,二者往往相辅相成。《左传·宣公二年》记载现实的一例"讲史":

　　乙丑,赵穿攻灵公于桃园。宣子未出山而复。大史书

---

① [清]永瑢等:《四库全书总目》,北京:中华书局,1965年,第210—211页。
② 《春秋公羊传注疏》,载《十三经注疏》,上海:上海古籍出版社,1997年,第2244页上。

曰:"赵盾弑其君。"以示于朝。宣子曰:"不然。"对曰:"子为
正卿,亡不越竟,反不讨贼,非子而谁?"宣子曰:"乌呼,'我之
怀矣,自诒伊戚',其我之谓矣!"孔子曰:"董狐,古之良史也,
书法不隐。赵宣子,古之良大夫也,为法受恶。惜也,越竟
乃免。"①

史的记载是"赵盾弑其君",但以事释之是怎么样的,以义释之是
怎么样的,以及大史为什么这样记载,"讲史"就应该把这些都讲
清楚。

《论语·雍也》载:

子曰:"质胜文则野,文胜质则史。文质彬彬,然后
君子。"②

"史"与"野"相对,那么,"文胜质则史"就是叙说一种状态,此后
多有类似于"文胜质则史"的说法,如《韩非子·难言》称"捷敏辩
给,繁于文采,则见以为史"③;《仪礼·聘礼》称"辞无常,孙而说。
辞多则史,少则不达"④;《论衡·量知》称"能雕琢文书,谓之史
匠"⑤。于是可见作为状态的"文胜质则史"的几个要点:与《尚

---

① 《春秋左传正义》,载《十三经注疏》,上海:上海古籍出版社,1997年,第1867页中、下。
② 《论语注疏》,载《十三经注疏》,上海:上海古籍出版社,1997年,第2479页上。
③ 陈奇猷:《韩非子集释》,上海:上海人民出版社,1974年,第49页。
④ 《仪礼注疏》,载《十三经注疏》,上海:上海古籍出版社,1997年,第1073页上。
⑤ [汉]王充:《论衡》,上海:上海人民出版社,1974年,第195页。

书》《春秋》的文字简略质朴相比,其特点显然是辞多,所谓"辞多则史,少则不达";相对于"质"来说,"捷敏辩给""繁于文采""雕琢",要把历史事件说透说全且要能够说得好听,要有说服力,易于人们接受。但这些都是概括而言,"文胜质则史"还是有具体指向的,这些具体指向又成为史学撰述发展的方向。

三、"文"之指向其一:提高叙事能力

古代史书的叙事,首先是围绕着帝王政绩、王朝历史展开的,是围绕着夺取政权、巩固政权展开的,"文胜质则史"首先显示出史书叙事能力的提高。

刘知几《史通·杂说上》对《左传》的叙事能力有具体解说:

> 《左氏》之叙事也,述行师则簿领盈视,哤聒沸腾;论备火则区分在目,修饰峻整;言胜捷则收获都尽;记奔败则披靡横前;申盟誓则慷慨有余;称谲诈则欺诬可见;谈恩惠则煦如春日;纪严切则凛若秋霜;叙兴邦则滋味无量;陈亡国则凄凉可悯。或腴辞润简牍,或美句入咏歌,跌宕而不群,纵横而自得。若斯才者,殆将工侔造化,思涉鬼神,著述罕闻,古今卓绝。[1]

---

[1] [唐]刘知几著,[清]浦起龙通释,王煦华整理:《史通通释》,上海:上海古籍出版社,2009年,第422页。

"述行师""论备火""言胜捷""记奔败""申盟誓""称谲诈"是指"史"之"文",更好地实现"史"的纪事功能。而"煦如春日""滋味无量""凄凉可悯",则是指《左传》叙事的感染力。"腴辞润简牍,或美句入咏歌,跌宕而不群,纵横而自得"云云,则是指《左传》叙事的语言运用。

孟子论先秦史学曰:

> 孟子曰:"王者之迹熄而《诗》亡,《诗》亡然后《春秋》作。晋之《乘》,楚之《梼杌》,鲁之《春秋》,一也:其事则齐桓、晋文,其文则史。孔子曰:'其义则丘窃取之矣。'"①

孟子的这段话先称"口出以为言"的《诗》亡而"笔书以为文"的《春秋》作;叙说了先秦史学的各个方面:一是"其事则齐桓、晋文","史"是叙事的;二是"其文则史","史"的"文",既是文字记述的,又是有"文"的;三是"史"在"其事""其文"后,"其义"仍是存在的;也就是说,"史"的"微言大义"的传统并未丢失,这个"义"也就是司马迁所称《春秋》"文成数万,其指数千"之"指"②。

《左传》叙事能力的提高又有代言体的出现。僖公二十二年载:

> 晋大子圉为质于秦,将逃归,谓嬴氏曰:"与子归乎?"对

---

① 杨伯峻:《孟子译注》,北京:中华书局,1960年,第192页。
② [汉]司马迁:《史记·太史公自序》,北京:中华书局,1982年,第3297页。

> 曰:"子,晋大子,而辱于秦,子之欲归,不亦宜乎? 寡君之使
> 婢子侍执巾栉,以固子也。从子而归,弃君命也。不敢从,亦
> 不敢言。"遂逃归。①

夫妻密谋,何人知之? 但史家通过密谋叙写出逃归是怎样实施
的。又如《左传·宣公二年》:

> 宣子骤谏,公患之,使鉏麑贼之。晨往,寝门辟矣,盛服
> 将朝,尚早,坐而假寐。麑退,叹而言曰:"不忘恭敬,民之主
> 也。贼民之主,不忠。弃君之命,不信。有一于此,不如死
> 也。"触槐而死。②

人死之前的独白,何以知之? 当出自联想,只是按理来说应该是
这样,以此来惩恶劝善。钱钟书说:

> 上古既无录音之具,又乏速记之方,驷不及舌,而何其口
> 角亲切,如聆謦欬欤? 或为密勿之谈,或乃心口相语,属垣烛
> 隐,何所据依? 如僖公二十四年介之推与母偕逃前之问答,
> 宣公二年鉏麑自杀前之慨叹,皆生无傍证、死无对证
> 者。……盖非记言也,乃代言也,如后世小说、剧本中之对话
> 独白也。左氏设身处地,依傍性格身分,假之喉舌,想当然

---

① 《春秋左传正义》,载《十三经注疏》,上海:上海古籍出版社,1997 年,第 1813 页中。
② 《春秋左传正义》,载《十三经注疏》,上海:上海古籍出版社,1997 年,第 1867 页上。

耳。……史家追叙真人实事,每须遥体人情,悬想事势,设身局中,潜心腔内,忖之度之,以揣以摩,庶几入情合理,盖与小说、院本之臆造人物,虚构境地,不尽同而可相通,记言特其一端。①

称史家的"代言"做法与"小说、院本之臆造人物""相通"。

或称《左传》亦有纪事文辞上的浮夸,如韩愈《进学解》称"《左氏》浮夸"②,元人盛如梓《庶斋老学丛谈》卷一云:

晋景公病,将食麦,张如厕,陷而卒。国君病,何必如厕?假令如厕,岂能遽陷而卒?此皆文胜其实,良可发笑!③

事见成公十年。钱钟书曰:

论景公事,言外意谓国君内寝必有如《周礼·天官·玉府》所谓"亵器"、《史记·万石君传》所谓"厕牏"者,无须出外就野涧耳。④

---

① 钱钟书:《管锥编》第 1 册,北京:中华书局,1986 年,第 164、165、166 页。
② 屈守元、常思春主编:《韩愈全集校注》,成都:四川大学出版社,1996 年,第 1910 页。
③ [元]盛如梓:《庶斋老学丛谈》,载《丛书集成初编》第 328 册,北京:中华书局,1985 年,第 6 页。
④ 钱钟书:《管锥编》第 1 册,北京:中华书局,1986 年,第 206 页。

称如此叙说其事并无"史"的价值;这当然是作为讲史时的遗留之风,只是为了增强读者对"史"的注意而已,这也是"文胜质则史"的效应。

四、"文"之指向其二——对礼乐等制度建设的关注

"文胜质则史",又可谓对礼乐制度建设的关注。"文",其义或指礼乐制度。《论语·子罕》:"文王既没,文不在兹乎?"朱熹集注:"道之显者谓之文,盖礼乐制度之谓。"①章炳麟《文学总略》:"孔子称尧、舜,'焕乎其有文章',盖君臣朝廷尊卑贵贱之序,车舆衣服宫室饮食嫁娶丧祭之分,谓之文。"②又指礼节仪式,《史记·高祖本纪》太史公曰:"敬之敝,小人以鬼,故周人承之以文。"裴骃集解引郑玄曰:"文,尊卑之差也。"③《汉书·地理志下》:"(鲁俗)丧祭之礼文备实寡。"④"礼文"即指礼乐仪制。

"文胜质则史"在《左传》中的表现即多言礼,杨伯峻说:"礼"字在《左传》中出现了462次,另外还有"礼食""礼经""礼书""礼秩""礼义"等,"把礼提高到最高地位,《左传》昭公二十年,晏婴对齐景公说:'礼之可以为国也久矣,与天地并。'"⑤《左传》昭公二十五年,子大叔回答赵简子"何谓礼"的问题:

———————————

① [宋]朱熹:《四书集注》,长沙:岳麓书社,1985年,第138页。

② 章太炎:《国故论衡》,上海:上海古籍出版社,2003年,第49页。

③ [汉]司马迁:《史记》,北京:中华书局,1982年,第393—394页。

④ [汉]班固:《汉书》,北京:中华书局,1962年,第1663页。

⑤ 杨伯峻:《试论孔子》,载《论语译注》,北京:中华书局,1980年,第16页。

吉也闻诸先大夫子产曰："夫礼，天之经也。地之义也，民之行也。"天地之经，而民实则之。则天之明，因地之性，生其六气，用其五行。气为五味，发为五色，章为五声，淫则昏乱，民失其性。是故为礼以奉之：为六畜、五牲、三牺，以奉五味；为九文、六采、五章，以奉五色；为九歌、八风、七音、六律，以奉五声；为君臣、上下，以则地义；为夫妇、外内，以经二物；为父子、兄弟、姑姊、甥舅、昏媾、姻亚，以象天明；为政事、庸力、行务，以从四时；为刑罚、威狱，使民畏忌，以类其震曜杀戮；为温慈、惠和，以效天之生殖长育。民有好、恶、喜、怒、哀、乐，生于六气。是故审则宜类，以制六志。哀有哭泣，乐有歌舞，喜有施舍，怒有战斗；喜生于好，怒生于恶。是故审行信令，祸福赏罚，以制死生。生，好物也；死，恶物也；好物，乐也；恶物，哀也。哀乐不失，乃能协于天地之性，是以长久。……礼，上下之纪，天地之经纬也，民之所以生也，是以先王尚之。故人之能自曲直以赴礼者，谓之成人。大，不亦宜乎？①

讲述礼不只是一套可供遵循的外在仪节、形式，还有着自身本质的观点与作用。又如《左传·昭公二十九年》载史墨叙说"蓄龙"家族谱系及其职责，在回答魏献子"今何故无之"后，又回答其"社

---

① 《春秋左传正义》，载《十三经注疏》，上海：上海古籍出版社，1997年，第2107—2108页。

稷五祀,谁氏之五官也"的问题:

> 少皞氏有四叔,曰重、曰该、曰修、曰熙,实能金、木及水。使重为句芒,该为蓐收,修及熙为玄冥,世不失职,遂济穷桑,此其三祀也。颛顼氏有子曰犁,为祝融;共工氏有子曰句龙,为后土,此其二祀也。后土为社;稷,田正也。有烈山氏之子曰柱为稷,自夏以上祀之。周弃亦为稷,自商以来祀之。①

这应该是后世史书"祭祀志"的内容。《左传·昭公十七年》记载郯子论古"以物命官",如"黄帝氏以云纪,故为云师而云名;炎帝氏以火纪,故为火师而火名"②,这是官制的起源。《国语·周语上》,虢文公给周宣王讲"籍田"制度。《国语·楚语上》有"申叔时论傅太子之道",论述太子教育制度。《国语·鲁语上》展禽讲"制祀"制度,展禽曰:"夫祀,国之大节也;而节,政之所成也。故慎制祀以为国典。""夫圣王之制祀也,法施于民则祀之,以死勤事则祀之,以劳定国则祀之,能御大灾则祀之,能扞大患则祀之。非是族也,不在祀典。"③《国语·齐语》记载齐国的行政制度:"管子于是制国以为二十一乡:工商之乡六;士乡十五,公帅五乡焉,国子帅五乡焉,高子帅五乡焉。参国起案,以为三官,臣立三宰,工

---

① 《春秋左传正义》,载《十三经注疏》,上海:上海古籍出版社,1997年,第2124页上、中、下。
② 《春秋左传正义》,载《十三经注疏》,上海:上海古籍出版社,1997年,第2083页上。
③ [战国]左丘明著,[三国吴]韦昭注:《国语》,上海:上海古籍出版社,2015年,第109页。

立三族,市立三乡,泽立三虞,山立三衡。"①

　　这些内容或溢出于记事,更多的是礼乐文化、典章制度的记载、叙说,这表明,古代史书不仅仅只是关注事件的记叙,还关注着文化建设诸方面的记叙。

五、"文胜质则史"与史书新体例

　　"文胜质则史"重在礼乐文化、典章制度的记载、叙说,被司马迁《史记》继承并发扬光大。司马迁在《史记·太史公自序》称:

> 《春秋》以道义。拨乱世反之正,莫近于《春秋》。《春秋》文成数万,其指数千。万物之散聚皆在《春秋》。《春秋》之中,弑君三十六,亡国五十二,诸侯奔走不得保其社稷者不可胜数。察其所以,皆失其本已。②

认为《春秋》之"本"在于"道义",而《史记》有《礼》《乐》《律》《历》《天官》《封禅》《河渠》《平准》八书,其内容是关于对古代社会的经济、政治、文化各个方面的专题记载和论述,司马迁亦自称"作八书"所载是"礼乐损益,律历改易,兵权山川鬼神,天人之际,

---

① ［战国］左丘明著,［三国吴］韦昭注:《国语》,上海:上海古籍出版社,2015 年,第147 页。

② ［汉］司马迁:《史记》,北京:中华书局,1982 年,第 3297 页。

承敝通变"①,点明了这些对礼乐文化、典章制度的记载、叙说,是有关政体建设、文化建设方面的,刘勰《文心雕龙·史传》称"八书以铺政体"②,即是此义。司马迁引孔子曰:"我欲载之空言,不如见之于行事之深切著明也。"③所以,"八书"的铺叙国家典章制度也是以记载具体事例的面目出现,阐述其兴废沿革,并非只是有关政体建设、文化建设方面的条文。班固《汉书》"十志"传承《史记》"八书",铺叙国家典章制度,更是被纪传体史书列入体例,延续下来。"文胜质则史"以其重"文",终于促使了史书"以铺政体"的体例创建,以对典章制度等政体的记载,讨论历代文化建设的得失,以为传承与鉴戒。

于是可以说,"讲史"而形成的"文胜质则史"的状态,影响到纪传体史书由两大部分组成,一是叙事之类的"纪、传",二是铺叙国家典章制度之类的"书、志",所以,后世形成了这样的观念:"只有纪传,没有志书,不能说是完整的国史。"④

"文胜质则史"倡导提高叙事能力,也正是汉代以来纪传体史书所遵循的史书传统。司马迁《史记》创立纪传体史书,班固称世人"服其善序事理,辨而不华,质而不俚,其文直,其事核,不虚美,不隐恶,故谓之实录",正是对其叙事而言;扬雄《法言·君子》称

① [汉]司马迁:《史记》,北京:中华书局,1982年,第3319页。
② [南朝梁]刘勰著,詹锳义证:《文心雕龙义证》,上海:上海古籍出版社,1989年,第576页。
③ [汉]司马迁:《史记》,北京:中华书局,1982年,第3297页。
④ 范文澜:《中国通史简编》(第三编),北京:人民出版社,1965年,第81页。

"子长多爱,爱奇也"①,也是对其叙事而言。而《汉书》的语言庄严工整,多用排偶、古字古词,遣辞造句典雅远奥,如此之"文"又更合乎统治阶层的理想文风。"文胜质则史"亦标示"史"为最早具有文学性的文体之一。"史"的甲骨文字形,上面是放简策的容器,下面是手,合起来表示掌管文书记录。当"文"作为文字及文字作品来讲,"史"是最早的"文"。当把"文胜质则史"之"文"视为提高叙事能力的文饰,那么,"文胜质则史"则表明,"史"的文学性是自先秦时代就所具有的,且"史"以"文"而标榜。"文"之相分,如"道生一,一生二,二生三,三生万物",有文字而有文字作品,有文字作品而有各种文体,至经、子、史、集,各为独立;但所有的文字作品的又都汲取着"文"的滋润,又有共同的"文"的基因。"文胜质则史"之"史",其"文"的基因则在于其叙事能力。文体合久必分,分久必合,在文体的一分而众、众合而一的"泛文学体系"的循环往复中,我们不应忽视:"史"本是中国古代"泛文学体系"——"文"的源头之一,也是其最早表现形态之一。

---

① 汪荣宝撰,陈仲夫点校:《法言义疏》,北京:中华书局,1987年,第507页。

中编：史著与文体

从《洛阳伽蓝记》看
北魏佛教寺院的审美特征

    《洛阳伽蓝记》五卷,后魏杨衒之撰,《隋书·经籍志》史部地理类著录。本文试图联系北魏的政治、经济等社会诸方面,联系建筑艺术本身的发展规律,考察北魏杨衒之所作《洛阳伽蓝记》论述和描绘的佛教寺院建筑①,揭示北魏佛教寺院建筑的审美特征及其由来与发展。

    《洛阳伽蓝记·序》曾叙北魏时期佛教寺院的昌盛:"至晋永嘉唯有寺四十二所。逮皇魏受图,光宅嵩洛,笃信弥繁,法教逾盛。王侯贵臣,弃象马如脱屣;庶士豪家,舍资财若遗迹。于是昭提栉比,宝塔骈罗,争写天上之姿,竞模山中之影。金刹与灵台比高,广殿共阿房等壮。岂直木衣绨绣,土被朱紫而已哉!"②

    那么,这些佛教寺院的具体风貌及其审美特征是怎样的呢?

    《洛阳伽蓝记》卷一是这样记载永宁寺的:"永宁寺,熙平元年

---

① 杨,又作阳或羊。各书皆作杨衒之,唯刘知几《史通·补注篇》、晁公武《郡斋读书志》作羊衒之,《新唐书·艺文志》《元河南志三》作阳衒之。详见范祥雍《洛阳伽蓝记校注》之《附编·杨衒之传略》,上海:上海古籍出版社,1978年,第355—356页。

② 范祥雍:《洛阳伽蓝记校注》,上海:上海古籍出版社,1978年,第1页。

灵太后胡氏所立也……中有九层浮图一所,架木为之,举高九十
丈。有刹,复高十丈;合去地一千尺。去京师百里,已遥见之……
刹上有金宝瓶,容二十五石。宝瓶下有承露金盘三十重,周匝皆
垂金铎,复有铁鏁四道,引刹向浮图。四角鏁上亦有金铎,铎大小
如一石瓮子。浮图有九级,角角皆悬金铎,合上下有一百二十铎。
浮图有四面,面有三户六窗,户皆朱漆。扉上各有五行金钉,其十
二门二十四扇,合有五千四百枚。复有金环铺首,殚土木之功,穷
造形之巧。佛事精巧,不可思议。绣柱金铺,骇人心目。至于高
风永夜,金铎和鸡,铿锵之声,闻及十余里。浮图北有佛殿一所,
形如太极殿。中有丈八金象一躯、中长金象十躯、绣珠象三躯、金
织成象五躯、玉象二躯,作工奇巧,冠于当世。僧房楼观一千余
间,雕梁粉壁,青鏁绮疏,难得而言。栝柏松椿,扶疏檐霤;蘘竹香
草,布护阶墀,……外国所献经象皆在此寺。寺院墙皆施短椽,以
瓦覆之,若今宫墙也。四面各开一门。南门楼三重,通三道,去地
二十丈,形制似今端门。图以云气,画彩仙灵。绮钱青锁,辉赫丽
华。拱门有四力士、四狮子,饰以金银,加之珠玉,装严焕炳,世所
未闻。东西两门亦皆如之。所可异者,唯楼二重。北门一道不施
屋,似乌头门。四门外,树以青槐,亘以绿水,京邑行人,多庇其
下。路断飞尘,不由弇云之润;清风送凉,岂籍合欢之发。"①我们
在这里所以不厌其烦地全文引用书中关于永宁寺建筑的描写,一
方面是为了全面认识一下北魏佛教寺院的庄严、宏丽、豪华与优
美;一方面亦想指出,建筑艺术本质上是一种讲究整体效果的艺

---

① 范祥雍:《洛阳伽蓝记校注》,上海:上海古籍出版社,1978 年,第1—4 页。

术,它常常是与其内部的装饰布置、周围的自然环境联系在一起的,它是融合了多种艺术门类的综合艺术,雕塑、壁画、工艺美术、自然园林都是不可缺少的组成部分,建筑物所有的东西都应该是互相协调一致、浑然一体的。《洛阳伽蓝记》也正是如此叙述与描绘北魏佛教寺院的。

建筑作为审美对象,首先是因为它凝聚着人类物质生产的劳动,是人类自觉改造客观世界的直接成果。其次,人类是"按照任何物种的尺度来生产",即"依照美的尺度来生产的"①,在建筑上显现着形式美的各种尺度,而在创造建筑美的过程中,人类又不断地积淀着自身的审美心理结构。因此,表现在建筑上的种种形式美,又是人们审美意识的反映。

在《洛阳伽蓝记》所记的大多数佛教寺院那儿,我们首先看到的是其浓厚的宗教精神。

我们从该书卷二所记兴尼寺、秦太上君寺与龙华寺的记载看到,一座座大雄宝殿高耸巍峨,里面座座佛像金光闪闪,端严俯视,信徒进入大殿,顿感佛圣之伟大、自身之渺小,感受到神权的至高无上、人力的微不足道。高大的建筑成为神秘空间的延伸,豪华的装饰成为理想境地的体现。那作为召集信徒的钟声庄严地轰鸣,似乎在撞击人的心灵,塔身上原是作为装饰,又作为吓雀的铃铎,此刻依稀隐约地叮当着,仿佛是大钟的撞击声在人们心灵深处的回声。这是从事宗教活动的场所,也是宗教力量的体

---

① [德]马克思著,刘丕坤译:《一八四四年经济学哲学手稿》,北京:人民出版社,1979 年,第 50—51 页。

现。在神秘的大佛面前,人的欲望被窒息,那照射进来的阳光原是大自然的恩赐,此时似乎也只是为了把佛像映照得更为炫人眼目,远离尘世。周遭的僧舍禅房,虽一排联结,但又一间间隔开,僧侣关在里面,也把自己的心灵关闭,禅坐念佛,默思静想,摒却杂念,修身养性,整个佛教寺院正是这种宗教精神的体现。与世界上其他宗教建筑一样,迷信狂热意识是北魏佛教寺院的审美特征之一。

　　其次,在这些佛教寺院建筑中,大都又含有优美的园林,这些园林一方面要保存大自然本身的神韵,一方面又要使一切都经过艺术加工。我们来看《洛阳伽蓝记》卷一"景林寺条"这段描述:"景林寺,在开阳门内御道东。讲殿叠起,房庑连属,丹槛炫目,绣桷迎风,实为胜地。寺西有园,多饶奇果。春鸟秋蝉,鸣声相续。中有禅房一所,内置祇洹精舍,形制虽小,巧构难比。加以禅阁虚静,隐室凝邃,嘉树夹牖,芳吐匝阶,虽云朝市,想同岩谷。静行之僧,绳坐其内,殓风服道,结跏数息。"①好一派山光水色,鸟语花香,鱼游浮藻!这使我们想起了什么?这里真是喧闹都市中的一座花园。试想刚刚走出诵声朗朗的佛殿,那令人窒息的空气一下子不存在了,在这艺术化、人工化的大自然的怀抱中,大自然的安恬会用温柔的手弥平人们心灵上的创痕,它会让人感到人世是多么值得留恋。在这里,对佛圣的迷信与狂热会渐渐冷却下来,取而代之的是一种寻觅恬静安谧心境的意愿,是一种追求人生的象征。在这里,美妙的、艺术化了的自然在鼓励人们放任性情,尽兴

---

① 范祥雍:《洛阳伽蓝记校注》,上海:上海古籍出版社,1978 年,第 62 页。

生活。如此看来,佛教寺院又表现出一种世俗的追求自然、追求生活欢乐的精神,这又是北魏佛教寺院的审美特征之一。

　　这样,北魏佛教寺院建筑艺术本身就充满着矛盾的性格。它一方面宣扬佛教教义,号召人们抛开人世间的一切,抛开那一切烦恼的根由——情欲,皈依宗教;一面又以自己的建筑艺术引诱人们追求精神的自由,号召崇尚自然,放任性情。它是宗教的,又是世俗的。佛殿上金像闪闪,香烟缭绕,威慑着人生,禁锢着心灵,引导人们狂热地去迷信它;而园林里的繁花蔓枝,亭台楼阁,又向人生展示着生活的欢乐,倡导对人世的留恋。它一方面具有宗教的封闭性,一方面又具有极大的开放性。为什么佛教寺院的审美特征存在如此大的矛盾性? 这种矛盾又是怎样统一在佛教寺院的建筑上的呢?

　　黑格尔论及建筑的任务时说:"它的任务在于替原已独立存在的精神,即替人和人们所塑造的或对象化的神象,改造外在自然,使它成为一种凭精神本身,通过艺术来造成的具有美的形象的遮蔽物。所以这种遮蔽物的意义不再在它本身而在它对人的关系,在人的家庭生活,政治生活和宗教仪式等方面的需要和目的。"①这段话的意思是,建筑服从于人们的精神生活,它的产生体现了一种精神,而这种精神是与社会生活诸方面联系在一起的。

　　马克思主义认为,审美意识与人类一切意识现象一样,"一开始就是社会的产物,而且只要人们还存在着,它就仍然是这种产

---

① ［德］黑格尔:《美学》第 3 卷上册,北京:商务印书馆,1981 年,第 31 页。

物"①,因此,下面我们试图从当时的经济、政治、历史发展及佛教、建筑本身的发展规律来探论北魏佛教寺院的两种审美特征是如何对立统一的。

其一,中国建筑的主要代表是宫殿建筑,它是供世上活着的君王们居住的场所,但它同时又是一种权威的象征,如《史记·高祖本纪》记载:"萧丞相营作未央宫,立东阙、北阙、前殿、武库、太仓。高祖还,见宫阙壮甚,怒。谓萧何曰:'天下匈匈苦战数岁,成败未可知,是何治宫室过度也?'萧何曰:'天下方为定,故可因遂就宫室;且夫天子以四海为家,非壮丽无以重威,且无令后世有以加也。'高祖乃说。"②萧何所谓"非壮丽无以重威",就是注意到利用建筑来巩固王朝统治,树立帝王权威。另外,我们知道,中国的皇宫,一般又都是有后花园供皇帝妃嫔享乐与休息的。因此,中国宫殿建筑的审美特征,一开始便是追求权威的意识与追求赏心悦目的享乐结合起来的,不过前者是对人而言,后者是对己而言,但作为建筑艺术,它们却是统一的,是建筑物与园林的统一。北魏佛教寺院,除强调其宗教特点外,其他则是对中国传统的宫殿再加园林的继承。而且,中国早期僧侣亦是把西方佛国想象成高大宫殿与园林的结合。东晋僧人支道林在《阿弥陀佛像赞并序》中描绘西天佛国说:"馆宇宫殿,悉以七宝,皆自然悬物,制非人匠,苑囿池沼,蔚有奇荣。"③那儿的建筑,既是宫殿,又是园林池

----

① 《马克思恩格斯选集》第1卷,北京:人民出版社,1972年,第35页。
② [汉]司马迁:《史记》,北京:中华书局,1982年,第385—386页。
③ 严可均《全上古三代秦汉三国六朝文》,载《全晋文》卷157,北京:中华书局,1958年,第2369页下。

沼,盛开繁茂的奇花异卉,这不是跟皇帝的宫殿及后花园很相似吗? 这是其一。

其二,我们来看当时达官贵人的私宅。《宋书·恩倖传》载阮佃夫的院宅:"宅舍园池,诸王邸第莫及","于宅内开渎,东出十许里,塘岸整洁,泛轻舟,奏女乐"①,即很注重住宅中园林的安置。《洛阳伽蓝记》卷四"法云寺条"载当时帝族王侯、外戚公主争修园宅的情况:"争修园宅,互相夸竞。崇门丰室,洞户连房,飞馆生风,重楼起雾。高台芳榭,家家而筑;花林曲池,园园而有,莫不桃李夏绿,竹柏冬青。"②也是房屋与园林的结合。而北魏时代的佛教寺院,很大一部分是王侯帝族、外戚公主的私宅改建的,如卷一载建中寺"本是阉官司空刘腾宅",愿会寺乃"中书舍人王翊舍宅所立也",平等寺系"广平武穆王怀舍宅所立"③,等等。可见当日之私宅与佛教寺院建筑并无不可逾越之界限,只是建筑物的用途不同了,建筑物内部外部的附加物不同了,内部有了佛像,外部又有金铎、宝瓶,诸如此类的装饰。而在改建过程中,私宅中的园林被保留下来,成为佛教寺院建筑当然的一部分。

其三,当日佛教受玄学影响的烙印也表现在建筑上。佛教自汉代传入中国,逐步扩大自己的影响,至南北朝时甚至一度达到国教的地位,成为最重要的社会政治思想,但这是有一个过程的。这个过程也就是佛教受中国魏晋时代社会政治思想条件的决定,

---

① [南朝梁]沈约:《宋书》,北京:中华书局,1974年,第2314页。
② 范祥雍:《洛阳伽蓝记校注》,上海:上海古籍出版社,1978年,第206页。
③ 范祥雍:《洛阳伽蓝记校注》,上海:上海古籍出版社,1978年,第38、55、104页。

逐步符合与适应那些掌握国家政权的统治阶级需要的过程。因此，佛教在起始阶段是与玄学相协调，并受其影响。后来，佛教又反过来给玄学以影响。魏晋玄学，自称学老子的"人法地，地法天，天法道，道法自然"。崇尚《庄子·逍遥游》中的境界："藐姑射之山，有神人居焉，肌肤若冰雪，淖约若处子。不食五谷，吸风饮露。乘云气，御飞龙，而游乎四海之外。"①当时的僧人也很有这种思想的，东晋僧人支道林作《逍遥论》曰："夫逍遥者，明至人之心也。庄生建言大道，而寄指鹏鷃。鹏以营生之路旷，故失适于体外；鷃以在近而笑远，有矜伐于心内。至人乘天正而高兴，游无穷于放浪，物物而不物于物，则遥然不我得；玄感不为，不疾而速，则逍然靡不适。此所以为逍遥也。若夫有欲当其所足，足于所足，快然有似天真，犹饥者一饱，渴者一盈，岂忘烝尝于糗粮，绝觞爵于醪醴哉？苟非至足，岂所以逍遥乎？"②此实写出清谈家的心胸。而且两晋之际的释僧，往往具有玄学清谈之风趣，刘义庆《世说新语·文学篇》载其清谈之事："有北来道人好才理，与林公相遇于瓦官寺，讲《小品》，于时竺法深、孙兴公悉共听。此道人语，屡设疑难，林公辩答清析，辞气俱爽。此道人每辄摧屈。孙问深公：'上人当是逆风家，向来何以都不言？'深公笑而不答。林公曰：'白旃檀非不馥，焉能逆风？'深公得此义，夷然不屑。"③而对自然的爱好与追求，正是玄学家的特色。

---

① ［清］郭庆藩：《庄子集释》，北京：中华书局，1961年，第28页。
② ［清］郭庆藩：《庄子集释》，北京：中华书局，1961年，第1页。
③ 余嘉锡：《世说新语笺疏》，上海：上海古籍出版社，1993年，第218页。

因此，体现在佛教寺院中的追求自然、崇尚性情之风正是玄学对佛教影响的烙印。魏晋时代名士都是以隐逸为乐为荣的，而隐逸则放浪于山水之间，徘徊于林壑之上，而佛教寺院多具有模仿自然山水的园林风景，亦是此玄学的遗风。

其四，这又是统治阶级与僧侣追求享乐生活的结果。北魏时代，佛教寺院一方面是宗教圣地，体现着宗教的信仰和宗教的力量，体现着宗教精神生活；可另外一方面，统治阶级与僧侣又把佛教寺院这种宗教圣地当作娱乐的场所。卷五"凝圆寺条"载凝圆寺："地形高显，下临城阙。房庑精丽，竹柏成林，实是净行息心之所也。王公卿士来游观为五言者，不可胜数。"[1]寻欢作乐，游观赋诗，宗教寺院中的园林真是发挥这些雅兴再好不过的地方。

《洛阳伽蓝记》卷四"大觉寺条"记载说："大觉寺……环所居之堂，上置七佛。林池飞阁，比之景明。至于春风动树，则兰开紫叶，秋霜降草，则菊吐黄花；名德大僧，寂以遣烦。"[2]僧侣们要凭佛教寺院中园林的优美静雅"寂以遣烦"。在这里，寂寞无聊的宗教生活与妙趣横生的世俗生活结合在一起，而佛教寺院表现出来的宗教精神与追求自然、追求生活的矛盾，就是这样在僧侣们身上得到统一。像《洛阳伽蓝记》卷一"瑶光寺条"等处还记载有揭示僧侣们追求享受生活的极端例子。这些贵族名媛，"投心入正"，归佛之心可谓坚矣，但当时的洛阳民谣称"洛阳男儿急作鬓，瑶光

---

[1]　范祥雍：《洛阳伽蓝记校注》，上海：上海古籍出版社，1978年，第248—249页。

[2]　范祥雍：《洛阳伽蓝记校注》，上海：上海古籍出版社，1978年，第234页。

寺尼夺作婿"①,却揭示出其腐化丑秽。统治阶级提倡佛教,宣扬迷信与狂热,从本质上讲,是为了巩固自己的统治,因此,佛殿与佛像,又是权威的象征,威慑着人们,而从统治阶级本身来说,他们祈求佛灵的最大愿望是成佛,到西方天国去享乐,如此而已。

其五,佛教寺院审美特征的矛盾,是中国佛教形式日趋世俗化倾向的表现之一。北魏时代的佛教寺院的审美特征,一方面是迷信狂热的宗教意识的反映,另一方面又是主张崇尚自然,讲求世俗的享乐意识的反映,这两方面在一定的时间内,在某种程度上是统一的和谐的,这从我们以上的论述中可以看出。但在佛教徒和寺院经济特别发达的情况下,后者将是对庄严的宗教形式、狂热的宗教情绪的否定,它将不可避免地走向享受奢侈、腐化堕落的道路,使佛教在人们面前失去其欺骗作用。如何挽救这种危机?唐代惠能和尚创立禅宗,主张不要背诵佛经,而要体会佛经的精神,不要累世修行,也不须大量布施财物,只要主观上有所觉悟,就可以成佛,惠能的宗派以此主张得到了广泛的流传。惠能禅宗不是繁化与加重宗教形式,也不是否定人们的世俗生活,而是认为要加强思想锻炼、主观觉悟。由是,那时又有不出家的僧侣,依旧过世俗生活,只要心中有佛即可。这种宗教形式世俗化的路径,联系我们以上所谈佛教寺院审美特征中追求享受、追求世俗的部分,不是从那时就可以看出端倪来了吗?从北魏佛教寺

① 范祥雍:《洛阳伽蓝记校注》,上海:上海古籍出版社,1978年,第47页。

院审美特征上表现出来的矛盾性,我们亦可看出宗教文化与世俗文化之间斗争的相互消长。由于宗教在中国始终没有取得完全巩固的统治地位,因此,宗教文化也就由此而有自己的特点。

（原载《宁夏社会科学(通讯)》1985 年第 2 期）

《洛阳伽蓝记》与小说

　　《洛阳伽蓝记》五卷,后魏杨衒之撰,《隋书·经籍志》史部地理类著录。杨或作阳,或作羊。杨衒之,《魏书》无传,其身世爵里不甚可考,《广弘明集·六》称他为北平人,《洛阳伽蓝记》卷首署为魏抚军府司马,书中自称曾为北朝奉朝请,《历代三宝纪·九》等称他曾任期城郡太守,《广弘明集·六》称他曾任秘书监。

　　《洛阳伽蓝记》,顾名思义是一部记载"伽蓝"的书。"伽蓝",是梵语"僧伽蓝摩"的略称,意译为"僧院",即僧众居住的园林,后就把佛寺称为伽蓝。但《洛阳伽蓝记》中多有小说内容,宋人李昉等编撰的《太平广记》,专门搜引小说,其中引用《洛阳伽蓝记》的有二十六则。此外还有"惠凝"一则,称引自《洛阳记》,但此条与《洛阳伽蓝记》卷二崇真寺条下所载相同,应是《洛阳伽蓝记》的文字,《太平广记》当是误记,或省称《洛阳伽蓝记》为《洛阳记》。这二十七则中,志怪小说与志人小说的内容都有,以下各举一例。

　　卷三大统寺条,有《洛水之神》一则:

　　　　孝昌初,妖贼四侵,州郡失据。朝廷设募征格于堂之北,从戎者拜旷掖将军、偏将军、禅将军。当时甲胄之士,号明堂队。时虎贲骆子渊者,自云洛阳人。昔孝昌年,戍在彭城。其同营人樊元宝得假还京,子渊附书一封,令达其家,云:"宅在灵台南,近洛河,卿但是至彼,家人自出相看。"元宝如其言,至灵台南,了无人家可问,徙倚欲去。忽见一老翁来问:"从何而来,徬徨于此?"元宝具向道之。老翁云:"是吾儿也。"取书,引元宝入。遂见馆阁崇宽,屋宇佳丽。坐,命婢取酒。须叟,见婢抱一死小儿而过,元宝初甚怪之。俄而酒至,色甚红,香美异常。兼设珍羞,海陆具备。饮讫辞还,老翁送元宝出,云:"后会难期。"以为凄恨,别甚殷勤。老翁还入,元宝不复见其门巷。但见高岸对水,渌波东倾。唯见一童子可年十五,新溺死,鼻中出血。方知所饮酒,是其血也。及还彭城,子渊已失矣。元宝与子渊同戍三年,不知是洛水之神也。①

这洛水之神原来是嗜饮人血的家伙。这一则分明是志怪小说,《太平广记》收入"神"类,题为《洛子渊》。

卷四法云寺条有《崔光》一则:

　　于时国家殷富,库藏盈溢,钱绢露积于廊者,不可较数。及太后赐百官负绢,任意自取,朝臣莫不称力而去。唯(章武王元)融与陈留侯李崇负绢过任,蹶倒伤踝。太后即不与之,令其空出,时人笑焉。侍中崔光止取两匹,太后问:"侍中何

① 范祥雍:《洛阳伽蓝记校注》,上海:上海古籍出版社,1978年,第140—141页。

少?"对曰:"臣有两手,唯堪两疋,所获多矣。"朝贵服其清廉。①

这一则完全与《世说新语》中的小说相似,《太平广记》收入"廉俭"类,这当然是就李崇而言的。

《太平广记》并没有把《洛阳伽蓝记》的小说内容全部收入,如志怪小说就还有卷三菩提寺条下《崔涵》一则,记崔涵死去在地下十二年后复活的故事;而轶事小说又有卷二龙华寺条下《寿阳公主》一则,记寿阳公主痛斥污辱她的尔朱世隆一事,等等。

《洛阳伽蓝记》中的志怪小说内容多于轶事小说内容,就《太平广记》所引的二十七则来看,属轶事小说的只有八则。但《洛阳伽蓝记》中所记人事还甚多,《太平广记》或视之为史事而未引罢了。《洛阳伽蓝记》中轶事小说内容,理应更值得我们重视,因为在南朝,轶事小说集很兴盛过一阵,自宋刘义庆《世说新语》,有刘峻作注,又有沈约《俗说》、殷芸《小说》等。而北朝则不见有轶事小说,只有在隋朝统一北方又统一全国后,有原北齐人阳玠松作《谈薮》,《直斋书录解题》云:"北齐秘书省正字北平阳玠松撰。事综南北,时更八代,隋开皇中所述也。"②《洛阳伽蓝记》中轶事小说的内容,正好补充了北朝轶事小说之阙,向我们显现出北朝轶事小说的风度。

---

① 范祥雍:《洛阳伽蓝记校注》,上海:上海古籍出版社,1978年,第208页。
② [宋]陈振孙撰,徐小蛮、顾美华点校:《直斋书录解题》,上海:上海古籍出版社,1987年,第196页。

后人也多指出《洛阳伽蓝记》有小说内容,明人毛晋在此书的跋文中说:

> 著撰园林、歌舞、鬼神、奇怪、兴亡之异,以寓其褒贬,又非徒以记伽蓝已也。①

清人吴若准在整理此书的集证本的自序中说:

> 凡夫朝家变乱之端,宗藩废立之由,艺文古迹之所关,苑囿桥梁之所在,以及民间怪异、外夷风土,莫不钜细毕陈,本末可观,足以补魏收之所未备,为拓跋之别史。不特遗闻逸事,可资学士文人之考核已也。②

清人李宗昉《洛阳伽蓝记集证题辞》说:

> 述尔朱之乱,足与史传参证。采古迹艺文及外国土风道里,又可广博见闻。③

他们都肯定了《洛阳伽蓝记》有志怪小说与轶事小说的内容。

我们再来看杨衒之作《洛阳伽蓝记》的目的。其自序在叙述

---

① 范祥雍:《洛阳伽蓝记校注》附编二,上海:上海古籍出版社,1978 年,第 360 页。
② 范祥雍:《洛阳伽蓝记校注》附编二,上海:上海古籍出版社,1978 年,第 366 页。
③ 范祥雍:《洛阳伽蓝记校注》附编二,上海:上海古籍出版社,1978 年,第 367 页。

了北魏时洛阳的伽蓝盛况后，又说：

> 暨永熙多难，皇舆迁邺，诸寺僧尼，亦与时徙。至武定五年，岁在丁卯，余因行役，重览洛阳。城郭崩毁，宫室倾覆，寺观灰烬，庙塔丘墟，墙被蒿艾，巷罗荆棘。野兽穴于荒阶，山鸟巢于庭树。游儿牧竖，踯躅于九逵；农夫耕老，艺黍于双阙。麦秀之感，非独殷墟，黍离之悲，信哉周室。京城表里凡有一千馀寺，今日寥廓，钟声罕闻。恐后世无传，故撰斯记。①

一般认为，这就是杨衒之撰《洛阳伽蓝记》的目的，这主要受《广弘明集》的影响，其卷六载：

> （杨衒之）见寺宇壮丽，损费金碧，王公相竞，侵渔百姓，乃撰《洛阳伽蓝记》，言不恤众庶也。②

其实，记载伽蓝的盛与衰，只是杨衒之的目的之一，他还有另一个目的——记录围绕伽蓝发生的异闻轶事。我们接着上文所引的自序往下看：

> 然寺数最多，不可遍写，今之所录，上大伽蓝，其中小者，

① 范祥雍：《洛阳伽蓝记校注》，上海：上海古籍出版社，1978年，第1—2页。
② ［唐］释道宣：《广弘明集》，载《缩本四部丛刊初编》，上海：商务印书馆，1936年，第73页上。

取其详世谛事,因而出之。①

杨衒之还要"详世谛事"的,即要详细记载世上的异闻轶事,故《历代三宝记·九》这几字作"详异世,谛俗事",这也就是说,杨衒之是要作小说的。所以,李宗昉《洛阳伽蓝记集证题辞》中的说法是很有眼光的:

夫此书撰著,意备遗逸,非阐象教。②

所谓"意备遗逸",即说撰作此书的目的是刻意搜求异闻轶事。

因此,无论是从此书的实际内容看还是从作者的撰写目的看,《洛阳伽蓝记》都具有相当的小说意味。

但是,自《隋书·经籍志》以至于今的公、私目录,都没有把《洛阳伽蓝记》著录为小说,此与《洛阳伽蓝记》在传抄转刻中自身体例被混淆也有一定的关系。唐人刘知几《史通·补注篇》说:

亦有躬为史臣,手自刊补,虽志存该博,而才阙伦叙,除烦则意有所吝,毕载则言有所妨,遂乃定彼榛楛,列为子注。若萧大圜《淮海乱离志》,羊衒之《洛阳伽蓝记》,……之类是也。③

---

① 范祥雍:《洛阳伽蓝记校注》,上海:上海古籍出版社,1978 年,第 2 页。

② 范祥雍:《洛阳伽蓝记校注》附编二,上海:上海古籍出版社,1978 年,第 367 页。

③ [唐]刘知几著,[清]浦起龙通释,王煦华整理:《史通通释》,上海:上海古籍出版社,2009 年,第 122 页。

但传世的《洛阳伽蓝记》看不出正文与注文分列的体例了。《四库全书总目提要》认为《洛阳伽蓝记》的注文脱落了,其云:

> 则衒之此记,实有自注。世所行本皆无之,不知何时佚脱。然自宋以来,未闻有引用其注者,则其刊落已久,今不可复考矣。①

清人顾广圻《洛阳伽蓝记跋》则认为注文混入了正文:

> 知此书原用大小字分别书之。今一概连写,是混注入正文也。②

如果《洛阳伽蓝记》的正文与注文始终是分列的,那么,它的古小说性质会更明确地被人们注意到,为什么这样说呢? 古书的注文本是可以单行的,如《春秋》之《左氏传》《公羊传》《穀梁传》,又如称为"十翼"的《易传》七种十篇,本是单行的。古有所谓'别裁'之法,章学诚《校雠通义》内篇一《别裁》第四说:

> 《管子》,道家之言也,刘歆裁其《弟子职篇》入小学,《七十子所记》百三十一篇,《礼经》所部也,刘歆裁其《三朝记》

---

① 范祥雍:《洛阳伽蓝记校注》附编二,上海:上海古籍出版社,1978 年,第 363 页。
② 范祥雍:《洛阳伽蓝记校注》附编二,上海:上海古籍出版社,1978 年,第 364 页。

篇入《论语》。盖古人著书,有采取成说,袭用故事者。其所
采之书,别有本旨,或历时已久,不知所出,又或所著之篇,于
全书之内自为一类者,并得裁其篇章,补苴部次,别出门类,
以辨著述源流。①

即从一书中裁出自成一类的篇章作为另一门类的书。据"取其详
世谛事,因而出之",《洛阳伽蓝记》的注文当全如《世说新语》与
《搜神记》,是多方面地记载人物生活片段与神怪故事,依注文单
行与"别裁"之法,那么,《洛阳伽蓝记注》当然会名正言顺地被著
录为小说。

　　后人有信顾广圻的说法,有志于对传世的《洛阳伽蓝记》作分
别正文与注文的工作。顾广圻《洛阳伽蓝记跋》就说:

　　　　意欲如全谢山治《水经注》之例,改定一本。

其因故未成,但他希望后人做这一工作:

　　　　世之通才,倘依此例求之,于读是书,思过半矣。②

他把这个意思告诉了朱紫贵,朱紫贵的外甥吴若准完成了这项工

① [清]章学诚著,王重民通解,傅杰导读,田映羲补注:《校雠通义通解》,上海:上
　海古籍出版社,2009 年,第 23—24 页。
② 范祥雍:《洛阳伽蓝记校注》附编二,上海:上海古籍出版社,1978 年,第 364 页。

作,作《洛阳伽蓝记集证》,其自序曰:

> 昔刘知几言衒之此记,定彼榛楛,列为子注。后人合并,
> 不可复辨。暇日流览,意存复古,忘其浅陋,重为分析。古本
> 既无由见,未必一如旧观,而纲目粗具,读是书者,或有
> 取乎?①

他的工作还嫌粗略,但创始之功不可辱没。后又有唐晏为之。

那么,杨衒之为什么要用加注文的方式来记录异闻轶事呢?
这里的原因是多方面的。陈寅恪先生在《读洛阳伽蓝记书后》说:

> 鄙意衒之习染佛法,其书制裁乃摹拟魏、晋、南北朝僧徒
> 合本子注之体……南北朝僧徒著作之中实有此体。②

南北朝时期佛教极盛,杨衒之在当日是排佛的,他曾上书斥"佛教
虚诞"③,在《洛阳伽蓝记》中也时时流露出排佛的旨意。但杨衒
之对佛教又是十分熟悉的,这从《洛阳伽蓝记》中对伽蓝的记载也
可以看出来。他用佛教著作"子注之体妙来撰含有排佛意味的著
作,就如同刘勰反对骈丽文风但还是用骈体文作《文心雕龙》,当

---

① 范祥雍:《洛阳伽蓝记校注》附编二,上海:上海古籍出版社,1978 年,第 366 页。
② 范祥雍:《洛阳伽蓝记校注》附编二,上海:上海古籍出版社,1978 年,第 376—377 页。
③ 《全北齐文》,载严可均《全上古三代秦汉三国六朝文》,北京:中华书局,1958 年,第 3835 页。

日时代风尚所致罢了。

　　另外，杨衒之出于"详世谛事""意备遗逸"的目的，他也是有参考前辈人的著作的。《洛阳伽蓝记》的体例是步趋《山海经》《博物志》的。《山海经》，《四库全书总目》称之"小说之最古者尔"①，它每一小节的文首皆标明地域，然后记载其中的异人异事异神异物。《博物志》，晋人张华撰，晁公武《郡斋读书志》称其"载历代四方奇物异事"②，体例一仍《山海经》，只是每一小节的文首或标明地域，或标明时代。《洛阳伽蓝记》的每一小节的文首冠以伽蓝，以下再历载"详世谛事"。但又有不同，《山海经》与《博物志》中山、海及四方的环境描写，是与"奇物异事"的叙述融为一体的，从小说作法的角度来看，当是故事的环境与背景，但《洛阳伽蓝记》关于伽蓝的描写，有的可说是故事与人物活动的环境与背景，有的则不是，故事与人物活动是附在伽蓝记载之下的另外的东西。我想，这也就是杨衒之为什么既采前世小说《山海经》《博物志》在地域下"载万代四方奇物异事"，又以小字别出，以示区别的原因。这种"子注"的形式是杨衒之认为既能照顾到他记载伽蓝的目的，又能照顾到他记录异闻轶事的目的的最好形式了。余嘉锡《四库提要辨证》说《洛阳伽蓝记》：

　　　　皆广聚异闻，用资谈助，文则颇近乎小说，事不尽涉夫伽

---

① ［清］永瑢等：《四库全书总目》，北京：中华书局，1965 年，第 1205 页中。

② ［宋］晁公武撰，孙猛校证：《郡斋读书志校证》，上海：上海古籍出版社，1990 年，第 543 页。

　　蓝,如是之伦,殆难更仆,盖本在子注之中,故不妨著书
之体。①

那些"不涉夫伽蓝"的小说部分,难以笼括在伽蓝之下,所以用注
的形式,异闻轶事也记录了,又不妨碍记载伽蓝的体例,这当然是
杨衒之的本意。但实际效果却不尽如人意。当正文与注文还能
分别时,人们或许可以看出杨衒之目的的多元,但当其一旦混淆,
人们就难以看出杨衒之本特意以小字注文标出的"详世谛事"的
目的,而专重其记载伽蓝的目的了。这点,刘知几早有所批评,谓
其"除烦则意有所吝,毕载则言有所妨"。所谓"除烦则意有所
吝",记载伽蓝与记录异闻轶事,本是他的两种目的,哪一种都不
舍得丢弃;所谓"毕载则言有所妨",记载伽蓝与记录异闻轶事,互
相有所妨碍,结果是记载伽蓝妨碍了此书的小说性质被后人认
识,尤其是正文与注文混淆以后。

　　生长在北朝的杨衒之,还深受北方文化"尚实"思想的影响。
从经学上讲,当日南方重文辞的发挥,不重经术,学风比较虚浮,
北方则追求经义,不杂玄学,学风比较朴实,如《隋书·儒林传序》
所说:

　　大抵南人约简,得其英华;北学深芜,穷其枝叶。②

---

① 余嘉锡:《四库提要辨证》,北京:中华书局,1980 年,第 435 页。
② [唐]魏征等:《隋书》,北京:中华书局,1973 年,第 1706 页。

从佛学上讲，南方多偏尚义理的阐发，北方则偏重宗教行为，如舍宅为寺、苦行等。学术思想的崇尚不同，又影响到文学方面，如诗歌，《隋书·文学传序》说：

> 然彼此好尚，互有异同。江左宫商发越，贵于清绮，河朔词义贞刚，重乎气质。气质则理胜其词，清绮则文过其意。理深者便于时用，文华者宜于咏歌。此其南北词人得失之大较也。①

身为北方文人的杨衒之忠实执行"尚实"的原则，他既要记载异闻轶事，又要记载伽蓝"便于时用"，于是便采用正文加注的方式作《洛阳伽蓝记》，这样，书中的异闻轶事才不至于仅仅是"资谈助"的，起码是有助人们了解洛阳伽蓝，进而能使人们理解洛阳世事人情。

在历代目录书中，《洛阳伽蓝记》一般被著录在史部的地理类中②，但是，依据上述所阐明的《洛阳伽蓝记》的实际，它也具有小说意味，它也该视作小说书，这种情况可按照清代文史学家章学诚发明的"互著"之法处理，其《校雠通义》内篇一《互著》第三说：

> 至理有互通，书有两用者，未尝不兼收并载，初不以重复

---

① ［唐］魏征等：《隋书》，北京：中华书局，1973 年，第 1730 页。
② 《新唐书·艺文志》在道家类著录该书，但在史部地理类又著录有《后魏洛阳记》五卷，范祥雍先生认为："疑即与此书为一书。"（《洛阳伽蓝记校注》附编二）

为嫌,其于甲乙部次之下,但加互注以便稽检而已。……如避重复而不载,则一书本有两用而仅登一录,于本书之体既有所不全。①

现依《洛阳伽蓝记》的实际,其记载洛阳伽蓝,故可著录为地理书,其"详世谛事",故又可著录为小说书,只有如此互著,才不至于忽略《洛阳伽蓝记》的小说意味,才不至于忽略《洛阳伽蓝记》在中国小说史上的地位。

(原载《桂林地区教育学院学报》1989 年第 2 期)

---

① ［清］章学诚著,王重民通解,傅杰导读,田映義补注:《校雠通义通解》,上海:上海古籍出版社,2009 年,第 15 页。

赋与《尚书》的渊源关系考说

关于赋的起源，前人论述详矣，总括而言有出自诗、骚、诸子、隐语四途，今拈出赋出自《尚书》一途，是从赋的命名、赋的对话体及篇末作歌的结构入手的探讨，以下试论证之。

一、赋的文体命名与《禹贡》

钱钟书曾论经典如"易""诗""论语"之一名多义的情况。其云：

> 《论易之三名》："《易纬乾凿度》云：'易一名而含三义，所谓易也，变易也，不易也。'郑玄依此义作《易赞》及《易论》云：'易一名而含三义：易简一也，变易二也，不易三也'"。按《毛诗正义·诗谱序》："然则诗有三训：承也，志也，持也。作者承君政之善恶，述己志而作诗，所以持人之行，使不失坠，故一名而三训也。"皇侃《论语义疏》自序："舍字制音，呼之为'伦'。……一云：'伦'者次也，言此书事义相生，首末相次也；二云：'伦'者理也，言此书之中蕴含万理也；三云：'伦'者纶也，言此书经纶今古也；四云：'伦'者轮也，言此书

义旨周备,圆转无穷,如车之轮也。"①

这就给我们提供了一个讨论文体的路径,即如何从文体命名、文体释名的多方面来考察文体的性质、功能等,由此,我们与可以寻找赋的文体渊源。

一般来说,早期文体命名是由"做什么"来实现的,如宋陈骙《文则》论及《左传》的"八体":

> 春秋之时,王道岁微,文风未殄,森罗词翰,备括规模。考诸左氏,摘其英华,别为八体:一曰"命"婉而当(周灵王命齐侯),二曰"誓"谨而严(晋赵简子誓伐郑),三曰"盟"约而信(亳城北之盟),四曰"祷"切而愿(卫蒯聩战祷于铁),五曰"谏"和而直(臧哀伯谏鲁威公纳郜鼎),六曰"让"辩而正(周詹桓伯责晋率阴戎伐颍),七曰"书"达而法(晋叔向诒郑子产铸刑书书),八曰"对"美而敏(郑子产对晋人问陈罪)。作者观之,庶知古人之大全。②

"八体"中的"命、誓、盟、祷、谏、让、对、书"都是行为动作本身,即命令、发誓、结盟、祈祷、劝谏、责让、回答这些行为动作,而这些行为动作本身形成的文字就被命名为"命、誓、盟、祷、谏、让、对"诸文体,"八体"中的"书",以行为动作本身来命名文体的意味有所

---

① 钱钟书:《管锥编》第1册"论《易》之三名",北京:中华书局,1986年,第1页。
② [宋]陈骙:《文则》,北京:人民文学出版社,1960年,第37—41页。

泛化，书写这个动作产生的文词都可以称之为"书"，而此处的"书"是狭义的书信文体。

赋，田地税，泛指赋税。《尚书·禹贡》"厥赋惟上上错"伪孔传："赋，谓土地所生以供天子。"①又指征收或缴纳赋税，《孟子·滕文公上》："请野，九一而助，国中，什一使自赋。"②从时间上说，这是"赋"的最早的一个义项，似乎"赋"的这个义项与作为文体的赋没有关系，实则意义巨大。我们可以看到《禹贡》对赋这一文体的形成有很大的影响。《尚书·禹贡》是古代最早的系统全面记载我国古代地理的专著，首言"禹敷土，随山刊木，奠高山大川"③，然后按九州记录其山川、土壤、物产等，并给各州田地划分等级及划定各州贡赋的高低，每州之末叙述该州输送贡赋的路径以作结。我们来看宋玉《高唐赋》的叙写，宋玉称高唐"高矣显矣，临望远矣；广矣普矣，万物祖矣。上属于天，下见于渊，珍怪奇伟，不可称论"；称说的就是山川物产，于是楚襄王说"试为寡人赋之"，④以下展开赋的对高唐的铺叙。以下再来看一些著名大赋的叙写，大都依方位叙写山川、土壤、物产等。如《子虚赋》载，齐王让子虚言楚之外泽，子虚对曰：

> 唯唯。臣闻楚有七泽，尝见其一，未睹其馀也。臣之所见，盖特其小小者耳。名曰云梦。云梦者方九百里，其中有

① 《尚书正义》，载《十三经注疏》，上海：上海古籍出版社，1997年，第146页下。
② 《孟子注疏》，载《十三经注疏》，上海：上海古籍出版社，1997年，第2702页下。
③ 顾颉刚、刘起釪：《尚书校释译论》，北京：中华书局，2005年，第523页。
④ ［南朝梁］萧统编，［唐］李善注：《文选》，北京：中华书局，1977年，第265页上。

山焉。其山则盘纡弗郁，隆崇崒崪。岑崟参差，日月蔽亏。交
错纠纷，上干青云。罢池陂陀，下属江河。其土则丹青赭垩，
雌黄白坿，锡碧金银。众色炫耀，照烂龙鳞。其石则赤玉玫
瑰，琳瑉昆吾。瑊玏玄厉，碝石碔砆。其东则有蕙圃；衡兰芷
若，芎藭菖蒲，茳蓠蘪芜，诸柘巴苴。其南则有平原广泽，登
降陁靡，案衍坛曼，缘以大江，限以巫山。其高燥则生葳菥苞
荔，薛莎青薠。其埤湿则生藏莨兼葭，东蔷雕胡，莲藕觚卢，
菴闾轩于。众物居之，不可胜图。其西则有涌泉清池，激水
推移，外发芙蓉菱华，内隐钜石白沙。其中则有神龟蛟鼍，玳
瑁鳖鼋。其北则有阴林：其树楩楠豫章，桂椒木兰，檗离朱
杨。栌梨梬栗，橘柚芬芳。其上则有鹓雏孔鸾，腾远射干。
其下则有白虎玄豹，蟃蜒貙犴。①

先叙山川、土壤，又以其东、其南、其西、其北分叙物产。以后的京
都赋，对象在城市，但也有城市地形、宫殿建筑之类的叙写，班固
《两都赋》之叙"西都"详于叙"东都"，张衡《二京赋》之叙"西京"
详于叙"东京"，因为作者的笔墨重在盛赞后者的礼仪文化。这些
赋作中的铺叙除却了给田地划分等级及划定贡赋的高低这样实
用的成分，但城市地形、宫殿建筑亦是有高下之分的。更有意思
的是，左思《三都赋序》，既说自己的赋对汉代赋作叙写山川、土
壤、物产的继承，又明说对《禹贡》的学习继承，其云：

---

① ［南朝梁］萧统编，［唐］李善注：《文选》，北京：中华书局，1977 年，第 119 页上—
120 页下。

　　盖诗有六义焉,其二曰赋。扬雄曰:诗人之赋丽以则。班固曰:赋者,古诗之流也。先王采焉,以观土风。见绿竹猗猗,则知卫地淇澳之产。见在其版屋,则知秦野西戎之宅。故能居然而辨八方。……余既思摹《二京》而赋《三都》。其山川城邑,则稽之地图;其鸟兽草木,则验之方志。风谣歌舞,各附其俗,魁梧长者,莫非其旧。何则?发言为诗者,咏其所志也;升高能赋者,颂其所见也。美物者贵依其本,赞事者宜本其实。匪本匪实,览者奚信?且夫任土作贡,《虞书》所著;辨物居方,《周易》所慎。聊举其一隅,摄其体统,归诸诂训焉。①

《文选》李善注云:

　　《虞书》曰:禹别九州,任土作贡,定其肥饶之所生也。而著九州贡赋之法也。②

因此,赋的文体命名,应该是由缴纳赋税这个动作行为的意味而来,缴纳赋税依山川物产而实行,赋则是依山川物产而叙写,于是,缴纳赋税的"赋"成为文体的"赋"。

　　又,作为文体的赋,也有"上贡"一途,班固《两都赋序》谈到

---

① [南朝梁]萧统编,[唐]李善注:《文选》,北京:中华书局,1977年,第74页上、下。
② [南朝梁]萧统编,[唐]李善注:《文选》,北京:中华书局,1977年,第74页下。

汉代的赋创作云：

> 　　故言语侍从之臣，若司马相如、虞丘寿王、东方朔、枚皋、
> 王褒、刘向之属，朝夕论思，日月献纳。而公卿大臣御史大夫
> 倪宽、太常孔臧、太中大夫董仲舒、宗正刘德、太子太傅萧望
> 之等，时时间作。①

"日月献纳"，就有"赋"作为征收或缴纳的遗风或影响。

二、赋的对话体与《皋陶谟》

　　赋的"客主以首引"之类的对话体或许更早来自《尚书·皋陶
谟》。《尚书·皋陶谟》之"谟"，伪孔传："谟，谋也。皋陶为帝舜
谟。"②《皋陶谟》：

> 　　曰若稽古皋陶曰："允迪厥德，谟明弼谐。"③

伪孔传："言人君当信蹈行古人之德，谋广聪明，以辅弼其政。"④
"允迪厥德，谟明弼谐"以下是帝舜、禹、皋陶之间的讨论、谋划，最
后又有乐正夔参与讨论、谋划。谟，计谋；谋略。文中主要是"谟"

---

① ［南朝梁］萧统编，［唐］李善注：《文选》，北京：中华书局，1977 年，第 21 页下。
② 《尚书正义》，载《十三经注疏》，上海：上海古籍出版社，1997 年，第 138 页上。
③ 顾颉刚、刘起釪：《尚书校释译论》，北京：中华书局，2005 年，第 393 页。
④ 《尚书正义》，载《十三经注疏》，上海：上海古籍出版社，1997 年，第 138 页上。

体后世不常用,但以行为动作来命名文体的原则是体现出来了。而"谟"几个人相互讨论谋略的形式,即对问体的格式却为后代所沿用,赋的"客主以首引"也可以是一脉相承而来的。

以后,诗歌作为外交的工具,《论语·子路》载:"子曰:'诵《诗》三百,授之以政,不达;使于四方,不能专对;虽多,亦奚以为?'"①这是说,春秋时候,列国大夫出使聘问是赋诗言志,或用于酬酢,或用为媒介,以办理外交上交涉。《汉书·艺文志》说:"古者诸侯卿大夫交接邻国,以微言相感,当揖让之时,必称《诗》以谕其志,盖以别贤不肖而观盛衰焉。"②即说的是这个意思。赋诗,一般不是外交官自己唱诗,而是指定诗篇,命乐工奏乐演唱,断章取义地利用这个别诗句来暗示自己的意见、要求或态度。

《左传》中就记载了不少外交赋诗的事例。比较典型的如《左传·昭公十六年》载:

> 夏四月,郑六卿饯宣子于郊。宣子曰:"二三君子请皆赋,起亦以知郑志。"子齹赋《野有蔓草》。宣子曰:"孺子善哉!吾有望矣。"子产赋郑之《羔裘》。宣子曰:"起不堪也。"子大叔赋《褰裳》。宣子曰:"起在此,敢勤子,至于他人乎?"子大叔拜。宣子曰:"善哉,子之言是!不有是事,其能终乎?"子游赋《风雨》,子旗赋《有女同车》,子柳赋《萚兮》。宣子喜曰:"郑其庶乎!二三君子,以君命贶起,赋不出郑志,皆

---

① 《论语注疏》,载《十三经注疏》,上海:上海古籍出版社,1997年,第2507页上。
② [汉]班固:《汉书》,北京:中华书局,1962年,第1755—1756页。

昵燕好也。二三君子,数世之主也,可以无惧矣。"宣子皆献马焉,而赋《我将》。子产拜,使五卿皆拜,曰:"吾子靖乱,敢不拜德?"①

晋国韩宣子聘于郑,回去时,郑六卿为他饯行,韩宣子让郑六卿各言其志,以见郑国的意见。子齹赋《郑风·野有蔓草》,表示与宣子相见很高兴。子产赋《郑风·羔裘》,以原诗称赏人之勇武正直称赏宣子。子大叔赋《郑风·褰裳》,以男女爱情表达晋、郑关系,意指晋如亲郑,郑必亲晋,晋如不亲郑,郑即亲近他国。子游赋《郑风·风雨》,取风雨之中与所爱之人相见,很有安慰。子旗赋《郑风·有女同车》,以美好而有风度称赏宣子。子柳赋《郑风·萚兮》,借诗意表示宣子倡我将和之。宣子赋《周颂·我将》作答,谓晋敬畏天命,志在靖乱,保护小国。宾主双方都以《诗三百》的作品,顺利地、成功地表达了自己的意见。

　　外交赋诗在当时是很普遍的事,仅《左传》襄公年间所载就有十二例,如《襄公二十七年》载:

郑伯享赵孟于垂陇,子展、伯有、子西、子产、子大叔、二子石从。赵孟曰:"七子从君,以宠武也。请皆赋以卒君贶,武亦以观七子之志。"子展赋《草虫》,赵孟曰:"善哉!民之主也。抑武也不足以当之。"伯有赋《鹑之贲贲》,赵孟曰:

①《春秋左传正义》,载《十三经注疏》,上海:上海古籍出版社,1997年,第2080页上、中。

"床第之言不逾阈,况在野乎？非使人之所得闻也。"子西赋《黍苗》之四章,赵孟曰："寡君在,武何能焉？"子产赋《隰桑》,赵孟曰："武请受其卒章。"子大叔赋《野有蔓草》,赵孟曰："吾子之惠也。"印段赋《蟋蟀》,赵孟曰："善哉！保家之主也,吾有望矣！"公孙段赋《桑扈》,赵孟曰："'匪交匪敖',福将焉往？若保是言也,欲辞福禄,得乎？"卒享。文子告叔向曰："伯有将为戮矣！诗以言志,志诬其上,而公怨之,以为宾荣,其能久乎？幸而后亡。"叔向曰："然。已侈！所谓不及五稔者,夫子之谓矣。"文子曰："其余皆数世之主也。子展其后亡者也,在上不忘降。印氏其次也,乐而不荒。乐以安民,不淫以使之,后亡,不亦可乎？"①

朱自清解释说:

　　这里赋诗的郑国诸臣,除伯有外,都志在称美赵孟,联络晋、郑两国的友谊。赵孟对于这些颂美,"有的是谦而不受,有的是回敬几句好话"(原注:顾颉刚语)。只伯有和郑伯有怨,所赋的诗里有"人之无良,我以为君！"是在借机会骂郑伯。所以范文子说他"志诬其上而公怨之"。又,在赋诗的人,诗所以"言志",在听诗的人,诗所以"观志""知志"。②

---

① 《春秋左传正义》,载《十三经注疏》,上海:上海古籍出版社,1997 年,第 1997 页上、中。
② 《朱自清古典文学论文集》上册,上海:上海古籍出版社,1980 年,第 205 页。

从上述所引我们知道,外交赋诗的赋诗言志,是一种对问体,一来一往,这也是一种"谟(谋)",《皋陶谟》的"谋"是自己内部的,外交赋诗的"谋"是与对方的。而屈原作品之所以称为赋,或许也与《史记·屈原列传》所称屈原的"出则接遇宾客,应对诸侯"①的身份有关,"应对诸侯"就是要赋诗言志。当宋玉的作品称为赋时,那么把其前辈屈原的作品也称为赋是理所当然的。作为文体的赋也是从赋诗言志的"对问"体演化而来,这就是从赋诗言志到赋物言志或赋事言志。如《战国策·楚四》有这样一段文字:

> 孙(荀)子为书谢曰……因为赋曰:"宝珍隋珠,不知佩兮。袆布与丝,不知异兮。闾姝子奢,莫知媒兮。嫫母求之,又甚喜之兮。以瞽为明,以聋为聪,以是为非,以吉为凶。呜呼上天,曷惟其同!"②

《韩诗外传》所录亦是如此,本来"赋曰"云云是《荀子·赋篇》末尾的一段文字,现在又是"为书谢曰",又是"因为赋曰",成为对问体了,其结构即先有一个大故事的客、春申君、荀子的对话,再到荀子的回话。而由其中的"因为赋曰"可知,赋作为文体成立了;或者说,赋成为文体名了。"因为赋曰"即是说,"赋"是作为一种文体被创作出来的,这正是赋正式形成道路上的重要一步。

---

① [汉]司马迁:《史记》,北京:中华书局,1982年,第2481页。
② 《战国策》,上海:上海古籍出版社,1985年,第567页。

三、赋与《皋陶谟》的篇末作歌

刘勰《文心雕龙·诠赋》称"归馀于总乱"为赋的结构形式①，这是赋的又一文体特征。楚辞有"乱曰"，《荀子·赋篇》末有佹诗、小歌，汉赋中仍有延续，如汉武帝《李夫人赋》、王褒《洞箫赋》、扬雄《甘泉赋》、班固《幽通赋》、张衡《温泉赋》、王延寿《鲁灵光殿赋》、蔡邕《述行赋》；又或为贾谊《吊屈原赋》的"讯曰"（又作"讯曰"），颜师古注《汉书·贾谊传》时引张晏曰："讯，《离骚》下章'乱'也。"②又或为董仲舒《士不遇赋》"重曰"。又或为张衡《思玄赋》"系曰"，《文选·思玄赋》旧注曰："系，繫也，重繫一赋之意也。"③但汉赋的"乱曰"又有被篇末诗歌替代的趋势，如班固《两都赋》，赋至"主人之辞未终，西都宾矍然失容，逡巡降阶，悚然意下，捧手欲辞"，但主人不允许，曰："复位，今将授子以五篇之诗。"④

《皋陶谟》记载帝舜、禹、皋陶之间的讨论、谋划，结束后，乐正夔奏乐，帝舜有歌：

> 夔曰："戛击鸣球，搏拊琴瑟以咏。"祖考来格，虞宾在位，

---

① ［南朝梁］刘勰撰，詹锳义证：《文心雕龙义证》，上海：上海古籍出版社，1989 年，第 283 页。

② ［汉］班固：《汉书》，北京：中华书局，1962 年，第 2225 页。

③ ［南朝梁］萧统编，［唐］李善注：《文选》，北京：中华书局，1977 年，第 222 页下。

④ ［南朝梁］萧统编，［唐］李善注：《文选》，北京：中华书局，1977 年，第 35 页上。

群后德让。下管鼗鼓,合止柷敔,笙镛以间。鸟兽跄跄,箫韶九成,凤皇来仪。夔曰:"於!予击石拊石,百兽率舞。"庶尹允谐,帝庸作歌曰:"敕天之命,惟时惟几。"乃歌曰:"股肱喜哉!元首起哉!百工熙哉!"皋陶拜手稽首飏言曰:"念哉!率作兴事,慎乃宪,钦哉!屡省乃成,钦哉!"乃赓载歌曰:"元首明哉,股肱良哉,庶事康哉!"又歌曰:"元首丛脞哉,股肱惰哉,万事堕哉!"帝拜曰:"俞,往钦哉!"①

看到上述"庶尹允谐"的"谟",于是有"帝庸作歌曰",此处的"作歌",是对帝舜、禹、皋陶之"谟"的一个总结。《尚书·皋陶谟》以对问体的格式记载帝舜、禹、皋陶之"谟",最后有一个总结之"作歌",赋作不也正是这样做的吗?或许在上古氏族社会,首领间的议事最后以歌作结,而《尚书》所载帝舜诸人的作歌,正是上古遗风。

上述《皋陶谟》所载,《史记·夏本纪》是这样记载的:

于是夔行乐,祖考至,群后相让,鸟兽翔舞,《箫韶》九成,凤皇来仪,百兽率舞,百官信谐。帝用此作歌曰:"陟天之命,维时维几。"乃歌曰:"股肱喜哉,元首起哉,百工熙哉!"皋陶拜手稽首扬言曰:"念哉,率为兴事,慎乃宪,敬哉!"乃更为歌曰:"元首明哉,股肱良哉,庶事康哉!"又歌曰:"元首丛脞哉,股肱惰哉,万事堕哉!"帝拜曰:"然,往钦哉!"于是天下皆宗

① 顾颉刚、刘起釪:《尚书校释译论》,北京:中华书局,2005年,第477页。

禹之明度数声乐,为山川神主。①

依《史记》所载来看,更有篇末总结之义,更像是"乱曰"或赋末诗歌的先声。

　　《尚书》即上古之书,本是记言的古史,言先于文,文出自言,考察先秦文体,不得不从《尚书》始。而以《尚书》来考察赋的起源,也会有意想不到的效果。

---

① [汉]司马迁:《史记》,北京:中华书局,1982 年,第 81—82 页。

《尚书》所见文体考辨

——兼论早期文体的原生态形式

《尚书》是由上古史臣记载下来的虞、夏、商、周最高统治者在政治活动中的谈话,这些谈话,在后世有演变进化为文体者,人们或称其为某些文体的源头。如刘勰《文心雕龙·原道》云:

> 唐虞文章,则焕乎始盛。元首载歌,既发吟咏之志;益稷陈谟,亦垂敷奏之风。①

《序志》有"论文叙笔,则囿别区分"的说法,因此刘永济说:

> 昔彦和论文,征引古作。于文始"元首载歌",于笔始"益稷陈谟"。②

《文心雕龙·宗经》称"诏、策、章、奏,则《书》发其源"③,颜之推

---

① [南朝梁]刘勰撰,詹锳义证:《文心雕龙义证》,上海:上海古籍出版社,1989年,第18页。

② 刘永济:《十四朝文学史》,哈尔滨:黑龙江人民出版社,1984年,第35页。

③ [南朝梁]刘勰撰,詹锳义证:《文心雕龙义证》,上海:上海古籍出版社,1989年,第78页。

《颜氏家训·文章篇》称"诏命策檄，生于《书》者也"①，等等。《尚书》作为经书，一般不析出其片段单独成文，如严可均辑《全上古文》就不录《尚书》之文；因此，《尚书》所录之文不以文体显。本文论述《尚书》所录之文的文体形态，以求探讨文体的最早最原生态的形态。

　　《尚书》有古今文之分，东晋梅赜（一作颐）曾向朝廷献一部古文《尚书》，清代学者已证其伪，称之为"伪古文《尚书》"。为了保证研究对象的较为纯粹、原始性，本文探讨《尚书》文体，依今文《尚书》。顾颉刚、刘起釪《尚书校释译论》"凡例"称："《尚书》自元初赵孟頫始将伪古文本中的今文、古文分编，迄元学者吴澄、清学者段玉裁等专释今文二十八篇，确然有据，本书即承吴、段诸家成规专释今文二十八篇。"②本文亦如此，依顾颉刚、刘起釪《尚书校释译论》所录文字。与伪古文《尚书》相关的"孔安国传"，称之为"伪孔传"，即使可以确定为伪造，但也是东晋之前历代对《尚书》研究的公认结论的积累，并非伪造者闭门造车一时而成，故本文对《尚书》文字的解释，有所参用。

一、《尚书》已认定的文体

　　《尚书》所录的一些文辞直接被视作文体出之的。之所以称

① ［北齐］颜之推撰，王利器集解：《颜氏家训集解》，上海：上海古籍出版社，1980年，第221页。
② 顾颉刚、刘起釪：《尚书校释译论》，北京：中华书局，2005年，第1页。

其为文体,标志有二:一是某某语言行为动作所产生文辞的,而把
此语言行为动作称作某种名物,在其前加上具有创作、写作意味
的动词,如"作歌""为诗"之类;二是直称某某语言行为动作之
言,如"矢言""诲言"之类。那么,这些语言行为动作就都是文体
名。以下依次叙之。

其一,歌。《皋陶谟》:

> 帝庸作歌曰:"敕天之命,惟时惟几。"乃歌曰:"股肱喜
> 哉,元首起哉,百工熙哉!"皋陶拜手稽首飏言曰:"念哉! 率
> 作兴事,慎乃宪,钦哉! 屡省乃成,钦哉!"乃赓载歌曰:"元首
> 明哉! 股肱良哉! 庶事康哉!"又歌曰:"元首丛脞哉! 股肱
> 惰哉! 万事堕哉!"帝曰:"俞! 往钦哉!"①

"歌"就是歌唱。《易・中孚》:"或鼓或罢,或泣或歌。"②《诗・陈
风・墓门》:"夫也不良,歌以讯之。"③"歌"这一预言行为动作产
生文辞,"歌"就是文体。"作歌",就是制作这一文体。"歌曰"所
产生者,就是"歌"这一文体的文辞。此处"帝庸作歌曰""乃歌
曰"以及皋陶的"乃赓载歌曰",这可说是最早的对唱和的记载,唱
和源远流长,《论语・述而》亦有"子与人歌而善,必使反之,而后
和之"的记载。④

---

① 顾颉刚、刘起釪:《尚书校释译论》,北京:中华书局,2005 年,第 477 页。
② 《周易正义》,载《十三经注疏》,上海:上海古籍出版社,1997 年,第 71 页中。
③ 《毛诗正义》,载《十三经注疏》,上海:上海古籍出版社,1997 年,第 378 页上。
④ 《论语注疏》,载《十三经注疏》,上海:上海古籍出版社,1997 年,第 2484 页。

其二,诗。《金縢》:

　　于后,公乃为诗以贻王,名之曰《鸱鸮》。①

诗原文见《诗经》。此处的"诗",是直接称述文体。
　　其三,矢。《盘庚》:

　　盘庚迁于殷,民不适有居。率吁众戚出矢言曰。②

伪孔传:"吁和也。率和众忧之人,出政治之言。"③刘起釪云:
"'矢',誓(《尔雅》),'矢言'即誓言,古代在有某种重大行动前诰
诫下级和申明纪律的讲话称为'誓言'(特别是军事行动前如
此)。"④矢言,就是发誓之言。《诗·鄘风·柏舟》:"之死矢靡
它。"毛传:"矢,誓。"⑤《论语·雍也》:"子见南子,子路不说。夫
子矢之曰:'予所否者,天厌之! 天厌之!'"⑥
　　其四,谗。《盘庚》:

　　今予其敷心腹肾肠,历告尔百姓:于朕志,罔罪尔众;尔

① 顾颉刚、刘起釪:《尚书校释译论》,北京:中华书局,2005 年,第 1235 页。
② 顾颉刚、刘起釪:《尚书校释译论》,北京:中华书局,2005 年,第 930 页。
③《尚书正义》,载《十三经注疏》,上海:上海古籍出版社,1997 年,第 168 页。
④ 顾颉刚、刘起釪:《尚书校释译论》,北京:中华书局,2005 年,第 931 页。
⑤《毛诗正义》,载《十三经注疏》,上海:上海古籍出版社,1997 年,第 312 页下。
⑥《论语注疏》,载《十三经注疏》,上海:上海古籍出版社,1997 年,第 2479 页下。

无共怒，协比谗言予一人。①

其五，箴。《盘庚》：

> 相时憸民，犹胥顾于箴言，其发有逸口；矧予制乃短长之
> 命！汝曷弗告朕而胥动以浮言，恐沈于众？②

谗、箴都是一种能产生文辞的行为动作，"谗言""箴言"即谗、箴产生的文辞，故称"谗""箴"就是称说文体，虽然此处并无文辞。

其六，诲。《洛诰》：

> 周公拜手稽首曰："朕复子明辟……"王拜手稽首曰："公
> 不敢不敬天之休……公其以予万亿年敬天之休！拜手稽首
> 诲言。"③

此先是周公说，接着成王称周公所出为"诲言"并表示感谢。伪孔传："成王尽礼致敬于周公，求教会之言。"旧解"诲言"为教诲之言，《诗·小雅·绵蛮》："饮之食之，教之诲之。"④但"于（省吾）先生周详论证'诲言'即'谋言'，其义为咨言，是说成王拜手稽首

---

① 顾颉刚、刘起釪：《尚书校释译论》，北京：中华书局，2005 年，第 919 页。

② 顾颉刚、刘起釪：《尚书校释译论》，北京：中华书局，2005 年，第 941 页。

③ 顾颉刚、刘起釪：《尚书校释译论》，北京：中华书局，2005 年，第 1456—1457 页。

④ 《毛诗正义》，载《十三经注疏》，上海：上海古籍出版社，1997 年，第 498 页中。

于周公之谋言、咨言,而非诲言"①。又,《多士》:

王曰:"又曰时予,乃或[诲]言尔攸居。"②

段玉裁《古文尚书撰异》据唐石经在"言"前补"诲",今从之。伪孔传:"言汝众士当是我,勿非我也。我乃有教诲之言,则汝所当居行。"③

《尚书》中某某之言又有不作为文体者,"浮言"之浮,不是行为动作,亦不能产生文辞,是故"浮"不成为文体。又,《盘庚》"王用丕钦,罔有逸言",④"汝不和吉言于百姓",⑤此"逸言"之逸、"吉言"之吉,不是行为动作,亦不能产生文辞,故不作为文体。

二、伪孔传与孔颖达所认定的文体

前人讨论《尚书》所录之文的文体,或直述《尚书》诸篇的篇题,伪孔安国《〈尚书〉序》称:"芟夷烦乱,剪截浮辞,举其宏纲,撮其机要,足以垂世立教,典、谟、训、诰、誓、命之文,凡百篇。"孔颖达疏:"典,即《尧典》《舜典》;谟,即《大禹谟》《皋陶谟》;训,即《伊训》《高宗之训》;诰,即《汤诰》《大诰》;誓,即《甘誓》《汤誓》;

---

① 顾颉刚、刘起釪:《尚书校释译论》引,北京:中华书局,2005年,第1467页。

② 顾颉刚、刘起釪:《尚书校释译论》,北京:中华书局,2005年,第1521页。

③《尚书正义》,载《十三经注疏》,上海:上海古籍出版社,1997年,第221页上。

④ 顾颉刚、刘起釪:《尚书校释译论》,北京:中华书局,2005年,第936页。

⑤ 顾颉刚、刘起釪:《尚书校释译论》,北京:中华书局,2005年,第941页。

命,即《毕命》《顾命》之等是也。"①《礼记·曲礼下》:"诸侯使大
夫问于诸侯曰聘,约信曰誓,莅牲曰盟。"郑玄注:"坎用牲,临而读
其盟书,聘礼今存,遇会誓盟礼亡。誓之辞,《尚书》见有六篇。"②
又如明人吴讷《文章辨体序说·制、诰》:"按《周官》太祝六辞,二
曰'命',三曰'诰'。考之于《书》,'命'者,以之命官,若《毕命》
《冏命》是也。'诰'则以之播诰四方,若《大诰》《洛诰》是也。"③
从这些情况看,前人大都是依《尚书》篇题而称文体的。以下来看
其具体的篇题之释。

　　典。伪孔传释《尧典》篇题:"言尧可为百代常行之道。"孔颖
达疏:"称典者,以道可百代常行。"④《仪礼·士昏礼》:"吾子顺先
典,贶某重礼,某不敢辞,敢不承命。"郑玄注:"典,常也,法也。"⑤
典,即常道,准则。《尚书》中只有这篇以"典"命名。《说文解
字》:"典,五帝之书也。"⑥汉王符《潜夫论·赞学》:"是故索物于
夜室者,莫良于火;索道于当世者,莫良于典。典者,经也。先圣
之所制。"⑦南朝梁刘勰《文心雕龙·原道》:"玄圣创典,素王述

---

① 《尚书正义》,载《十三经注疏》,上海:上海古籍出版社,1997年,第114页下—
　　115页上。
② 《礼记正义》,载《十三经注疏》,上海:上海古籍出版社,1997年,第1266页上。
③ [明]吴讷、徐师曾:《文章辨体序说·文体明辨序说》,北京:人民文学出版社,
　　1962年,第36页。
④ 《尚书正义》,载《十三经注疏》,上海:上海古籍出版社,1997年,第118页下。
⑤ 《仪礼正义》,载《十三经注疏》,上海:上海古籍出版社,1997年,第972页中。
⑥ [清]段玉裁:《说文解字注》,上海:上海古籍出版社,1981年,第200页上。
⑦ 王符著,汪继培笺:《潜夫论笺》,北京:中华书局,1979年,第11页。

训。"①《文心雕龙·宗经》："帝代《五典》。"②延续后世,记载、宣扬"五帝"事迹言行就是文体的"典",先代可以作为典范的重要书籍就是文体的"典",指可以作为典范的重要书籍,这应该带有总括《尚书》的性质。"典"在后世也有余绪,如《文选》有班固《典引》一首,李善注云:"蔡邕曰:《典引》者,篇名也。典者,常也,法也。引者,伸也长也。《尚书疏》:尧之常法,谓之《尧典》,汉绍其绪,伸而长之也。"③又有《典略》《梁典》等。

　　伪孔传释"谟、训、诰、誓、命"为文体。其释《皋陶谟》:"谟,谋也。皋陶为帝舜谟。"④谋之文辞为"谟"。其释《伊训》:"作训以教导太甲。"⑤训之文辞为"训"。其释《汤诰》:"以伐桀大义告天下。"⑥诰即告,告之文辞为"诰"。其释《甘誓》:"甘,有扈郊地名。将战先誓。"⑦誓之文辞为"誓"。其释《顾命》:"实命群臣,叙以要言。"⑧命之文辞为"命"。伪孔传视篇题中的语言行为动作为文体,因为篇中这些语言行为动作产生了文辞;且这些语言行为动作进入篇题,由动词变成了名词,自然更具文体意味。

---

① [南朝梁]刘勰撰,詹锳义证:《文心雕龙义证》,上海:上海古籍出版社,1989年,第24页。
② [南朝梁]刘勰撰,詹锳义证:《文心雕龙义证》,上海:上海古籍出版社,1989年,第57页。
③ [南朝梁]萧统编,[唐]李善注:《文选》(影印本),北京:中华书局,1977年,第682页上。
④ 《尚书正义》,载《十三经注疏》,上海:上海古籍出版社,1997年,第138页上。
⑤ 《尚书正义》,载《十三经注疏》,上海:上海古籍出版社,1997年,第162页下。
⑥ 《尚书正义》,载《十三经注疏》,上海:上海古籍出版社,1997年,第162页上。
⑦ 《尚书正义》,载《十三经注疏》,上海:上海古籍出版社,1997年,第155页下。
⑧ 《尚书正义》,载《十三经注疏》,上海:上海古籍出版社,1997年,第237页下。

　　又有《尚书》"十体"的说法。孔颖达疏:"说者以《书》体例有十,此六者之外,尚有征、贡、歌、范四者,并之则十矣。若《益稷》《盘庚》单言,附于十事之例。今孔不言者,不但举其机约,亦自征、贡、歌、范非君出言之名,六者可以兼之。"①"征、贡、歌、范四者",依《尚书》篇题而称,孔颖达疏称其"非君出言之名",故可并于六体。但是,孔颖达以"君出言之名"为文体,实质上提出了文体命名的一个主要原则,即依语言行为动作来命名文体,虽然有不尽恰当之处,但给我们以启示,我们亦是依语言行为动作所产生文辞这一现象来探讨《尚书》中的文体的,这应该是文体的最早形态。

三、我们所认定的文体

　　除《尚书》本身所认定的文体外,我们还认定的《尚书》中的文体如下。

　　其一,谟。《皋陶谟》:

　　　　曰若稽古皋陶曰:"允迪厥德,谟明弼谐。"②

伪孔传:"言人君当信蹈行古人之德,谋广聪明,以辅谐其政。"③

---

① 《尚书正义》,载《十三经注疏》,上海:上海古籍出版社,1997年,第115页上。
② 顾颉刚、刘起釪:《尚书校释译论》,北京:中华书局,2005年,第393页。
③ 《尚书正义》,载《十三经注疏》,上海:上海古籍出版社,1997年,第138页。

"允迪厥德,谟明弼谐"是开场白,以下是帝舜、禹、皋陶君臣之间的讨论、谋划。《皋陶谟》中不见"谟曰"云云,但文辞的确是"谟"这一行为动作所产生的,这是由皋陶所说"允迪厥德,谟明弼谐"规定了的,那么,这些文辞即应该是"谟"体。后世无"谟"体。

其二,命(一)。《尧典》:

> 乃命羲和:钦若昊天历象——日月星辰,敬授民时。分命羲仲:宅嵎夷曰旸谷。寅宾出日,平秩东作。日中、星鸟,以殷仲春。厥民析,鸟兽孳尾。申命羲叔:宅南交。平秩南为,敬致。日永星火,以正仲夏。厥民因,鸟兽希革。分命和仲:宅西曰昧谷。寅饯纳日,平秩西成。宵中、星虚,以殷仲秋。厥民夷,鸟兽毛毨。申命和叔:宅朔方曰幽都。平在朔易。日短、星昴,以正仲冬。厥民隩,鸟兽氄毛。[1]

"命"后虽无"曰",但"命"产生了文辞,这就是"命"体,"命"体的命名,是由"命"这一行为动作而来;此是帝尧之"命",故命,为帝王的诏令。

又,册命。《顾命》:

> 太史秉书,由宾阶隮,御王册命。曰:"皇后凭玉几,道扬末命:'命汝嗣训,临君周邦,率循大卞,燮和天下,用答扬文、

---

① 顾颉刚、刘起釪:《尚书校释译论》,北京:中华书局,2005 年,第 32 页。

武之光训。'"①

孔颖达疏引郑玄曰:"太史东面,于殡西南而读策书,以命王嗣位之事。"②这个"命"是有"册"的。

　"命"在后世有所延续,《易·姤·象》:"后以施命诰四方。"孔颖达疏:"风行草偃,天之威令,故人君法此以施教命诰于四方也。"③《独断》称"出君下臣名曰命"④。《文心雕龙·诏策》:"皇帝御宇,其言也神。渊嘿黼扆,而响盈四表,唯诏策乎! 昔轩辕唐虞,同称为'命'。命之为义,制性之本也。其在三代,事兼诰誓。誓以训戒,诰以敷政,命喻自天,故授官锡胤。《易》之《姤》象:'后以施命诰四方。'诰命动民,若天下之有风矣。……汉初定仪则,则命有四品:一曰策书,二曰制书,三曰诏书,四曰戒敕。"⑤秦并天下,改命曰制,《史记·秦始皇本纪》:"臣等昧死上尊号,……命为'制',令为'诏'。"裴骃集解引蔡邕曰:"制书,帝者制度之命也。其文曰'制'。"⑥

　其三,命(二)。《大诰》"王若曰"中有这样一段:

_____

① 顾颉刚、刘起釪:《尚书校释译论》,北京:中华书局,2005 年,第 1803 页。

② 《尚书正义》,载《十三经注疏》,上海:上海古籍出版社,1997 年,第 240 页。

③ 《周易正义》,载《十三经注疏》,上海:上海古籍出版社,1997 年,第 57 页。

④ [汉]蔡邕:《独断》,《丛书集成初编》本,上海:商务印书馆,1937 年,卷上,第 5 页。

⑤ [南朝梁]刘勰撰,詹锳义证:《文心雕龙义证》,上海:上海古籍出版社,1989 年,第 724—730 页。

⑥ [汉]司马迁:《史记》,北京:中华书局,1982 年,第 236 页。

天降威,用文王遗我大宝龟绍天明。即命曰:"有大艰于西土,西土人亦不静,越兹蠢殷小腆,诞敢纪其叙;天降威,知我国有疵,民不康,曰:'予复!'反鄙我周邦,今蠢今翼日民献有十夫予翼,以于敉宁、武图功。我有大事!休?"朕卜并吉。①

首先,这是在"诰"辞里面的;其次,"即命曰"前的文字,是"命"所产生的环境;古人占凶吉,必将所卜之事告卜人以龟占之,称为命龟,亦泛指灼龟问卜。"即命曰"的文字,即依照"命龟"而发出的话,《周礼·春官·大卜》:"大祭祀则眡高命龟。"郑玄注:"命龟,告龟以所卜之事。"②"命龟"之辞,该叫作"命辞"。此"命"与前书帝王之"命"是两种文体。

其四,咨。《尧典》:

帝曰:"咨汝羲暨和:期三百有六旬有六日,以闰月定四时成岁。"③

允厘百工,庶绩咸熙。帝曰:"畴咨若时登庸?"④

伪孔传释"咨"为"嗟"。⑤ 刘起釪云:"其实当如《说文》所释'谋

---

① 顾颉刚、刘起釪:《尚书校释译论》,北京:中华书局,2005年,第1266页。

② 《周礼正义》,载《十三经注疏》,上海:上海古籍出版社,1997年,第804页上。

③ 顾颉刚、刘起釪:《尚书校释译论》,北京:中华书局,2005年,第32页。

④ 顾颉刚、刘起釪:《尚书校释译论》,北京:中华书局,2005年,第64页。

⑤ 《尚书正义》,载《十三经注疏》,上海:上海古籍出版社,1997年,第119页下。

事曰咨'于此更合适。"①蔡沈《书集传》:"畴,谁;咨,访问也;若,顺;庸,用也。尧言谁为我访问能顺时为治之人,而登用之乎?"②

　　帝曰:"咨四岳:汤汤洪水方割,荡荡怀山襄陵,浩浩滔天。下民其咨,有能俾乂?"③

伪孔传:"言民咨嗟忧愁,病水困苦,故问四岳,有能治者,将使之。"④"故问四岳"云云,可知此例"咨四岳"之"咨",其"谋事曰咨"意味甚重,且有所施对象及所施内容——文辞。那么,"咨"即咨询相谋,所出文辞即"咨"体。

　　月正元日,舜格于文祖,询于四岳,辟四门,明四目,达四聪。咨十有二牧曰:"食哉惟时,柔远能迩,惇德允元,而难任人,蛮夷率服。"⑤

伪孔传:"询,谋也。谋政治于四岳,开辟四方之门未开者,广致众贤。……咨,亦谋也。"⑥这里释"咨"为谋。文中有"询于四岳",可证"咨"在很多情况下都是咨询且相谋相议的意义,《文心雕

① 顾颉刚、刘起釪:《尚书校释译论》,北京:中华书局,2005年,第59页。

② [宋]蔡沈:《书集传》,南京:凤凰出版社,2010年,第5页。

③ 顾颉刚、刘起釪:《尚书校释译论》,北京:中华书局,2005年,第76页。

④《尚书正义》,载《十三经注疏》,上海:上海古籍出版社,1997年,第122页上。

⑤ 顾颉刚、刘起釪:《尚书校释译论》,北京:中华书局,2005年,第191页。

⑥《尚书正义》,载《十三经注疏》,上海:上海古籍出版社,1997年,第130页上。

龙·议对》称"周爰咨谋,是谓为议"①。

> 帝曰:"咨四岳:有能奋庸,熙帝之载,使宅百揆,亮采惠畴?"佥曰:"伯禹作司空。"帝曰:"俞!"咨禹:"汝平水土,惟时懋哉!"禹拜稽首,让于稷契暨皋陶。帝曰:"俞,汝往哉!"②

伪孔传:"奋,起;庸,功;载,事也。访群臣有能起发其功,广尧之事者。"③那么,"咨四岳""咨禹"就是向四岳、禹咨询意见之"事",以下是咨询意见之"言",且四岳、禹都有回复之事或言。

上文"命"体,臣无回复只有执行;此处帝有"咨",则臣有回复。这是"命"与"咨"二者的区别。"咨"对后世的直接影响就是"策问"。汉文帝时有策问贤良,汉武帝时有公孙弘、董仲舒的应试策问,刘勰《文心雕龙·议对篇》载"对策"为"应诏而陈政"④,"咨"即是"策问"的原初形式。

其五,誓(附:誓告)。《甘誓》:

> 大战于甘,乃召六卿。王曰:"嗟!六事之人,予誓告汝:

---

① [南朝梁]刘勰撰,詹锳义证:《文心雕龙义证》,上海:上海古籍出版社,1989年,第882页。
② 顾颉刚、刘起釪:《尚书校释译论》,北京:中华书局,2005年,第191—192页。
③ 《尚书正义》,载《十三经注疏》,上海:上海古籍出版社,1997年,第130页中。
④ [南朝梁]刘勰撰,詹锳义证:《文心雕龙义证》,上海:上海古籍出版社,1989年,第902页。

有扈氏威侮五行,怠弃三正,天用剿绝其命,今予惟共行天之罚。左不攻于左,汝不共命;右不攻于右,汝不共命;御非其马之正,汝不共命。用命,赏于祖;弗用命,戮于社。"①

伪孔传:"将战先誓。"孔颖达疏:"《曲礼》云:'约信曰誓。'将与敌战,恐其损败,与将士设约,示赏罚之信也。将战而誓,是誓之大者。"②《周礼·秋官司寇》"士师":"以五戒先后刑罚,毋使罪丽于民。一曰'誓',用之于军旅。"③誓,军中发布有关告戒、约束将士的号令。此"誓"是夏启的行为动作,此行为动作所发出的文辞即"誓"体文字。"誓"此处以"誓告"出之,"誓"即发出号令的讲话本身,"告"则强调讲话的方式与对象。同样又有《秦誓》:"公曰:'嗟! 我士,听无哗! 予誓告汝群言之首'"④,此"誓"是面向"我士"的。

《汤誓》为商汤动员部属征伐夏桀的誓师词,但文中无"誓曰",只是一般性的"王曰";伪孔传解题:"戒誓汤士众。"疏:"此经皆誓之辞也。"⑤从其中"尔不从誓言,予则孥戮汝,罔有攸赦"⑥,可知当时就称此文字为"誓"。

其六,告。告,即告谕。《释名·释书契》:"上敕下曰告,告,

---

① 顾颉刚、刘起釪:《尚书校释译论》,北京:中华书局,2005年,第854页。
② 《尚书正义》,载《十三经注疏》,上海:上海古籍出版社,1997年,第155页下。
③ 《周礼正义》,载《十三经注疏》,上海:上海古籍出版社,1997年,第874页。
④ 顾颉刚、刘起釪:《尚书校释译论》,北京:中华书局,2005年,第2168页。
⑤ 《尚书正义》,载《十三经注疏》,上海:上海古籍出版社,1997年,第160页上。
⑥ 顾颉刚、刘起釪:《尚书校释译论》,北京:中华书局,2005年,第884页。

觉也,使觉悟知己意也。"①刘勰《文心雕龙·诏策》:"及晋武敕戒,备告百官。"②《隋书·百官志上》:"世子主国,……文书下群官,皆言告。"③《盘庚》:

> 盘庚作,惟涉河以民迁。乃话民之弗率,诞告用亶。其有众咸造,勿亵在王庭,盘庚乃登进厥民。曰:(辞略)④

盘庚有三次讲话,并附一次大臣转述他的讲话。这是第一次讲话,讲话前"乃话民之弗率,诞告用亶"的"告"就是行为动作,而讲话的文字是"告"所产生的;而讲话中有"今予告汝不易"⑤,又有"乃祖乃父丕乃告我高后曰"⑥,又有"予告汝于难"⑦,证"告"就是行为动作。文末又有:

> 凡尔众,其惟致告:自今至于后日,各共尔事,齐乃位,度乃口。罚及尔身,弗可悔。⑧

① [汉]刘熙撰,任继昉纂:《释名汇校》,济南:齐鲁书社,2006年,第335页。
② [南朝梁]刘勰撰,詹锳义证:《文心雕龙义证》,上海:上海古籍出版社,1989年,第749页。
③ [唐]魏征等:《隋书》,北京:中华书局,1973年,第728页。
④ 顾颉刚、刘起釪:《尚书校释译论》,北京:中华书局,2005年,第901页。
⑤ 顾颉刚、刘起釪:《尚书校释译论》,北京:中华书局,2005年,第916页。
⑥ 顾颉刚、刘起釪:《尚书校释译论》,北京:中华书局,2005年,第914页。
⑦ 顾颉刚、刘起釪:《尚书校释译论》,北京:中华书局,2005年,第946页。
⑧ 顾颉刚、刘起釪:《尚书校释译论》,北京:中华书局,2005年,第948页。

　　《尚书》中"告"作为行为动作所产生的文字还可举出一些例子来,如:

　　　　西伯既戡黎,祖伊恐,奔告于王曰……(《西伯戡黎》)①
　　　　惟三月,周公初于新邑洛用告商王士。王若曰……(《多士》)②
　　　　惟五月丁亥,王来自奄,至于宗周。周公曰。王若曰:"猷告尔四国多方惟尔殷侯尹民……"(《多方》)③
　　　　"呜呼!"王若曰:"诰告尔多方……"(《多方》)④
　　　　王曰:"呜呼! 猷告尔有方多士暨殷多士。"(《多方》)⑤

　　其七,绥。杨树达释"我先后绥乃祖乃父"曰"绥,告也"。⑥但《盘庚》"我先后绥乃祖乃父"之"绥"并没有产生文字,而盘庚第二次讲话:

　　　　盘庚既迁,奠厥攸居,乃正厥位,绥爰有众,曰……⑦

"绥"是一种行为动作,可证杨树达所说"绥,告也"的意义。且文

_____

① 顾颉刚、刘起釪:《尚书校释译论》,北京:中华书局,2005 年,第 1047 页。
② 顾颉刚、刘起釪:《尚书校释译论》,北京:中华书局,2005 年,第 1512 页。
③ 顾颉刚、刘起釪:《尚书校释译论》,北京:中华书局,2005 年,第 1610 页。
④ 顾颉刚、刘起釪:《尚书校释译论》,北京:中华书局,2005 年,第 1610 页。
⑤ 顾颉刚、刘起釪:《尚书校释译论》,北京:中华书局,2005 年,第 1638 页。
⑥ 《尚书说》,载杨树达:《积微居读书记》,北京:中华书局,1962 年,第 15 页。
⑦ 顾颉刚、刘起釪:《尚书校释译论》,北京:中华书局,2005 年,919 页。

辞中又有"历告尔百姓"①"今我既羞告尔"②,证"绥,告也"就是行为动作。又,《大诰》:

> 越予冲人不卬自恤,义尔邦君越尔多士、尹氏、御事绥予曰:"无毖于恤! 不可不成乃宁考图功!"③

所谓"绥予曰",伪孔传释为"安勉我曰"④,绥,也应该是"告"的意思。这里,"绥"体是被"诰"体所包容的。

其八,训。(附:训命)。《史记·殷本纪》:"伊尹乃立太丁之子太甲。太甲,成汤适长孙也,是为帝太甲。帝太甲元年,伊尹作《伊训》……"⑤《孟子·万章下》:"三年,以听伊尹之训己也,复归于亳。"赵岐注:"以听伊尹之教训己,故复得归之于亳,反天子位也。"⑥《高宗肜日》:

> 祖己曰:"惟先格王,正厥事。"乃训于王曰……⑦

"乃训于王",伪孔传:"祖己既言,遂以道训谏王。"⑧训,训勉、教

① 顾颉刚、刘起釪:《尚书校释译论》,北京:中华书局,2005年,第919页。
② 顾颉刚、刘起釪:《尚书校释译论》,北京:中华书局,2005年,第927页。
③ 顾颉刚、刘起釪:《尚书校释译论》,北京:中华书局,2005年,第1272页。
④《尚书正义》,载《十三经注疏》,上海:上海古籍出版社,1997年,第199页上。
⑤ [汉]司马迁:《史记》,北京:中华书局,1982年,第98页。
⑥《孟子注疏》,载《十三经注疏》,上海:上海古籍出版社,1997年,第2738页上。
⑦ 顾颉刚、刘起釪:《尚书校释译论》,北京:中华书局,2005年,第999页。
⑧《尚书正义》,载《十三经注疏》,上海:上海古籍出版社,1997年,第176页中。

诲、教导，"训"体，就是训导之词。《盘庚》又有大臣转述盘庚的讲话，其中有"格汝众，予告汝训汝"。《无逸》有"训"作为行为动作意义的运用，如"非民攸训"，伪孔传以"非所以教民"释。① 又，《酒诰》"惟土物爱，厥心臧，聪听祖考之彝训"。② 但《吕刑》所载之"训"，已是文体之"训"：

> 惟吕命王享国百年，耄，荒度作《刑》以诘四方。王曰："若古有训：蚩尤惟始作乱，延及于平民，罔不寇贼……"③

又有"训命"，《顾命》：

> 王曰："呜呼！ 疾大渐，惟几，病日臻，既弥留，恐不获誓言嗣，兹予审训命汝：昔君文王……"④

伪孔传："以此故详审教命汝。"
　　其九，访。《洪范》：

> 惟十有三祀，王访于箕子。王乃言曰："呜呼！ 箕子。惟天阴骘下民，相协厥居，我不知其彝伦攸叙。"⑤

---

① 《尚书正义》，载《十三经注疏》，上海：上海古籍出版社，1997年，第222页中。
② 顾颉刚、刘起釪：《尚书校释译论》，北京：中华书局，2005年，第1388页。
③ 顾颉刚、刘起釪：《尚书校释译论》，北京：中华书局，2005年，第1901页。
④ 顾颉刚、刘起釪：《尚书校释译论》，北京：中华书局，2005年，第1712页。
⑤ 顾颉刚、刘起釪：《尚书校释译论》，北京：中华书局，2005年，第1143页。

伪孔传："言我不知天所以定民之常,道理次叙,问何由。"访,即询问之体,于是以下有"箕子乃言曰"的回答,所谓"洪范九畴"云云。

其十,祝。《金縢》:

> 公乃自以为功:为三坛,同墠。为坛于南方,北面,周公立焉,植璧秉珪,乃告太王、王季、文王。史乃册祝曰。(辞略)公归,乃纳册于金縢之匮中。王翌日乃瘳。①

伪孔传："璧以礼神。植,置也。置于三王之坐。周公秉桓珪以为贽。告,谓祝辞。……史为册书祝辞也。"②从下文"公归,乃纳册于金縢之匮中"看,"册祝"之"册"是文字书于简而编连诸简之谓,即下文"王执书以泣"之"书";而"祝"是行为动作。"史乃册祝曰",《史记·鲁世家》作"史策祝曰",《史记集解》引郑玄曰:"策,周公所作,谓简书也。祝者读此简书,以告三王。"③《尚书校释译论》:"'祝、册'是并立的两个词,是宗教活动中告神的两个方式。《殷契粹编》第一片有'惠册用'与'惠高祖夔祝于册'之文,郭老释云:'惠册用和惠祝用为对贞,祝与册之别,盖祝以辞告,册以策告也。《书·洛诰》"作册逸祝、册"乃兼用二者,旧解失之。'"④

---

① 顾颉刚、刘起釪:《尚书校释译论》,北京:中华书局,2005 年,第 1223 页。
② 《尚书正义》,载《十三经注疏》,上海:上海古籍出版社,1997 年,第 196 页上、中。
③ [汉]司马迁:《史记》,北京:中华书局,1982 年,第 1516—1517 页。
④ 顾颉刚、刘起釪:《尚书校释译论》,北京:中华书局,2005 年,第 1498 页。

其十一，诰（附：诰治、诰毖、诰教、诰告）。《大诰》：

> 王若曰：猷大诰尔多邦越尔御事：（辞略）。①

伪孔传："周公称成王命，顺大道以告天下众国，及于御治事者，尽及之。"②这里的"诰"，是上对下的。伪古文《尚书》有《仲虺之诰》，则是臣下诰君。伪孔传："仲虺，臣名，以诸侯相天子。会同曰诰。"孔颖达疏："《周礼·士师》：'以五戒先后刑罚：一曰誓，用之于军旅；二曰诰，用之于会同。'是会同曰诰，诰魏于会之所设言以告众。此惟诰汤一人，而言会同者，因解诸篇'诰'义，且仲虺必对众诰汤，亦是'会同曰诰'。"③后世之"诰"，已成为天子、朝廷所专用。文体范围的逐渐缩小、明确，"诰"之普遍意义的、上下通用的告诉、告诫、劝勉，逐步演变为以上对下的专用。

又有"诰治"，《康诰》：

> 周公咸勤，乃洪大诰治。（"王若曰"辞略）④

杨筠如云："治，通作辞。《檀弓》郑注：'辞，犹告也。'《酒诰》'乃不用我教辞'，谓教告也。《周礼·小司徒》'听其辞讼'，《小宰》

---

① 顾颉刚、刘起釪：《尚书校释译论》，北京：中华书局，2005 年，第 1262 页。
② 《尚书正义》，载《十三经注疏》，上海：上海古籍出版社，1997 年，第 198 页上。
③ 《尚书正义》，载《十三经注疏》，上海：上海古籍出版社，1997 年，第 161 页上、中。
④ 顾颉刚、刘起釪：《尚书校释译论》，北京：中华书局，2005 年，第 1292 页。

'听其治讼'……'治''辞'一字可证。"(《覈诂》)①"诰治"即"诰辞",那么,"诰"在此处已是文体名了。

又有《酒诰》之"诰毖""诰教":

> 王若曰:"明大命于妹邦。乃穆考文王肇国在西土,厥诰毖庶邦庶士越少正御事,……文王诰教小子:(辞略)②

《召诰》之"诰告":

> [周公]曰:"拜手稽首,旅王若公,诰告庶殷越自乃御事:(辞略)③

"诰毖""诰教""诰告",除称说"诰",还进一步强调"诰"这一行为动作的方式与意义。

又,《洛诰》,其正文无"诰"字样,只是简单地"曰",而篇名称"诰"。《多士》,其序称"成周既成,迁殷顽民,周公以王命诰,作《多士》"④,其正文亦无"诰"字样。又,《多方》:

> 王若曰:"猷告尔四国多方惟尔殷侯尹民。"⑤

---

① 顾颉刚、刘起釪:《尚书校释译论》,北京:中华书局,2005年,第1298页。

② 顾颉刚、刘起釪:《尚书校释译论》,北京:中华书局,2005年,第1380页。

③ 顾颉刚、刘起釪:《尚书校释译论》,北京:中华书局,2005年,第1434页。

④《尚书正义》,载《十三经注疏》,上海:上海古籍出版社,1997年,第219页中。

⑤ 顾颉刚、刘起釪:《尚书校释译论》,北京:中华书局,2005年,第1610页。

　　　　王若曰:"诰告尔多方。"①

　　　　王曰:"我不惟多诰,我惟祗告尔命。"②

这些都具有文体的意味,但更有行为动作的意味。

　　其十二,教。《尧典》"汝作司徒,敬敷五教在宽"③,未见文
辞。《酒诰》:

　　　　王若曰:"……庶士、有正越庶伯、君子,其尔典听朕
　　教……"④

　　　　王曰:"封,我西土棐徂,邦君、御事、小子,尚克用文王
　　教,不腆于酒,故我至于今,克受殷之命。"⑤

"教"在后世亦为官府或长上的告谕。任昉《文章缘起·教》:"汉
京兆尹王尊出教告属县。"⑥《梁书·文学传下·刘杳》:"出为余
姚令,在县清洁,人有馈遗,一无所受,湘东王发教褒称之。"⑦又有
"告教",《立政》:

---

① 顾颉刚、刘起釪:《尚书校释译论》,北京:中华书局,2005 年,第 1610 页。

② 顾颉刚、刘起釪:《尚书校释译论》,北京:中华书局,2005 年,第 1639 页。

③ 顾颉刚、刘起釪:《尚书校释译论》,北京:中华书局,2005 年,第 192 页。

④ 顾颉刚、刘起釪:《尚书校释译论》,北京:中华书局,2005 年,第 1396 页。

⑤ 顾颉刚、刘起釪:《尚书校释译论》,北京:中华书局,2005 年,第 1401 页。

⑥ 郁沅、张明高编选:《魏晋南北朝文论选》,北京:人民文学出版社,1996 年,第
313 页。

⑦ [唐]姚思廉:《梁书》,北京:中华书局,1973 年,第 716 页。

乃敢告教厥后曰：拜手稽首后矣！曰……①

"《蔡传》则释云：'言夏之臣蹈知诚信于九德之名也。'并引吴氏（可能是吴械）曰：'古者凡以善言语人，皆谓之教，不必自上教下，而后谓之教也。'"②故《文心雕龙·诏策》："教者，效也，言出而民效也。契敷五教，故王侯称教。"③

其十三，戒。《立政》：

周公若曰："拜手稽首，告嗣天子王矣。用咸戒于王曰：王左右常伯、常任、准人、缀衣、虎贲。"周公曰："呜呼……'"④

"周公若曰"，为史臣记录君主言语的用语，意为周公这样说。"周公曰"云，即周公之"戒"，此告戒之语即为"戒"体。萧统《〈文选〉序》："戒出于弼匡。"⑤刘勰《文心雕龙·诏策》载："及马援已下，各贻家戒。班姬《女戒》，足称母师也。"⑥明徐师曾《文体明辨序说·戒》："按字书云：'戒者，警敕之辞，字本作诫。'文既有箴，而

① 顾颉刚、刘起釪：《尚书校释译论》，北京：中华书局，2005年，第1666页。
② 顾颉刚、刘起釪：《尚书校释译论》，北京：中华书局，2005年，第1667页。
③ ［南朝梁］刘勰撰，詹锳义证：《文心雕龙义证》，上海：上海古籍出版社，1989年，第754页。
④ 顾颉刚、刘起釪：《尚书校释译论》，北京：中华书局，2005年，第1662页。
⑤ ［南朝梁］萧统编，［唐］李善注：《文选》，北京：中华书局，1977年，第2页上。
⑥ ［南朝梁］刘勰撰，詹锳义证：《文心雕龙义证》，上海：上海古籍出版社，1989年，第751页。

又有戒,则戒者,箴之别名欤?《淮南子》载《尧戒》……至汉杜笃
遂作《女戒》,而后世因之。"①

其十四,报诰。《顾命》:

> 王若曰:"庶邦侯甸男卫,惟予一人钊报诰:昔君文、武,
> 丕平富,不务咎,厎至齐信,用昭明于天下……"群公既皆听
> 命,相揖,趋出。王释冕,反丧服。②

"报诰"伪孔传:"报其戒。"③前有太保等率众人"敬告天子",故有
"报诰"。

以上所述,有时同一种文体有两种目的,如"诰毖""诰教"
"诰告""报诰",既是诰辞,又是告辞,又是毖辞、教辞、告辞、报
辞;有时同一命名是两种文体,如"命",各自意味不同;有时篇题
的文体命名与篇文有不一致者,如《费誓》篇中称"命",篇题为
"誓",表明此二文体相近可通。

以上所述,也印证了文体的生成是以语言行为动作出之的,
这是早期文体生成及文体命名的一般情况;而语言行为动作都有
各自的目的,于是我们看到,语言行为动作的发出者的主观目的
在文体生成及文体命名中的主导地位,或者说,文体的用途在文
体的早期形态中及早期命名中所具有的重要意义。

---

① [明]吴讷、徐师曾:《文章辩体序说·文体明辨序说》,北京:人民文学出版社,
1962 年,第 140—141 页。
② 顾颉刚、刘起釪:《尚书校释译论》,北京:中华书局,2005 年,第 1839 页。
③《尚书正义》,载《十三经注疏》,上海:上海古籍出版社,1997 年,第 244 页。

四、《尚书》所见文体的原生态形式

史臣在录入文辞时还记载了其产生的原生态状况,当我们说《尚书》所见文体大多数是以语言行为动作出之,那么,我们所探讨《尚书》所见文体的原生态状况,就是行为动作前后的存在状况。

其一,先叙说"事",然后有"曰","曰"中又有"事","事"中又有"曰";为了叙述出有文体意味的行为动作及产生的"曰",其前有"曰"又有"事"。如《高宗肜日》"祖己曰:'惟先格王,正厥事。'乃训于王曰"。又如《牧誓》:

> 时甲子昧爽,王朝至于商郊牧野,乃誓。王左杖黄钺,右秉白旄以麾曰:"逖矣,西土之人!"王曰:"嗟!我有邦冢君御事、司徒、司马、司空,亚旅、师氏、千夫长、百夫长,及庸、蜀、羌、髳、微、卢、彭、濮人,称尔戈,比尔干,立尔矛,予其誓。"①

前文有"乃誓",后文的"曰"就应该是"誓曰",且文中有"予其誓",也称这是"誓曰"。又如《金縢》"史乃册祝曰",其前亦有丰富的"曰"及"事"。

其二,先有某某"曰",表明了文体将是以"曰"出之的,接着在"曰"中说话者才有产生文辞的行为动作,如《甘誓》之"王曰:

---

① 顾颉刚、刘起釪:《尚书校释译论》,北京:中华书局,2005 年,第 1091—1095 页。

'嗟！六事之人，予誓告汝'"，"誓"这一文体是由"予誓告汝"自述出之的，以下是文体之文辞。又如《大诰》："王若曰：'猷大诰：尔多邦越尔御事，弗吊天降割于我家……'"①王自述"猷大诰"而展开文体之文辞。

其三，先直接标识语言行为动作，再有某某"曰"，表明"曰"者乃此文体的文辞，如：《康诰》的"周公咸勤，乃洪大诰治。王若曰"；本来"王若曰"这一行为动作并不能看出展示的文体，但其前的"事"中所述表明了文体。

其四，文体中的文体，即以行为动作述出文辞，所述出的文辞中又含有新的行为动作述出的文辞，如前述《大诰》的"诰"辞里又有以"即命曰"出之的"命龟"的文辞。

其五，标明行为动作产生出文体的同时往往标明行为动作的对象——听众，如《尧典》"咨十有二牧曰"，《立政》"周公若曰：'拜手稽首，告嗣天子王矣。用咸戒于王曰'"，等等。

那么，以行为动作产生出文辞，只是一般而言的《尚书》所见文体最一般的原生态状况；而行为动作本身就是"事"，在以行为动作产生出文辞之前之后，又都是伴随着具体之事的；所有能产生出文体的行为动作，都是如此，这正是《尚书》的特点。《尚书》是记言的古史，《汉书·艺文志》所谓古者"君举必书，……左史记言，右史记事；事为《春秋》，言为《尚书》"。② 可是人们又往往称说《尚书》的"道事"性质，如《庄子·天下》：

① 顾颉刚、刘起釪：《尚书校释译论》，北京：中华书局，2005 年，第 1262 页。
② ［汉］班固：《汉书》，北京：中华书局，1962 年，第 1715 页。

　　《诗》以道志,《书》以道事,《礼》以道行,《乐》以道和,《易》以道阴阳,《春秋》以道名分。①

《荀子·劝学》也有"故《书》者,政事之纪也"的叙说②,《史记·太史公自序》称"《书》记先王之事,故长于政"③。那么,为什么"记言"的《尚书》被称为是"道事"之作?《尧典》中记载尧对舜的考核方式为"询事考言",《尚书》也不单单是"记言",也遵循这"询事考言",而我们所说的《尚书》所见文体的原生态形式,也就是《尚书》在"记言"时的"道事"及"道事"时的"记言"。这就是章学诚《文史通义》卷一内篇《书教上》所说:

　　《尚书》典谟之篇,记事而言亦具焉;训诰之篇,记言而事亦见焉。古人事见于言,言以为事,未尝分事言为二物也。④

《尚书》是"言"与"事"的结合,是"事"以"言"出,是"言"以"事"名,这就是《尚书》所见文体的原生态生存状态。那么,在一定情况下,"事"就是文体的命名,"言"就是文辞,于是,"事见于言,言以为事"可称为古代文体命名的基础。《庄子·天道》云:"世之所贵道者书也,书不过语,语有贵也。语之所贵者意也,意有所

---

① [清]郭庆藩:《庄子集释》,北京:中华书局,1961年,第1067页。
② 章诗同:《荀子简注》,上海:上海人民出版社,1974年,第5页。
③ [汉]司马迁:《史记》,北京:中华书局,1982年,第3297页。
④ [清]章学诚著,叶瑛校注:《文史通义校注》,北京:中华书局,1985年,第31页。

随。意之所随者,不可以言传也。"①所谓"意之所随者,不可以言
传也",是后世文体已经成型的情况,当我们回归文体产生时"事
见于言,言以为事"的原生态时,"意之所随"可以看得更清楚
一些。

从《尚书》所见文体的原生态形式,我们可以看到文体形成初
期时更多的情况,此处以"命"为例看其综合情况,如《尧典》"帝
曰:'夔!命汝典乐,教胄子……'"②,先有行为动作的主动者
"帝",再有行为动作的受动者——听众"夔",再是行为动作及行
为动作所出之辞"命汝典乐"云云。又如《尧典》:

> 帝曰:"龙,朕堲谗说殄行,震惊朕师。命汝作纳言,夙夜
> 出纳朕命,惟允!"③

也是先有行为动作的主动者,再有行为动作的受动者——听众,
再称说社会上出现的情况及自己的感觉,然后称"命"并出"命"
的内容。那么,"命"字前后的文字是否都可视为"命"这一文体
之言。又,《洛诰》:

> 周公曰:"王肇称殷礼,祀于新邑,咸秩无文。予齐百工,
> 伻从王于周,予惟曰'庶有事'。今王即命曰:'记功宗,以功

---

① [清]郭庆藩:《庄子集释》,北京:中华书局,1961年,第488页。
② 顾颉刚、刘起釪:《尚书校释译论》,北京:中华书局,2005年,第192页。
③ 顾颉刚、刘起釪:《尚书校释译论》,北京:中华书局,2005年,第192—193页。

作元祀。'惟命曰:'汝受命笃弼,丕视功载,乃汝其悉自教工。'孺子其朋,孺子其朋,其往! 无若火始焰焰;厥攸灼,叙弗其绝厥若。彝及抚事如。予惟以在周工往新邑,伻向即有僚,明作有功,惇大成裕,汝永有辞。"①

其中"命曰"文辞是"周公曰"转述的,此前的文字就是"命"产生的环境,就文体而言,这是"命"的生态环境。又,《召诰》:

越七日甲子,周公乃朝用书,命庶殷侯、甸、男邦伯。厥既命殷庶,庶殷丕作。②

既称"用书",此"命"应该是书写下来的,伪孔传:"是时诸侯皆会,故周公乃昧爽以赋功属役,书命众殷侯、甸、男服之邦伯,使就功。"③这是称"命"的物质存在方式。又,《费誓》"公曰:嗟! 人无哗,听命",记叙的是"命"时的原始场景,而"听命",表示行为动作的指向是文体,"命"是行为动作的指向。那么,上引这些文字整体,才是"命"这一文体在《尚书》中的原生态,即作为文体文辞的"言",是与各种"事"纠结在一起的。

---

① 顾颉刚、刘起釪:《尚书校释译论》,北京:中华书局,2005 年,第 468 页。
② 顾颉刚、刘起釪:《尚书校释译论》,北京:中华书局,2005 年,第 1433—1434 页。
③ 《尚书正义》,载《十三经注疏》,上海:上海古籍出版社,1997 年,第 211 页下。

六、一些文体展示出影响后世的文体范式、格式

《尚书》所见文体,作为文体文辞的"言"是与各种"事"纠结在一起的,在如此的纠结中,有的只有实质内容而未见固定范式,有的则显示出固定范式,如:《尧典》所载"命"体,"乃命羲和:钦若昊天。历象日月星辰,敬授人时"云云应为总述语,总括以下的"命羲仲""命羲叔""命和叔",那么,"钦若昊天"应该是此处的"命"这一文体的开场语,后代诏书"奉天承运"云云,可能就是依此而来。又如《皋陶谟》所载"歌"体,起首"帝庸作歌曰"有"敕天之命,惟时惟几"二句,接着又是"乃歌曰""乃赓载歌曰""又歌曰",那么,"敕天之命,惟时惟几"二句就像"钦若昊天"一样,是个总括、开场语。

又如"拜手稽首"的格式。在《尚书》中,作为固定格式的"拜手稽首"的存在有各种例子,如在史臣之言、一段言辞的发语词、一段言辞的结束语等;"拜手稽首"的意味为赞同、感谢,如《洛诰》"王拜手稽首曰"末尾的"拜手稽首悔言"。"拜手稽首"至王莽起多有沿用,蔡邕《独断》言:"汉承秦法,群臣上书皆言昧死言。王莽盗位,慕古法,去'昧死'曰'稽首'。光武因而不改。朝臣曰稽首稽首,非朝臣曰稽首再拜。"①此所谓"慕古法",当慕《尚书》的用法吧。《独断》中记载:"章者,需头,称稽首,上书谢恩陈事诣

① [汉]蔡邕:《独断》,《丛书集成初编》本,上海:商务印书馆,1937年,卷上,第5页。

阙通者也。"①"奏者,亦需头。其京师官但言稽首。下言稽首以闻。"②"表者,不需头。上言臣某言,下言臣某。诚惶诚恐,稽首稽首,死罪死罪。"③当然这些都是经过改革了的。而书信前称"拜言",后称"顿首",也应该是《尚书》遗风所致。

《尚书》中有的文体是有格式的,如"誓",《甘誓》有"弗用命,戮于社";《汤誓》"尔不从誓言,予则孥戮汝,罔有攸赦";《牧誓》"尔所弗勖,其于尔躬有戮",④那么,"誓"的格式就是"汝不……予则戮汝"之类的警戒。

"命"的格式则有"怎样怎样"就"汝则有大刑"之类,如《费誓》:

> 公曰:"嗟! 人无哗,听命! ……今惟淫舍牿牛马,杜乃擭,敜乃穽,无敢伤牿。牿之伤,汝则有常刑。马牛其风,臣妾逋逃,勿敢越逐。祇复之,我商赉汝。乃越逐不复,汝则有常刑。无敢寇攘,逾垣墙、窃马牛、诱臣妾,汝则有常刑。甲戌,我惟征徐戎。峙乃糗粮,无敢不逮,汝则有大刑。鲁人三郊三遂,峙乃桢榦。甲戌,我惟筑。无敢不供,汝则有无余刑,非杀。鲁人三郊三遂,峙乃刍茭,无敢不多。汝则有大刑。⑤

---

① ［汉］蔡邕:《独断》,《丛书集成初编》本,上海:商务印书馆,1937年,卷上,第4页。
② ［汉］蔡邕:《独断》,《丛书集成初编》本,上海:商务印书馆,1937年,卷上,第4页。
③ ［汉］蔡邕:《独断》,《丛书集成初编》本,上海:商务印书馆,1937年,卷上,第4页。
④ 顾颉刚、刘起釪:《尚书校释译论》,北京:中华书局,2005年,第1102页。
⑤ 顾颉刚、刘起釪:《尚书校释译论》,北京:中华书局,2005年,第2138页。

《费誓》此段文字屡屡有"汝则有大刑"之类的警戒,可视为文体格式。

又如《尚书》中多有"古人有言曰"之类,如《盘庚》"迟任有言曰:'人惟求旧;器非求旧,惟新。'"①《牧誓》:"古人有言曰:'牝鸡无晨;牝鸡之晨,惟家之索。'"②《酒诰》:"古人有言曰:'人无于水监,当于民监。'"③《吕刑》:"若古有训:'蚩尤惟始作乱,延及于平民,罔不寇贼……'"④这对后世的"著述引诗"云云也是有影响的。

又如《尚书》中就有许多以"我闻"起首来发表见解的。如《洪范》有"箕子乃言曰:我闻在昔"云云;⑤《康诰》"我闻曰:'怨不在大,亦不在小。'"⑥《酒诰》有两个"我闻惟曰"的连用;《多士》有"我闻曰:上帝引逸,有夏不适逸则"云云;⑦《无逸》有两个"我闻"云云;《君奭》亦有"我闻"云云;等等。这令人想起"连珠体"的以"臣闻"起首的格式。又如《尚书·吕刑》:

> 王曰:"吁!来,有邦有土,告尔祥刑。在今尔安百姓,何择非人,何敬非刑,何度非及。两造具备,师听五辞;五辞简

① 顾颉刚、刘起釪:《尚书校释译论》,北京:中华书局,2005 年,第 944 页。
② 顾颉刚、刘起釪:《尚书校释译论》,北京:中华书局,2005 年,第 1098 页。
③ 顾颉刚、刘起釪:《尚书校释译论》,北京:中华书局,2005 年,第 1409 页。
④ 顾颉刚、刘起釪:《尚书校释译论》,北京:中华书局,2005 年,第 1901 页。
⑤ 顾颉刚、刘起釪:《尚书校释译论》,北京:中华书局,2005 年,第 1146 页。
⑥ 顾颉刚、刘起釪:《尚书校释译论》,北京:中华书局,2005 年,第 1313 页。
⑦ 顾颉刚、刘起釪:《尚书校释译论》,北京:中华书局,2005 年,第 1512 页。

孚,正于五刑;五刑不简,正于五罚;五罚不服,正于五过。"①

后世奏弹文,如庾纯《自劾》、沈约《奏弹王源》、任昉《奏弹曹景宗》等,其格式为"即主""谨案",钱钟书云:

> "即主"以上犹立状,举其罪,"谨案"以下犹拟判,定其罚;《尚书·吕刑》所谓"词(辞)"与"正"也。②

《尚书》某些文体的格式、规范对后世某些文体的影响,最可论说之处的是《皋陶谟》《禹贡》对赋的意义。其一,《皋陶谟》之"谟",是几个人相互讨论谋略的形式,即对问体的格式却为后代所沿用,赋的"客主以首引"也可能是一脉相承而来的。其二,《皋陶谟》篇末,"帝庸作歌曰"前有:

> 夔曰:"戛击鸣球,搏拊琴瑟以咏。祖考来格。虞宾在位,群后德让。下管鼗鼓,合止柷敔,笙镛以间。鸟兽跄跄;箫韶九成,凤皇来仪。"夔曰:"於!予击石拊石,百兽率舞。"庶尹允谐,帝庸作歌曰。③

乐正夔奏乐,帝舜有歌,皋陶有和。因此,此处的"作歌",确实是

---

① 顾颉刚、刘起釪:《尚书校释译论》,北京:中华书局,2005 年,第 994 页。
② 钱钟书:《管锥编》,北京:中华书局,1986 年,第 1404 页。
③ 顾颉刚、刘起釪:《尚书校释译论》,北京:中华书局,2005 年,第 477 页。

对帝舜、禹、皋陶之"谟"的一个总结。《尚书·皋陶谟》以对问体的格式记载帝舜、禹、皋陶之"谟",最后有一个总结之"作歌",赋作"亦归馀于总乱"不也正是这样做的吗？篇末总结之义更像是"乱曰"或赋末诗歌的先声。另外,这也应该是唱和的先声吧。其三,《禹贡》的叙述,按九州记录其山川、土壤、物产等,并给各州田地划分等级及划定各州贡赋的高低,每州之末叙述该州输送贡赋的路径以作结。一些著名大赋的叙写,如《子虚》《上林》赋、《两都》《二京》《三都》赋,大都依方位叙写山川、土壤、物产等。

　　《尚书》"事见于言,言以为事,未尝分事言为二物"的影响,还在于后代对各种文体之文辞"事"的注重,这种注重有时表现在"序"的撰写上,《诗三百》有大序、小序,《尚书》也有大序、小序;这当然是后代整理者所为。汉代后,各种文章的作者本人怕读者不能理解文辞之"事",则以自序出之;注释解读者怕读者不能理解文辞之"事",则以他序出之。

《左传》所见"笔"体考辨

王充《论衡·定贤》称"口出以为言,笔书以为文",《论衡·自纪》称"口则务在明言,笔则务在露文"①,明言表达有口头的"言"、书面的"笔"两种。文字的产生,使"笔书以为文"成为可能。"笔书以为文"使文化的兴起与发展有所依凭并有所传承,如三国时秦宓称《河洛》由文兴,《六经》由文起"②;"笔书以为文"使过去的言、事以物质的形态留存下来,《礼记·玉藻》所谓君王"动则左史书之,言则右史书之"③;与"言"的传播快相比,"笔"自有传播久的长处。除此之外,"笔"又有不可更改、有依据等长处。从"口出以为言"到"笔书以为文"的进化,史官无疑是先驱者之一,所谓君王"动则左史书之,言则右史书之"④、"左史记言,右史记事"⑤;史官是最早的一批执笔撰作者。春秋时期,"笔书以为文"已在社会上普及,如史称孔子"究观古今之篇籍"⑥,由"观"可

① [汉]王充:《论衡》,上海:上海人民出版社,1974年,第420、450页。
② [晋]陈寿:《三国志》,北京:中华书局,1982年,第974页。
③ 《礼记正义》,载《十三经注疏》,上海:上海古籍出版社,1997年,第1473页下—1474页上。
④ 《礼记正义》,载《十三经注疏》,上海:上海古籍出版社,1997年,第1473页下—1474页上。
⑤ [汉]班固:《汉书·艺文志》,北京:中华书局,1962年,第1715页。
⑥ [汉]班固:《汉书·儒林传》,北京:中华书局,1962年,第3589—3590页。

知,孔子所读的"篇籍"已都是"笔"体,本文所述《左传》的"笔书以为文"者,或其本身就可证明"笔书"文字的,或从《左传》中的记叙可以直接证明其为"笔书"文件的。

一、《左传》所见整体性的"笔"体

其一,"志"。志,通"识",其意为记住、记载。《国语·鲁语下》:"仲尼闻之曰:'弟子志之,季氏之妇不淫矣。'"韦昭注:"志,识也。"[1]行为动作的"志"所完成者、所构成者,即是文字作品的"志",《周礼·春官·小史》"掌邦国之志"郑玄注引郑司农:"志,谓记也,《春秋传》所谓《周志》,《国语》所谓《郑书》之属是也。史官主书,故韩宣子聘于鲁,观书太史氏。"[2]又,《周礼·春官·外史》"掌四方之志"郑玄注:"志,记也,谓若鲁之《春秋》,晋之《乘》,楚之《梼杌》。"[3]又,《孔子家语·正论》"志有之"王肃注:"志,古之书也。"[4]《左传》中引有《志》《前志》《周志》《军志》《史佚之志》《仲虺之志》等,《国语·楚语上》申叔时向楚庄王谈到太子的教育,"教之《故志》,使知废兴者而戒惧也"。韦昭注:"故

① [战国]左丘明著,[三国吴]韦昭注:《国语》,上海:上海古籍出版社,2015年,第137页。
② 《周礼注疏》,载《十三经注疏》,上海:上海古籍出版社,1997年,第818页中。
③ 《周礼注疏》,载《十三经注疏》,上海:上海古籍出版社,1997年,第820页中。
④ [三国魏]王肃注:《孔子家语》,上海:上海古籍出版社,1990年,第104页上。

志,谓所记前世成败之书。"①绝大多数为人们在谈话中的引用,少数为"君子曰"中的引用。

其二,"书",国史。行为动作的"书"所完成者、所构成者,即是文字作品的"书"。《说文解字·聿部》:"书,箸也。从聿,者声。"《说文解字·叙》:"箸于竹帛曰书也。"②"书"与"曰""言"之类行为动作不一样之处,就在于"书"本来就一定是以符号乃至文字形态体现在物质载体上的。古代文体生成方式之一,即"由行为方式向文本方式的变迁"③,那么,"书"者,就是以文字载录者。《左传·襄公三十年》载子产曰:"《郑书》有之(杜预注:"郑国史书。")曰:'安定国家,必大焉先。'"④《郑书》即郑国史书,那么,"书"前有国名者,即该国史书。或以"春秋"称之,如下文之《鲁春秋》。

其三,《易》《象》及卦辞、繇辞。《昭公二年》载:二年春,晋侯使韩宣子来聘,"观书于大史氏,见《易》《象》与《鲁春秋》,曰:'周礼尽在鲁矣。吾乃今知周公之德,与周之所以王也。'"⑤韩宣子所见《易》《象》,即卦辞、繇辞。又如《僖公四年》载繇辞:初,晋献公欲以骊姬为夫人,筮之,其繇曰:"专之渝,攘公之羭。一薰一

① [战国]左丘明著,[三国吴]韦昭注:《国语》,上海:上海古籍出版社,2015年,第355页。

② [清]段玉裁:《说文解字注》,上海:上海古籍出版社,1981年,第117、754页。

③ 详见郭英德《中国古代文体学论稿》,北京:北京大学出版社,2005年,第29页。又见胡大雷《论中古时期文体命名与文体释名》所说"以产生文体的行为动作即'做什么'来命名文体",载《中山大学学报》2011年第4期。

④ 《春秋左传正义》,载《十三经注疏》,上海:上海古籍出版社,1997年,第2013页下。

⑤ 《春秋左传正义》,载《十三经注疏》,上海:上海古籍出版社,1997年,第2029页上。

莸,十年尚犹有臭。"①都是形成文字者。

其四,《三坟》《五典》《八索》《九丘》。《昭公十二年》:

> 左史倚相趋过。王曰:"是良史也,子善视之。是能读
> 《三坟》《五典》《八索》《九丘》。"(杜预注:"皆古书名。")②

这些是标明为"书"者,所谓"读",一定是有读本的。

其五,"御书"。《哀公三年》:

> 夏五月辛卯,司铎火。火逾公宫,桓、僖灾。救火者皆
> 曰:"顾府。"南宫敬叔至,命周人出御书,俟于宫,曰:"庀女而
> 不在,死。"(杜预注:"周人,司周书典籍之官。御书,进于君
> 者也。")子服景伯至,命宰人出礼书,以待命:"命不共,有
> 常刑。"③

"周人"为司周书典籍之官,大火起,首先应该抢救"御书",即进
于鲁君观看的书,这是周代典籍,为"笔书"。

其六,"礼书"。《哀公三年》:

> 夏五月辛卯,司铎火。火逾公宫,桓、僖灾。救火者皆

---

① 《春秋左传正义》,载《十三经注疏》,上海:上海古籍出版社,1997 年,第 1793 页中、下。
② 《春秋左传正义》,载《十三经注疏》,上海:上海古籍出版社,1997 年,第 2064 页中。
③ 《春秋左传正义》,载《十三经注疏》,上海:上海古籍出版社,1997 年,第 2157 页下。

曰："顾府。"……子服景伯至，命宰人出礼书，以待命："命不
共，有常刑。"①

礼书，载礼之书。大火起，南宫敬叔关心周代典籍；子服景伯为主
管礼仪之官，所以最关心礼书。这些都称之为"书"，就是能够拿
出来的实物。

其七，"儒书"。《哀公二十一年》：

秋八月，公及齐侯、邾子盟于顾。齐人责稽首，因歌之
曰："鲁人之皋，数年不觉，使我高踏。唯其儒书。以为二国
忧。"（杜预注："言鲁据周礼，不肯答稽首，令齐、邾远至。"②）

齐人之歌是责备鲁人只会读礼书而不懂礼节。儒书，即礼书，即
"艺以教民者"。《周礼·天官·太宰》："儒以道得民。"郑玄注：
"儒，诸侯保氏有艺以教民者。"艺，指礼、乐、射、御、书、数六种古
代教学科目。

其八，"象魏"——教令之法。《哀公三年》：

夏五月辛卯，司铎火。火逾公宫，桓、僖灾。救火者皆
曰："顾府。"……季桓子至，御公立于象魏之外，命救火者伤
人则止，财可为也。命藏《象魏》，（杜预注："《周礼·正月》：

① 《春秋左传正义》，载《十三经注疏》，上海：上海古籍出版社，1997 年，第 2157 页下。
② 《春秋左传正义》，载《十三经注疏》，上海：上海古籍出版社，1997 年，第 2181 页上。

悬教令之法于象魏,使万民观之。故谓其书为《象魏》。")
曰:"旧章不可亡也。"①

所谓"悬",这些教令之法曾挂出来的;又称"悬法",即公布的法
令,都悬挂于宫阙让大家看,故又称"象魏"。

其九,"刑书"。《定公四年》:

　　子鱼辞,曰:"臣展四体,以率旧职,犹惧不给而烦
刑书。"②

当时的刑书,有铸于鼎者,有书于竹者,刑法书写出来,即让大家
都能看到,则是不可更改的。昭公六年,子产"铸刑书"③;昭公二
十九年冬,"晋赵鞅、荀寅帅师城汝滨,遂赋晋国一鼓铁,以铸刑
鼎,著范宣子所为刑书焉"④;定公九年,"郑驷歂杀邓析,而用其
《竹刑》"。(杜预注:邓析,郑大夫,欲改郑所铸旧制,不受君命,
而私造刑法,书之于竹简,故云竹刑。)⑤
　　上述可谓各种"书",是不以文体命名的书写文字,即整体存
在的。因其整体性,故其内容如果需要在《左传》中表达的话,只

---

① 《春秋左传正义》,载《十三经注疏》,上海:上海古籍出版社,1997 年,第 2157 页
　　下—2158 页上。
② 《春秋左传正义》,载《十三经注疏》,上海:上海古籍出版社,1997 年,第 2134 页上。
③ 《春秋左传正义》,载《十三经注疏》,上海:上海古籍出版社,1997 年,第 2043 页中。
④ 《春秋左传正义》,载《十三经注疏》,上海:上海古籍出版社,1997 年,第 2124 页下。
⑤ 《春秋左传正义》,载《十三经注疏》,上海:上海古籍出版社,1997 年,第 2143 页。

能是小部分的呈现。

二、《左传》所见文体的"笔"体及其文体命名

其一,"载""盟"。《僖公二十六年》:

　　昔周公、大公股肱周室,夹辅成王。成王劳之而赐之盟,曰:'世世子孙,无相害也。'载在盟府,(杜预注:"载,载书也。")大师职之。①

《周礼·秋官司寇·司盟》"司盟掌盟载之法"郑玄注:"载,盟辞也。盟者,书其辞于策,杀牲取血,坎其牲,加书于上而埋之,谓之载书。《春秋传》曰:宋寺人惠墙伊戾坎,用牲加书,为世子痤与楚客盟。"②能够"载在盟府",当然是书写成文的了。又,《昭公二十五年》载,臧昭伯把"以公命示子家子"③,书写成文才可以"示"人。载书即盟书。《诗·邶风·击鼓》"死生契阔,与子成说",朱熹《诗集传》:"成说,谓成其约誓之言。"④《离骚》"初既与余成言兮,后悔遁而有他"朱熹集注:"成言,谓成其要约之言也。"⑤是否形成文字还待考察。

──────────

① 《春秋左传正义》,载《十三经注疏》,上海:上海古籍出版社,1997年,第1821页下。
② 《春秋左传正义》,载《十三经注疏》,上海:上海古籍出版社,1997年,第881页中。
③ 《春秋左传正义》,载《十三经注疏》,上海:上海古籍出版社,1997年,第2110页中。
④ [宋]朱熹:《诗集传》,上海:上海古籍出版社,1980年,第19页。
⑤ [宋]朱熹:《楚辞集注》,上海:上海古籍出版社,1979年,第6—7页。

其二,"铭"。《襄公十九年》载臧武仲曰:"夫铭,天子令德,诸侯言时计功,大夫称伐。"①这是标准的有等级差别的"铭",以刻在器物上的文字,用来称述功德等。"铭"又用来警戒自己,《昭公三年》录有《谗鼎之铭》(杜预注:谗鼎,名也。)曰:"昧旦丕显,后世犹怠。"②又如《昭公七年》考父庙之鼎之铭云:"一命而偻,再命而伛,三命而俯。循墙而走,亦莫余敢侮。饘于是,鬻于是,以糊余口。"③以谦恭警戒。或有恬不知耻之"铭",《左传》载:

> 二十五年春,卫人伐邢,二礼从国子巡城,掖以赴外,杀之。正月丙午,卫侯毁灭邢,同姓也,故名。礼至为铭曰:"余掖杀国子,莫余敢止。"(杜预注:"恶其不知耻,诈以灭同姓,而反铭功于器。")④

从中可以看到春秋时夸利、夸力、夸诈的社会风尚。

其三,"诔"。《周礼》有"读诔"的记载,读诔,应该是照本宣科,诔应该是"笔书以为文"。《哀公十六年》载,鲁哀公诔孔丘之文:

> 夏四月己丑,孔丘卒。公诔之曰:"旻天不吊,不慭遗一

---

① 《春秋左传正义》,载《十三经注疏》,上海:上海古籍出版社,1997年,第1968页中。
② 《春秋左传正义》,载《十三经注疏》,上海:上海古籍出版社,1997年,第2031页中。
③ 《春秋左传正义》,载《十三经注疏》,上海:上海古籍出版社,1997年,第2052页上。
④ 《春秋左传正义》,载《十三经注疏》,上海:上海古籍出版社,1997年,第1820页中。

老。俾屏余一人以在位，茕茕余在疚。呜呼哀哉！尼父无自律。"①

但此诔遭到孔子学生子赣"君其不没于鲁乎"的批评，这是说诔文是不可随意为之的，但当时随意为之的情况不少，《墨子·鲁问》载：

> 鲁君之嬖人死，鲁君为之诔，鲁人因说而用之。子墨子闻之，曰："诔者，道死人之志也。今因说而用之，是犹以来（狸）首从服也。"②

鲁人觉得鲁君的嬖人之诔写得很好，于是用来哀悼其他人士。墨子批评说，这是不能随便套用的，用了就好像是以来（狸）拉马车，很不适合。

其四，"令龟"（命龟）。

> 《文公十八年》：十八年春，齐侯戒师期，而有疾，医曰："不及秋，将死。"公闻之，卜曰："尚无及期。"惠伯令龟，卜楚丘占之曰："齐侯不及期，非疾也。君亦不闻。令龟有咎。"二月丁丑，公薨。③

---

① 《春秋左传正义》，载《十三经注疏》，上海：上海古籍出版社，1997年，第2177页。
② 孙诒让：《墨子间诂》，载《诸子集成》第4册，北京：中华书局，1986年，第285页。
③ 《春秋左传正义》，载《十三经注疏》，上海：上海古籍出版社，1997年，第1861页上。

令龟,古人占凶吉,必将所卜之事告卜人以龟占之,称为令龟、命龟,亦泛指灼龟问卜。《周礼·春官·大卜》:"大祭祀则眡高命龟。"郑玄注:"命龟,告龟以所卜之事。"①有时,占卜的愿望或结果以文字书写下来,系龟以收藏,《周礼·春官·占人》:

> 凡卜筮,既事,则系币,以比其命。岁终,则计其占之中否。(郑玄注:杜子春云:系币者,以帛书其占,系之于龟也。云谓既卜,筮史必书其命龟之事及兆于策,系其礼神之币而合藏焉。)②

"以帛书其占",即把命龟之辞书写下来。

其五,"命"。《僖公二十八年》:

> 王命尹氏及王子虎、内史叔兴父策命晋侯为侯伯,赐之大辂之服,戎辂之服,彤弓一,彤矢百,玈弓矢千,秬鬯一卣,虎贲三百人。曰:"王谓叔父,敬服王命,以绥四国。纠逖王慝。"晋侯三辞,从命。曰:"重耳敢再拜稽首,奉扬天子之丕显休命。"受策以出,出入三觐。③

---

① 《周礼注疏》,载《十三经注疏》,上海:上海古籍出版社,1997 年,第 804 页上。
② 《周礼注疏》,载《十三经注疏》,上海:上海古籍出版社,1997 年,第 805 页中。
③ 《春秋左传正义》,载《十三经注疏》,上海:上海古籍出版社,1997 年,第 1825 页下—1826 页上。

分封之命是书写在"策"的,故所谓"受策以出"。又,《襄公三十年》:

> 伯有既死,使大史命伯石为卿,辞。大史退,则请命焉。复命之,又辞。如是三,乃受策入拜。①

上述的"命",就又称为"策"。"命"又为"命书",见下。

其六,"策",有多种。"策勋"之"策",《桓公二年》:

> 凡公行,告于宗庙;反行,饮至、舍爵,策勋焉,礼也。(杜预注:"爵,饮酒器也,既饮置爵,则书勋劳于策,言速纪有功也。")②

诸侯出行朝天子、盟会、征战前,要祭告宗庙,回来后也要祭告宗庙,其中一项活动就是"策勋",有功劳者书之于策。又曰"书劳",襄公十三年春,"公至自晋,孟献子书劳于庙,礼也"。(杜预注:"书勋劳于策也。")③即功劳记录在"策"。又,《昭公三年》载:"晋侯嘉焉,授之以策","伯石再拜稽首,受策以出"。④ 所"赏"是书写在册以为依据的。

其七,"诸侯之策"。

---

① 《春秋左传正义》,载《十三经注疏》,上海:上海古籍出版社,1997年,第2013页下。
② 《春秋左传正义》,载《十三经注疏》,上海:上海古籍出版社,1997年,第1743页中。
③ 《春秋左传正义》,载《十三经注疏》,上海:上海古籍出版社,1997年,第1954页下。
④ 《春秋左传正义》,载《十三经注疏》,上海:上海古籍出版社,1997年,第2032页上。

　　《文公十五年》：公与之宴，辞曰："君之先臣督，得罪于宋殇公，名在诸侯之策。臣承其祀，其敢辱君，请承命于亚旅。"①

　　《襄公二十年》：卫宁惠子疾，召悼子曰："吾得罪于君，悔而无及也。名藏在诸侯之策，曰：'孙林父、宁殖出其君。'君入则掩之。若能掩之，则吾子也。若不能，犹有鬼神，吾有馁而已，不来食矣。"②

即诸侯名录，簿册类文档。这是有具体名目的"策"。

　　其八，"书"，有多种。《哀公十一年》：

　　公使大史固归国子之元，置之新箦，襮之以玄纁，加组带焉。置书于其上，曰："天若不识不衷，何以使下国？"③

这里的"书"则是属外交文件的国书。《襄公三年》：

　　魏绛至，授仆人书，将伏剑。士鲂、张老止之。公读其书曰。④

① 《春秋左传正义》，载《十三经注疏》，上海：上海古籍出版社，1997 年，第 1854 页下。
② 《春秋左传正义》，载《十三经注疏》，上海：上海古籍出版社，1997 年，第 1970 页上。
③ 《春秋左传正义》，载《十三经注疏》，上海：上海古籍出版社，1997 年，第 2167 页上。
④ 《春秋左传正义》，载《十三经注疏》，上海：上海古籍出版社，1997 年，第 1931 页上。

这是给国君的报告,后世称为"上奏"之类,从"授仆人书",是有"笔书以为文"的文本的。《昭公六年》:

> 叔向使诒子产书,曰。……复书曰。①

这是叔向与子产之间的来往书信,所谓"诒书",这是有"笔书以为文"的文本的。《左传》又有郑子家《与赵宣子书》、巫臣《遗子反书》、子产《与范宣子书》等,《文心雕龙·书记》:"三代政暇,文翰颇疏。春秋聘繁,书介弥盛。绕朝赠士会以策,子家与赵宣以书,巫臣之遗子反,子产之谏范宣,详观四书,辞若对面。"②这些是臣子间的来往文翰。

以下又有具体标出名目的各种"书"。

其九,"命书"。《定公四年》:

> 其子蔡仲,改行帅德,周公举之,以为己卿士。见诸王而命之以蔡,其命书云:"王曰:胡! 无若尔考之违王命也。"③

"命"是书写出来的,从字面上看,命书中是有叮嘱的内容的。

其十,"玺书"。《襄公二十九年》:

---

① 《春秋左传正义》,载《十三经注疏》,上海:上海古籍出版社,1997 年,第 2043 页中—2044 页中。

② [南朝梁]刘勰撰,詹锳义证:《文心雕龙义证》,上海:上海古籍出版社,1989 年,第 920 页。

③ 《春秋左传正义》,载《十三经注疏》,上海:上海古籍出版社,1997 年,第 2135 页中。

公还及方城。季武子取卞，使公冶问，玺书追而与之，
曰："闻守卞者将叛，臣帅徒以讨之，既得之矣，敢告。"①

玺书，加盖印玺的文书。
　　其十一，"丹书"。《襄公二十三年》：

初，斐豹隶也，著于丹书。栾氏之力臣曰督戎，国人惧
之。斐豹谓宣子曰："苟焚丹书，我杀督戎。"宣子喜，曰："而
杀之，所不请于君焚丹书者，有如日！"②

斐豹的奴隶身份是"著于丹书"上的，要改变其身份，首先是"焚丹
书"。"丹书"又有另一种说法，即记载主要之事者，《大戴礼记·
武王践祚》：

曰："昔黄帝颛顼之道存乎？意亦忽不可得见与？"师尚
父曰："在丹书，王欲闻之，则齐矣！"③

记载黄帝颛顼之道者为"丹书"。又，《越绝书》卷十三：

---

① 《春秋左传正义》，载《十三经注疏》，上海：上海古籍出版社，1997 年，第 2005 页上。
② 《春秋左传正义》，载《十三经注疏》，上海：上海古籍出版社，1997 年，第 1976 页中、下。
③ [清]王聘珍撰，王文锦点校：《大戴礼记解诂》，载《十三经清人注疏》，北京：中
　　华书局，1983 年，第 103 页。

越王曰："善。寡人已闻阴阳之事，榖之贵贱，可得而知乎？"范子曰："阳者主贵，阴者主贱。故当寒而不寒者，榖为之暴贵，当温而不温者，榖为之暴贱，譬犹形影、声响相闻，岂得不复哉？故曰：秋冬贵阳气施于阴，阴极而复贵，春夏贱阴气施于阳，阳极而不复。"越王曰："善哉！"以丹书帛，置之枕中，以为国宝。①

以上是各种"策""命"，是国君的下行文件。

其十二，"简书"，告急文书。

闵公元年，狄人伐邢。管敬仲言于齐侯曰："简书，同恶相恤之谓也。请救邢以从简书。"②《诗·小雅·出车》："岂不怀归，畏此简书。"朱熹集传："简书，戒命也。邻国有急，则以简书相戒命也。或曰，简书，策命临遣之词也。"③

其十三，"罪书"。《昭公二年》：

七月壬寅，（公孙黑）缢。尸诸周氏之衢，加木焉。（杜预

---

① [汉]袁康、吴平辑录，乐祖谋点校：《越绝书》，上海：上海古籍出版社，1985年，第94页。

② 《春秋左传正义》，载《十三经注疏》，上海：上海古籍出版社，1997年，第1786页上、中。

③ [宋]朱熹：《诗集传》，上海：上海古籍出版社，1980年，第107页。

注:"书其罪于木,以加尸上。")①

"书其罪于木",即一种实用性、公示性文件。

其十四,"贷书"。《襄公二十九年》:

> 宋亦饥,请于平公,出公粟以贷。使大夫皆贷。司城氏贷而不书。②

贷书就是借条,当时的规矩,借贷要写借条的。

其十五,"牒"。《昭公三十二年》:

> 己丑,士弥牟营成周,计丈数,揣高卑,度厚薄,仞沟恤,物土方,议远迩,量事期,计徒庸,虑材用,书糇粮,以令役于诸侯,属役赋丈,书以授帅,而效诸刘子。韩简子临之,以为成命。③

就是把工程预算"书"于簿册。《左传》"昭公十八年"有"书焚室"云云④,就是把焚烧的房屋"书"于簿册,"书"即登记。此类簿册统称为"牒"。《昭公二十五年》:

① 《春秋左传正义》,载《十三经注疏》,上海:上海古籍出版社,1997 年,第 2030 页上。
② 《春秋左传正义》,载《十三经注疏》,上海:上海古籍出版社,1997 年,第 2005 页中。
③ 《春秋左传正义》,载《十三经注疏》,上海:上海古籍出版社,1997 年,第 2128 页上。
④ 《春秋左传正义》,载《十三经注疏》,上海:上海古籍出版社,1997 年,第 2068 页上。

右师不敢对,受牒而退。(孔颖达疏:"牒,札也。于时号令输王粟具戍人。宋之所出人粟之数书之于牒。")①

牒,表册;谱籍。以上是各种簿册。

其十六,未明确文体的"笔书以为文"。《昭公四年》:

使杜泄舍路。不可,曰:"夫子受命于朝,而聘于王。王思旧勋而赐之路。复命而致之君,君不敢逆王命而复赐之,使三官书之。吾子为司徒,实书名。夫子为司马,与工正书服。孟孙为司空,以书勋。今死而弗以,是弃君命也。书在公府而弗以,是废三官也。若命服,生弗敢服,死又不以,将焉用之?"乃使以葬。②

赏赐之命要书写出来,所以此处多有提到"书"字。又如《晏子春秋》:

景公谓晏子曰:"昔吾先君桓公,予管仲狐与穀,其县十七,著之于帛,申之以策,通之诸侯,以为其子孙赏邑。③

所谓"著之于帛,申之以策",这是泛言之。《襄公十一年》:

---

① 《春秋左传正义》,载《十三经注疏》,上海:上海古籍出版社,1997 年,第 2109 页上。
② 《春秋左传正义》,载《十三经注疏》,上海:上海古籍出版社,1997 年,第 2036 页下—2037 页上。
③ 李万寿:《晏子春秋全译》,贵阳:贵州人民出版社,2009 年,第 285 页。

> 公曰："子之教，敢不承命。抑微子，寡人无以待戎，不能
> 济河。夫赏，国之典也，藏在盟府，不可废也，子其受之！"①

赏书要"藏在盟府"的，自然是"笔书"。又如《襄公二十七年》：

> 宋左师请赏，曰："请免死之邑。"公与之邑六十。以示子
> 罕。……削而投之。左师辞邑。②

左师向戎请赏，把赏赐给子罕看，子罕不同意，于是刮削其字，可
知"赏"是"笔书"的。

　　以上各种"笔书以为文"，无论是整体性的，还是具有文体意
味的，应该都有样本，此即为"典策"。《左传·定公四年》载：西
周初分给鲁公伯禽的东西中有"典策"，孔颖达称曰："谓史官书策
之典，若传之所云发凡之类，赐之以法，使依法书时事也。"③典策
即典籍简册，孔颖达称这是各种文件的样本，史官的书写范本。
当然，样本、范本在历史的发展中应该有不断的补充。

---

① 《春秋左传正义》，载《十三经注疏》，上海：上海古籍出版社，1997年，第1951页中。
② 《春秋左传正义》，载《十三经注疏》，上海：上海古籍出版社，1997年，第1997页
　中—1997页下
③ 《春秋左传正义》，载《十三经注疏》，上海：上海古籍出版社，1997年，第2134页下。

三、"笔书以为文"的文体命名与官方文书档案性质

　　以上文体的命名,可分为三大类。其一,"载、盟、铭、诔、令
龟、命",可谓以行为动作为文体命名。载,《尔雅·释诂》"话、
猷、载、行、讹,言也"邢昺疏:"载者,载于简策之言也。"①盟誓之
言要有文字作为依凭,故以"载"为名。盟,结盟之语。铭,铭刻之
语。诔,古代列述死者德行以表哀悼并以之定谥的行为,于是悼
念死者之语为"诔"。命龟,龟占一定要把所卜之事刻在龟甲上,
即命龟之辞。这些行为动作是有具体的内容指向、意义指向的,
故这些文体从文体命名就可知其文体内容、文体性质的。其二,
各种"书",书写下来的文字;"策",书写在竹、板者,虽然也以行
为动作为命名文体,但书写这一行为动作本身没有具体的内容指
向、意义指向,其内容、意义要靠具体说明才能被知晓是什么类别
的文书;但这些在《左传》中则有明确的记载,即便未明确文体者,
其行为动作所发出的意味也很明确,为后世文体命名打下基础。
由此又可知,"策""书"是两大文体集合体,说明彼时文体的区分
还不明确,文体命名也只是起步阶段。其三,"牒",簿册。簿册与
文书的区别即"书""牒"的区分。
　　孔安国《〈尚书〉序》给《尚书》中的文词列出了具体的文体命
名,其云:"芟夷烦乱,剪截浮辞,举其宏纲,撮其机要,足以垂世立

――――――――
① 《尔雅注疏》,载《十三经注疏》,上海:上海古籍出版社,1997年,第2575页上。

教,典、谟、训、诰、誓、命之文,凡百篇。"①除了"典"特指先王的行为动作产生的文词,其他五者都具有以产生文词的行为动作来命名文体的性质。如谟,谋。帝舜、禹、皋陶君臣之间的讨论、谋划所产生的文词命名为"谟"体。训,教诲、训导;教诲、训导产生之词,就是"训"体。诰,告诉;有上对下、有下对上,告诉、告诫、劝勉产生的文词,就是"诰"体。誓,告诫、约束;告诫、约束这一行为动作所发出的文词即"誓"体。命,最高统治者所言、所命令,所产生的文辞即"命"体。②《尚书》为"口出以为言"者,但如此以"做什么"来确定其文体的命名,也大致贯穿于《左传》所见"笔书以为文"者,可见此为文体产生初期的通例。于是,上述"笔书以为文"的文体,《左传》或引用其具体文辞,由此可知其具体内容;《左传》或并未引用具体文辞,但从文体命名即知其身份、用途,就可以知晓这些"笔书以为文"的具体内容,如"罪书""贷书"等。这些文体都是以其具体内容成为《左传》叙事的一个组成部分的。

　　上述"笔书以为文"者,从其内容性质来说,一是历史的记载,所谓"以史为鉴"的史书,如"志"、称作"书"的史书、《春秋》之类。二是相互有所证明,如各种名称的盟书、君王的分封赏赐、借条、下达的命令等,以及公示出来大家共同遵守的礼书、儒书、刑书等,这是现实中应用最多者。三是官府的文件,前代留下来的文件,如丹书、罪书,还包括登记簿册。四是算卦用书。五是对朝政发表意见的相互交流的信函。上述五者又可一分为二,前四者属

---

① 《尚书正义》,载《十三经注疏》,上海:上海古籍出版社,1997 年,第 114 页下。
② 详见拙文《论中古时期文体命名与文体释名》,《中山大学学报》2011 年第 4 期。

于公家档案,其"笔书以为文"的形式,使其作为公家档案的性质得以完整实现。可见"笔书以为文"的功用,在当时还主要用于留存依据,而非来往交流信息。

《左传》所见"笔书以为文"者大多为公家档案,也是最早的"笔"体文字的性质。《周易·系辞下》曰:

上古结绳而治,后世圣人易之以书契,百官以治,万民以察。①

"治"者就官府而言,"察"者就百姓而言,此即"笔书以为文"的功用,都是因为实际的需要、实际的用途而有"笔书"的,都为"官"书。王粲《砚铭》就强调"书契"的产生就是"以代结绳,民察官理"②。章学诚《文史通义·原道中》称,"盖以学者所习,不出官司典守、国家政教,而其为用,亦不出于人伦日用之常,是以但见其为不得不然之事耳,未尝别见所载之道也"③。"六经皆器"者,即指皆为"官"书。章学诚《文史通义·诗教中》又称:

古未尝有著述之事也,官师守其典章,史臣录其职载。文字之道,百官以之治而万民以之察,而其用已备矣。是故圣王书同文以平天下,未有不用之于政教典章、而以文字为

① 《春秋左传正义》,载《十三经注疏》,上海:上海古籍出版社,1997年,第87页中。
② [唐]欧阳询:《艺文类聚》,上海:上海古籍出版社,1982年,卷58,第1057页。
③ [清]章学诚撰,吕思勉评,李永圻等整理:《文史通义》,上海:上海古籍出版社,2008年,第38页。

　　一人之著述者也。①

而我们从《左传》中所见的"笔书以为文"者,亦皆为"政教典章"者,而无所谓"一人之著述"者。

四、从官家文字之"治"到个人著述之"教"

　　前称上述"笔书以为文"主要是文书档案性质,但亦有个人之间的相互交流的信函,虽说是对朝政发表意见,但具有个人著述的性质,它代表着"笔书以为文"发展的新方向,即从官家文字之"治"到个人著述之"教"的过渡。这种过渡,从《左传》所见"口出以为言"的记载上可以看出苗头与萌芽。

　　一是《左传》或把某些本是"笔书以为文"记载为"口出以为言",如《文公十八年》载:

　　　　莒纪公生大子仆,……仆因国人以弑纪公,以其宝玉来奔,纳诸宣公。公命与之邑,曰:"今日必授。"②

而《国语·鲁语上》则记载为文书:

————————

① [清]章学诚撰,吕思勉评,李永圻等整理:《文史通义》,上海:上海古籍出版社,2008年,第21—22页。

② 《春秋左传正义》,载《十三经注疏》,上海:上海古籍出版社,1997年,第1861页中。

　　莒太子仆弑纪公,以其宝来奔。宣公使仆人以书命季文子曰:"夫莒太子不惮以吾故杀其君,而以其宝来,其爱我甚矣。为我予之邑。今日必授,无逆命矣。"里革遇之,而更其书曰:"夫莒太子杀其君而窃其宝来,不识强固又求自逭,为我流之于夷。今日必通,无逆命矣。"①

说明宣公之言本为"以书命",而"今日必授"只是"以书命"中的一句而已。或称此为《左传》尚简的一个例子,所谓"《国语》,《左氏》之外传也,左氏传经,辞语尚略,故复选录《国语》之辞以实"②,但《左传》也有并非尚简而改文书为辞令的例子③,如《庄公九年》载:

　　鲍叔帅师来言曰:"子纠,亲也,请君讨之。管、召、仇也,请受而甘心焉。"乃杀子纠于生窦,召忽死之。④

这是"口出以为言",而《史记·齐太公世家》载:

　　齐遗鲁书曰:"子纠兄弟,弗忍诛,请鲁自杀之。召忽、管

---

① [战国]左丘明著,[三国吴]韦昭注:《国语》,上海:上海古籍出版社,2015 年,第116 页。

② [汉]王充:《论衡·案书》,长沙:岳麓书社,1991 年,第438 页。

③ 董芬芬《春秋辞令文体研究》对此有论述,以下所举数例有见于其著作者。上海:上海古籍出版社,2012 年,第8—9 页。

④ 《春秋左传正义》,载《十三经注疏》,上海:上海古籍出版社,1997 年,第1766 页中。

仲雠也,请得而甘心醢之。不然,将围鲁。"①

说明鲍叔之言本是国书之辞。这些是说,"言"与"文"本非天壤之隔,但从史书记事的"笔书以为文"换成"口出以为言"的辞令来看,也有内在必然性。外交辞令往往需要随机应变,如孔颖达评"君子九能"之"使能造命"曰:"谓随前事应机造其辞命以对,若屈完之对齐侯,国佐之对晋师,君无常辞也。"②屈完、国佐对答它国,取得主动,证明了自己的言辞能力。《公羊传·庄公十九年》:"聘礼,大夫受命不受辞,出竟有可以安社稷,利国家者,则专之可也。"③既然"不受辞",那么在记载时,"笔书以为文"换成"口出以为言"也是可以的。

二是如王官、卿大夫以个人名义对事件所发的议论,如《隐公三年》载,卫庄公之子州吁,生性暴戾好武,善谈兵,庄公宠爱而任其所为;大夫石碏忠言相谏,论述"六逆""六顺"④;《桓公二年》载,鲁取郜国大鼎而纳于太庙,臧孙达谏之,论述"昭德""昭令德"⑤;等等。《左传》所载的许多议论,都与之有相似之处,以社会普遍公理来论述当前具体做法的正误;这样的论述,既就事论事,又在一个更大的宏观视阈中思考问题。这就是不仅仅适用于

---

① [汉]司马迁:《史记》,北京:中华书局,1982年,第1486页。
② 《毛诗正义》,载《十三经注疏》,上海:上海古籍出版社,1997年,第316页中。
③ 《春秋公羊传注疏》,载《十三经注疏》,上海:上海古籍出版社,1997年,第2236页上。
④ 《春秋左传正义》,载《十三经注疏》,上海:上海古籍出版社,1997年,第1724页中。
⑤ 《春秋左传正义》,载《十三经注疏》,上海:上海古籍出版社,1997年,第1741页上。

当前的"政教典章",又是个体对社会、人生、未来的思考等。而所谓"一人之著述"者,以后的诸子之"立言"就是如此发展起来的,从政治话语走向学术话语。二是《左传》中有"仲尼曰""孔子曰",是其对人物与史事的议论,为个人著述隐约提供了形式,日后的个人著述即大多是以姓氏为著述"书名"的。

　　章学诚《文史通义·原道下》称:"以文字为著述,起于官师之分职,治教之分途也。"①《左传》中的言与事,大多本与孔仲尼无所关联,而有所谓"仲尼曰""孔子曰"的评价断语,只是置身于事外的个人的意见,只是"教"而非"治",因此可视为"个人著述"。此标志着:在社会的崇尚与时代的需要之下,"一人之著述"逐渐出现了,并以个人言论在史学著作中取得合法地位。这就是孔仲尼为"师"为"教"。

---

① [清]章学诚撰,吕思勉评,李永圻等整理:《文史通义》,上海:上海古籍出版社,2008年,第41页。

"剪截"史书:《文选》的录文方式之一

一、《文选》"剪截"史书的"史论""史述赞"

《文选》作为总集所录入的作品很多,不可能一定只用一种方式录入作品,或录自别集,或据前贤总集录入作品,都是可能的。我认为,《文选》的一些作品还有可能是直接从其原始出处——史书中录入,以下试论之。

《文选序》对为什么不录经部、史部、子部文字有一个说明,我们特别关注《文选序》所说为什么不录经部文字,其云:

> 若夫姬公之籍,孔父之书,与日月俱悬,鬼神争奥,孝敬之准式,人伦之师友;岂可重以芟夷,加之剪截。①

即所谓"姬公之籍,孔父之书"是不可"剪截"的;倒过来讲,假如要录入经部文字,那录入的方式就是"剪截"。

《文选序》又称有的史部文字有所例外而可以录入,其云:

---

① [南朝梁]萧统编,[唐]李善注:《文选》,北京:中华书局,1977年,第2页上。

　　至于记事之史,系年之书,所以褒贬是非,纪别异同,方之篇翰,亦已不同。若其赞论之综辑辞采,序述之错比文华,事出于沈思,义归于翰藻,故与夫篇什,杂而集之。①

那么,其录入方式也应该就是"剪截"。我们来看情况是否如此。

　　"赞论""序述"是原在史部中而又成为《文选》所录的文体的,此即《文选》"史论""史述赞"二体。莫砺锋说,"其实《文选》在'史论'、'史述赞'等几类作品就是'重以芟夷、加之剪截'而来的,并非全是独立成篇的作品"②。

　　史论、史述赞本有经"剪截"单独成篇者。如"史述",颜师古注《汉书·叙传下》"其叙曰"云:

　　　　自'皇矣汉祖'以下诸叙,皆班固自论撰《汉书》意,此亦依放《史记》之叙目耳。史迁则云为某事作本纪、某列传。班固谦,不言作而改言述,盖避作者之谓圣,而取述者之谓明也。但后之学者不晓此为《汉书》叙目,见有"述"字,因谓此文追述《汉书》之事,乃呼为《汉书述》。失之远矣。挚虞尚有此惑,其余曷足怪乎?③

这是说挚虞已"剪截"《汉书·叙传下》的文字为《汉书述》,独立

---

① [南朝梁]萧统编,[唐]李善注:《文选》,北京:中华书局,1977年,第2页下。
② 莫砺锋:《从〈文心雕龙〉与〈文选〉之比较看萧统的文学思想》,录自《中外学者文选学论集》,北京:中华书局,1998年,第248—249页。
③ [汉]班固:《汉书》,北京:中华书局,1962年,第4265页注⑦。

录入其总集。又如"史序",古注《春秋序》者,为单行,《隋书·经籍志》载:刘寔等《集解春秋序》一卷;《春秋序》一卷,贺道养注;《春秋序》一卷,崔灵恩撰;《春秋序》一卷,田元休注。又如史论、史赞,《隋书·经籍志》载:《春秋序论》二卷,干宝撰;《后汉书赞论》四卷,范晔撰。范晔撰《后汉书》,最以其史论、史赞自诩,其《狱中与诸甥侄书》称:

> 吾杂传论,皆有精意深旨,既有裁味,故约其词句。至于《循吏》以下,及《六夷》诸序论,笔势纵放,实天下之奇作。其中合者,往往不减《过秦》篇,尝共比方班氏所作,非但不愧之而已……赞自是吾文之杰思,殆无一字空设,奇变不穷,同含异体,乃自不知所以称之。①

现在我们来看《文选》中的具体情况。《文选》第四十九卷、第五十卷为"史论上、下",共录载史论九篇,《公孙弘传赞》剪截自班固《汉书》卷五十八篇末,起首文字为"赞曰";《晋武帝革命论》《晋纪总论》剪截自干宝《晋纪》,起首文字为"史臣曰";《皇后纪论》《宦者传论》《逸民传论》分别剪截自范晔《后汉书》卷十上、卷七十八、卷八十三的篇首;《二十八将论》剪截自范晔《后汉书》卷二十二的篇末,起首文字为"论曰";《谢灵运传论》剪截自沈约《宋书》卷六十七篇末,起首文字为"史臣曰";《恩倖传论》剪截自沈约《宋书》卷九十四篇首;以上未注明篇首文字为何者,皆起自

---

① [南朝梁]沈约:《宋书》,北京:中华书局,1974 年,第 1830—1831 页。

正文。

今干宝《晋纪》不存,从班固《汉书》、范晔《后汉书》、沈约《宋书》,可探知《文选》剪截这几部史书的某些情况。其一,《文选》录载的史论,其居于原书诸卷的篇首,当是以论开启全卷的叙写。其居于原书诸卷的篇末者,皆有原书的起首文字"赞曰""论曰""史臣曰",当为作者对篇内人物的看法与有关之事。《文选》的作者未把"赞曰""论曰""史臣曰"统一起来,未把有"赞曰"之类文字与没有"赞曰"之类文字统一起来,显然,《文选》的作者是直接剪截史书入《文选》的。其二,此处"赞曰"之"赞"与《文选》"史述赞"之"赞",其意味是不一样的,《文选》作者辨析得很清楚,认定此处"赞曰"之"赞"即是"论"。其三,《汉书》的"赞曰"、《后汉书》的"论曰"、《宋书》的"史臣曰"这种形式,源自《史记》的"太史公曰",《史记》在每篇之末,一般都附有"太史公曰"为首句的一小段文字,表达作者对篇内人物的看法或附记有关之事。《文选》未录《史记》"太史公曰"的文字,是看不上《史记》的"太史公曰",还是《史记》"太史公曰"无所可录?范晔自称其史论"其中合者,往往不减《过秦篇》,尝共比方班氏所作,非但不愧之而已",也未把司马迁当作比较对象。

《文选》第五十卷有"史述赞",共录载史述赞四篇。其中有剪截自班固《汉书》卷一百下的三篇,本是《汉书·叙传》中的文字。《汉书·叙传》的性质同于《史记·太史公自序》,既是作者自传,又是全书的序言。《叙传》依次对全书的各篇作了说明。剪截自《汉书》的这几篇在《汉书·叙传》中的格式举例如下:

孝成煌煌,临朝有光,威仪之盛,如圭如璋。壸闱恣赵,
朝政在王,炎炎燎火,亦允不阳。述《成纪》第十。①

其内容是对所载人物的评价,这也就是作者为什么要为其立传的
说明,其形式为四言韵语。最后是说就因为这个原因而作《成纪》
(《成帝纪》),其在《汉书》中的次序是排在本纪的第十。这几篇
在《文选》中的题目分别为《述高纪第一》《述成纪第十》《述韩彭
英卢吴传第四》,胡克家《文选考异》卷九对"述高纪第一"的位置
与是否为题目提出异议,其曰:

> 袁本、茶陵本校语云:善本如此,五臣本列在后。案:各
> 本所见皆非也。此连述赞为文,非用为标题,善亦不得在前。
> 盖传写误移之,而五臣尚未经移耳。后二首同。②

胡克家认为"述高纪第一""述成纪第十""述韩彭英卢吴传第四"
是与前面的文字结合在一起的,不能以之为题。胡克家是按照
"剪截"做法来说的。但作为单篇选入,总是要有个题目的,而"第
一""第十""第四"这些表示卷次的文字也一并出现,表明《文选》
所录是整体剪截自班固《汉书》,只不过把每首的末尾文字移至文
前为题目。而卷前总列题目时这几篇题目为《述高纪赞》《述成纪
赞》《述韩彭英卢吴传赞》,显然是编目者做了加工。

_____

① [汉]班固:《汉书》,北京:中华书局,1962 年,第 4239 页。
② [南朝梁]萧统编,[唐]李善注:《文选》,北京:中华书局,1977 年,第 965 页。

"史述赞"还录《光武帝纪赞》,此篇剪截自《后汉书》卷一《光武帝纪》的末尾,范晔没有《史记·太史公自序》与《汉书·叙传》之类的文字,他来不及写就被杀害了,但《后汉书》的体例,人物传记后有"论曰"文字,其后又有"赞曰",此"赞曰"就是对所载人物的评价,这也就是作者为什么要为其立传的说明。可以说,范晔把《史记·太史公自序》与《汉书·叙传》的集中在一起叙说改为每篇后的各自叙说。这些"赞曰"文字也是范晔自诩之处,已见上文。

退一步讲,据前述《隋书·经籍志》载范晔撰《后汉书赞论》四卷,《文选》所录范晔《后汉书》的史论、史赞也可能是录自此书,但是,《文选》"史论""史述赞"所录的文字,确实是"剪截"《汉书》而来。

二、"别裁"之法

从上述论证可见,《文选》"史论""史述赞"的文字,或是从史书的单篇传记中摘录"剪截"出来以成篇的,或是从史书作者自序中摘录"剪截"出数段又各自成篇的。这样做是有例可依的。

章学诚《校雠通义》卷一《别裁第四》曰:

《管子》,道家之言也。刘歆裁其《弟子职篇》入小学;《七十子所记》百三十一篇,《礼经》所部也,刘歆裁其《三朝记篇》入《论语》。盖古人著书,有采取成说,袭用故事者。

(原注:如《弟子职》必非管子自撰,《月令》必非吕不韦自撰,皆所谓采取成说也。)其所采之书,别有本旨,或历时已久,不知所出;又或所著之篇,于全书之内自为一类者,并得裁其篇章,补苴部次,别出门类,以辨著述源流。至其全书,篇次具存,无所更易,隶于本类,亦自两不相妨。盖权于宾主重轻之间,知其无庸互见者,而始有裁篇别出之法耳。①

章学诚所言刘歆的"别裁",即把"于全书之内自为一类者""裁其篇章"以"别出门类",《文选》的做法亦是如此,把原为传记的一部分而又"自为一类者"的"篇章""篇翰""剪截"出来以"别出门类"。

如此看来,此处所谓的"剪截"史书即是用"别裁"的方法,从史书中"剪截"出可独立成篇的"篇章""篇翰"作为单篇录入总集。

三、把史书对作品的介绍一并"剪截"

但上述情况只是"剪截"的一种,《文选》中还有另一种"剪截",即录入作品时把史书对此作品的介绍一并"剪截"而成。

我们来看《文选》赋的情况。《文选》赋"郊祀类"扬雄《甘泉赋》,其起首云:

① [清]章学诚著,叶瑛校注:《文史通义校注》,北京:中华书局,1985年,第972页。

　　孝成帝时,客有荐雄文似相如者。上方郊祀甘泉泰畤、汾阴后土,以求继嗣,召雄待诏承明之庭。正月,从上甘泉还,奏《甘泉赋》以风。其辞曰……①

"其辞曰"以上是《汉书·扬雄传》介绍《甘泉赋》的文字,《文选》把它与《甘泉赋》一并录入,把这段文字作为"序"。

《文选》赋"畋猎类"扬雄《长杨赋》,其起首云:

　　明年,上将大夸胡人以多禽兽,秋,命右扶风发民入南山,西自褒斜,东至弘农,南驱汉中,张罗网罝罘,捕熊黑豪猪、虎豹狖玃、狐兔麋鹿,载以槛车,输长杨射熊馆。以纲为周陆,纵禽兽其中,令胡人手搏之,自取其获,上亲临观焉。是时农民不得收敛,雄从至射熊馆,还,上《长杨赋》。聊因笔墨之成文章,故藉翰林以为主人,子墨为客卿以风。其辞曰。②

"其辞曰"以上是《汉书·扬雄传》介绍《长杨赋》的文字,《文选》把它与《长杨赋》一并录入,把这段文字作为"序"。我们把它与《文选》赋"畋猎类"司马相如《子虚赋》做一比较,《汉书·司马相如传》在载录此赋时有介绍文字,其云:

---

① [南朝梁]萧统编,[唐]李善注:《文选》,北京:中华书局,1977年,第111页。
② [南朝梁]萧统编,[唐]李善注:《文选》,北京:中华书局,1977年,第135页下—136页上。

　　相如以"子虚",虚言也,为楚称;"乌有先生"者,乌有此
事也,为齐难;"无是公"者,无是人也,欲明天子之义。故虚
藉此三人为辞,以推天子诸侯之苑囿。其卒章归之於节俭,
因以风谏。奏之天子,天子大说。其辞曰⋯⋯①

　　而《文选》并未载录这段文字,而是直录以下"楚使子虚使于齐"
为赋的正文。这个例子说明两个问题,一是《文选》是分别从两个
地方录入《长杨赋》《子虚赋》的,否则不会不一致,即不会不录入
《子虚赋》的介绍文字;二是《文选》在载录此赋时没有把这段介
绍文字一并录入,即不把这段介绍文字当作是原文。

　　具说服力的还有《文选》赋"畋猎类"扬雄《羽猎赋》,起首就
是所谓"孝成帝时羽猎,雄从,以为昔在二帝三王"云云至"故聊因
《校猎赋》以风之,其辞曰"②,这在《汉书·扬雄传》是介绍《羽猎
赋》的文字,在"其辞曰"后曰:

　　或称戏农,岂或帝王之弥文哉?论者云否,各亦并时而
得宜,奚必同条而共贯?则泰山之封,乌得七十而有二仪?
是以创业垂统者俱不见其爽,遐迩五三孰知其是非?遂作颂
曰⋯⋯③

----

① 〔汉〕班固:《汉书》,北京:中华书局,1962 年,第 2533 页。《史记·司马相如传》
　所载基本相同。
② 〔南朝梁〕萧统编,〔唐〕李善注:《文选》,北京:中华书局,1977 年,第 130—131 页。
③ 〔汉〕班固:《汉书》,北京:中华书局,1962 年,第 3542 页。

这些文字才应该是赋作的序。如果把这些文字视作"序",那么,上引"孝成帝时羽猎,雄从,以为昔在二帝三王"云云的文字又是什么? 如果把它也视作"序",那么,一篇赋就有了两篇"序"。《文选》视此赋有"序",但该把哪段文字视作"序"呢?

《文选》赋"鸟兽类"贾谊《鵩鸟赋》起首被视作"序"的文字与《汉书·贾谊传》介绍《鵩鸟赋》的文字相同,《史记·屈原贾生列传》亦有介绍《鵩鸟赋》的文字,但与《文选》所录略有不同,《文选》当是"剪截"《汉书·贾谊传》而成。《文选》赋"鸟兽类"祢正平《鹦鹉赋》,其起首亦有被视作"序"的文字,《后汉书·文苑·祢衡传》未录《鹦鹉赋》,但对其有所介绍:

> (黄)射时大会宾客,人有献鹦鹉者,射举卮于衡曰:"愿先生赋之,以娱嘉宾。"衡揽笔而作,文无加点,辞采甚丽。①

意思与《文选》所录《鹦鹉赋序》相同,但比《文选》所录简单。从语气看,史辞是肯定的。范晔之前,有多家记载后汉的史书,《文选》从它们中"剪截"之也未可知。

我们再来看《文选》其他文类的情况。《文选》诗"劝励类"有韦孟《讽谏》,《汉书·韦贤传》载录此诗时有说明文字:

> 为楚元王傅,傅子夷王及孙王戊。戊荒淫不遵道,孟作

---

① [南朝宋]范晔:《后汉书》,北京:中华书局,1965 年,第 2657 页。

诗风谏。①

《文选》所录也有此说明文字,文字相同。《文选》把这段文字作为"序"。

《文选》诗"杂歌类"荆轲《歌》,其正文前曰:

　　燕太子丹使荆轲刺秦王。丹祖送于易水上,高渐离击筑,荆轲歌,宋如意和之。曰……②

《战国策·燕策三》与《史记·刺客列传》的记载稍长,黄丕烈《战国策札记》案:"《文选》所云,出《燕丹子》耳,与《史记》及此《策》文不同。"③《燕丹子》载:

　　于易水之上,荆轲起为寿,歌曰(略)。高渐离击筑,宋如意和之。④

《文选》诗"杂歌类"的汉高祖《歌》,其"歌"前载:

　　高祖还,过沛,留,置酒沛宫,悉召故人父老子弟佐酒。

---

①　[汉]班固:《汉书》,北京:中华书局,1962年,第3101页。

②　[南朝梁]萧统编,[唐]李善注:《文选》,北京:中华书局,1977年,第407页下。

③　[汉]刘向集录:《战国策》,上海:上海古籍出版社,1985年,第1137页。

④　无名氏撰,程毅中点校:《燕丹子》,北京:中华书局,1985年,第14页。

发沛中儿得百二十人，教之歌，酒酣，上击筑自歌曰……①

这是对汉高祖某一段生平事迹的介绍，是叙说高祖"自歌曰"的背景。《文选》把这段文字视作"序"。上述文字见于《汉书·高帝纪》，仅首句人称不同；《史记·高祖本纪》亦载，文字不同处稍多，"高祖还"为"高祖还归"，"佐酒"为"纵酒"，"上击筑"为"高祖击筑"，"自歌曰"为"自为歌诗曰"。两相比较，《文选》当是"剪截"自《汉书》。《文选》把《汉书·高帝纪》这段文字"剪截"进来，这段文字就与汉高祖《歌》一起构成一个整体。②

《文选》"移"有刘歆《移书让太常博士》，《汉书·楚元王传》载录此文时有说明文字：

  及歆亲近，欲建立《左氏春秋》及《毛诗》《逸礼》《古文尚书》皆列于学官。哀帝令歆与《五经》博士讲论其义，诸博士或不肯置对。歆因移书太常博士，责让之曰……③

《文选》所录也有与此相同的说明文字，《文选》视之为"序"。

《文选》"设论"共有三篇文章。东方朔《答客难》，《汉书·东

---

① ［南朝梁］萧统编，［唐］李善注：《文选》，北京：中华书局，1977 年，第 407 页。

② 关于《文选》所录汉人作品之"序"的问题，周子来《汉诗序非诗人自作考》（见《盐城师专学报》1981 年第 1 期）、力之《试论赋之范围与汉赋"序文"的作者问题》（见《河南师范大学学报》1999 年第 1 期）已多有论述，其要说明的是"序"的作者问题，而本文要说明的是这些"序"是与正文一起从史书"剪截"而来。

③ ［汉］班固：《汉书》，北京：中华书局，1962 年，第 1967 页。

方朔传》在载录此文时有说明文字：

> 久之，朔上书陈农战强国之计，因自讼独不得大官，欲求
> 试用。其言专商鞅、韩非之语也，指意放荡，颇复诙谐，辞数
> 万言，终不见用。朔因著论，设客难己，用位卑以自慰谕。其
> 辞曰……①

《文选》之录作品，而此说明文字未录入。扬雄《解嘲》，《汉书·
扬雄传》载录此文时有说明文字：

> 哀帝时，丁、傅、董贤用事，诸附离之者或起家至二千石，
> 时雄方草《太玄》，有以自守，泊如也。或嘲雄以玄尚白，而雄
> 解之，号曰《解嘲》。其辞曰……②

《文选》把此段文字作为"序"。东方朔《答客难》、扬雄《解嘲》，
《汉书》载录都有说明文字，而《文选》载录时却或有说明文字或
无说明文字，很有让人不解之处。

　　班固《答宾戏》，《后汉书·班固传》在载录此文时还有说明
文字，《文选》所录也是有说明文字的，与《后汉书·班固传》所载
相同，《文选》把这段文字视作"序"。

　　《隋书·经籍志》集部载"《客难集》二十卷，亡"，未题撰人。

---

① ［汉］班固：《汉书》，北京：中华书局，1962 年，第 2863—2864 页。
② ［汉］班固：《汉书》，北京：中华书局，1962 年，第 3565—3566 页。

不知上述三篇有无入此书？如入此书，不知上述三篇的面貌如何？

《文选》"辞"有汉武帝《秋风辞》，《汉武故事》载录此文时有说明文字，其云：

> 上幸河东，欣言然中流，与群臣饮宴。顾视帝京，乃自作《秋风辞》。①

《文选》所录也有此说明文字，文字基本相同，《文选》把这段文字视作"序"。

《文选》"论"有王褒《四子讲德论》，其正文前曰：

> 褒既为益州刺史王襄作《中和》《乐职》《宣布》之诗，又作传，名曰《四子讲德论》，以明其意焉。②

《文选》把这段文字视作"序"。《汉书·王褒传》未录《四子讲德论》，但对此文有个说明，先称"使褒作《中和》《乐职》《宣布诗》"，又说"褒既为刺史作颂，又作其传"③。《文选》所载也是"剪截"《汉书》而来。

《文选》"吊文"有贾谊《吊屈原文》，《汉书·贾谊传》载录此

---

① 《汉武故事》，载鲁迅《古小说钩沉》，济南：齐鲁书社，1997年，第226页。
② ［南朝梁］萧统编，［唐］李善注：《文选》，北京：中华书局，1977年，第711页下。
③ ［汉］班固：《汉书》，北京：中华书局，1962年，第2821—2822页。

文时有说明文字：

> 谊既以谪去，意不自得，及度湘水，为赋以吊屈原。屈
> 原，楚贤臣也，被谗放逐，作《离骚赋》，其终篇曰："已矣！国
> 亡人，莫我知也。"遂自投江而死。谊追伤之。因以自谕。其
> 辞曰……①

《文选》亦录此说明文字，把这段文字视作"序"，以下载录《吊屈
原文》全文。有意思的是，《史记·屈原贾谊列传》在载录《吊屈
原文》时也有说明文字：

> 乃以贾生为王太傅。贾生既辞往行，闻长沙卑湿，自以
> 寿不得长，又以谪去，意不自得。及渡湘水，为赋以吊屈原。
> 其辞曰……②

如此看来，《文选》不是从《史记·屈原贾谊列传》而是从《汉书·
贾谊传》"剪截"了一段文字。
　　以上就是《文选》在录入作品时把史书对此作品的介绍一并
"剪截"而成的情况，且例子多出于对《汉书》作品的录入。

---

① ［汉］班固：《汉书》，北京：中华书局，1962 年，第 2222 页。
② ［汉］司马迁：《史记》，北京：中华书局，1982 年，第 2492 页。

四、"剪截"对作品的介绍

上述的"剪截",不但"剪截"出可独立成篇的"篇章""篇翰",
还顺带"剪截"出史书中对这些"篇章""篇翰"的说明,此二者的
合二为一作为单篇录入总集。这才是真正的"剪截",把作品与介
绍解说文字作为一个整体一并移植进入总集;把作品以及其如何
产生的全貌呈现给读者。如果仅仅是录入作品,这个目的不能完
美的实现,那也可以不叫"剪截"而就叫作录入了。

王观国《学林》卷七《古赋序》曰:

> 又《文选》载扬子云《解嘲》有序,扬子云《甘泉赋》有序,
> 贾谊《鵩鸟赋》有序,祢正平《鹦鹉赋》有序,司马长卿《长门
> 赋》有序……以上皆非序也,乃史辞也,昭明摘史辞以为序,
> 误也。①

王观国认为是《文选》的编者误把"史辞"作为作品的"序"才出现
如此的"剪截"的。反过来说,只有"剪截",才会误把"史辞"作为
作品的"序"出现的。

何谓"序"?《文选·尚书序》曰:"序,序所以为作者之意。"
序,或是作者陈述作品的主旨、著作的经过等,或他人所作的对著
作的介绍评述。刘知几《史通·序例》曰:

---

① [宋]王观国:《学林》,《丛书集成初编》本,上海:商务印书馆,1939 年版,第 195 页。

　　孔安国有云:序者,所以叙作者之意也。窃以《书》列典谟,《诗》含比兴,若不先叙其意,难以曲得其情。故每篇有序,敷畅厥义。降逮《史》《汉》,以记事为宗,至于表、志、杂传,亦时复立序。文兼史体,状若子书,然可与诰誓相参、风雅齐列矣。追华峤《后汉》,多同班氏。如《刘平》《江革》等传,其序先言孝道,次述毛义养亲。此则《前汉·王贡传》体,其篇以四皓为始也。峤言辞简质,叙致温雅,味其宗旨,亦孟坚之亚欤?爰洎范晔,始革其流,遗弃史才,矜衒文彩。后来所作,他皆若斯。于是迁、固之道忽诸,微婉之风替矣。若乃《后妃》《列女》《文苑》《儒林》,凡此之流,范氏莫不立序。①

　　刘知几认为,"序"起源于《尚书序》《毛诗序》与史序。史序,《文选》亦有所录,即"史论"所录。而《毛诗序》则是总集对所录作品均作介绍评述之类"序"的榜样。如此看来,《文选》的编者是有意如此"剪截"的。"序"既然有作者陈述作品的主旨、著作的经过与他人所作的对著作的介绍评述二者,那么"史辞"确实可以当作"序"的;只不过这是他人所作,而不是作品的作者自己所作。

　　察《文选》编者如此"剪截"的目的,即是学习史传作者全面把握传主生平思想的做法,也就是所谓"知人论世",《孟子·万章下》曰:

---

① [唐]刘知几著,[清]浦起龙通释,王煦华整理:《史通通释》,上海:上海古籍出版社,2009年,第80—81页。

　　　　颂其诗,读其书,不知其人可乎? 是以论世也,是尚
友也。①

　　所谓"知人论世",朱自清说,这"并不是说诗的方法,而是修身的
方法;'颂诗''读书'与'知人论世'原来三件事平列,都是成人的
道理,也就是'尚友'的道理"②,但理解作品时对"知人论世"的渴
望,是始终存在着的。《文选》赋、诗、吊文、移、论、辞等文体所录
作品有说明文字,恐怕就是出于"知人论世"的考虑。史书载录作
品,其目的是叙述人物生平行事而不在作品本身,因此,其载录时
大都要交代传主在什么时候、什么情况下写下作品,即有作品写
作背景的叙述。当人们从史书中录入作品时,就把这些介绍解说
文字一并录入。

　　以《汉书》为例,其中所录刘邦《(大风)歌》,项羽《垓下歌》,
戚夫人《春歌》,赵王刘友《歌》,城阳王刘季《耕田歌》,汉武帝刘
彻《瓠子歌》《秋风辞》《天马歌》《西极天马歌》《李夫人歌》,李延
年《歌》,韦孟《讽谏诗》《在邹诗》,燕王刘旦与华容夫人各自《歌》
一首,李陵《别歌》,广川王刘去《歌》,广陵王刘胥《歌》,乌孙公主
刘细君《歌》,韦玄成《自劾歌》《戒子孙诗》,息夫躬《绝命辞》,等
等作品,其前都有一个介绍说明。甚或介绍说明比诗本身更重

---

① 《孟子注疏》,载《十三经注疏》,上海:上海古籍出版社,1997 年,第 2746 页中。
② 朱自清:《诗言志辨》,载《朱自清古典文学论文集》,上海:上海古籍出版社,1981
　　年,第 213 页。

要,如《史记·吕后本纪》就载录了赵王刘友作《歌》时的背景、事件,而未载录《歌》。

何沛雄《〈文选〉选赋义例论略》称"昭明摘史辞以为序"这种情况时说:

> 岂昭明一时之疏忽欤? 抑特摘史辞以释赋文写作之由欤?①

我认为是后者。

整体性地提供作品以及其如何产生的情况,《文选》编者对此在某些时候是非常注重的,以至于在"剪截"史书时既录这类作品又录那类作品。《文选》诗"献诗类"有曹植《责躬诗》《应诏诗》各一首,《三国志·任城陈萧王传》载录此二诗时有上疏,其前称:

> (黄初)四年,徙封雍丘王。其年,朝京都。上疏曰。②

末尾称"谨拜表献诗二篇"。《文选》载录诗作时亦全文收入表及献诗,并题名为"上责躬应诏诗表"。"表"的末尾比《三国志》所录多出几句,云:

---

① 俞绍初、许逸民主编:《中外学者文选学论集》,北京:中华书局,1998 年,第706 页。

② [晋]陈寿:《三国志》,北京:中华书局,1982 年,第562 页。

　　不胜犬马恋主之情,谨拜表献诗二篇,词旨浅末,不足采览,贵露下情,冒颜以闻。臣植诚惶诚恐,顿首顿首,死罪死罪。①

流传至今的《曹植集》所录此表与《文选》同。但是,把"表"列入诗类,不合体例。

五、萧统录文时有考辨或有删节拼凑

　　总集编撰要从别集录入作品,萧绎《金楼子》与《隋书·经籍志》都这样讲过,这是没错的;总集编撰又或据前贤总集的再选,诸先生已有论证,这也是没错的;此处又以《文选》为例提出总集编撰录入作品时有"剪截"史书一途。之所以说是以《文选》为例,是因为假如说《文选》录入某些作品是一并录入其说明介绍文字,是前贤总集就这样做了,《文选》照录而已,那么就是前贤总集"剪截"史书而成,总有"剪截"史书的始作俑者。

　　因此,总集以及《文选》录入作品的途径非一,下面有个例子极好地说明这一点。东方朔《答客难》、扬雄《解嘲》,《汉书》载录都有说明文字,而《文选》载录时却或有说明文字或无说明文字,这表明,萧统是从两个地方"剪截"《答客难》与《解嘲》的。如果同是从《汉书》中"剪截"的东方朔《答客难》、扬雄《解嘲》,或者同是从别的总集、别集移录的,应该是有统一体例的,或统一录入说

① [南朝梁]萧统编,[唐]李善注:《文选》,北京:中华书局,1977年,第278页上。

明文字与正文,或统一录入正文而不录入说明文字;现在情况恰恰相反,所录入者或有说明文字或无。

另外,《文选》录入时可能只"剪截"了史辞,何以知之？ 从六臣注可知,作家别集中多有类似史辞的文字,被六臣注所引,而《文选》并未"剪截",可见《文选》收录的这些作品,不是从作家别集中采摘的。

《文选》卷四十七史岑《出师颂》作者史孝山下李善注:

> 范晔《后汉书》曰:"王莽末,沛国史岑,字孝山,以文章显。"《文章志》及《集林》《今书七志》并同,皆载岑《出师颂》,而《流别集》及《集林》又载岑《和熹邓后颂并序》。计莽之末,以迄和熹,百有余年。又《东观汉记》曰:东平王苍上《光武中兴颂》,明帝问校书郎此与谁等,对云前世史岑之比。斯则莽末之史岑,明帝时已云前世,不得为和熹之颂明矣。然盖有二史岑,字子孝者仕王莽之末,字孝山者当和熹之际,但书典散亡,未详孝山爵里,诸家遂以孝山之文,载于子孝之集,非也。①

李善说,《文章志》《集林》《今书七志》把后汉史岑字孝山的《出师颂》误属为王莽末史岑字子孝所作;又说,《流别集》《集林》把后汉史岑字孝山的《和熹邓后颂并序》误属为王莽末史岑字子孝所作。可是《文选》不误,无论今所见胡克家刻本李善注《文选》(中

---

① [南朝梁]萧统编,[唐]李善注:《文选》,北京:中华书局,1977年,第661页上。

华书局影印本),还是宋刻本《六臣注文选》(中华书局影印《四部丛刊》本),还有唐钞本(上海古籍出版社影印本《唐钞文选集注汇存》),其所录《出师颂》都题为史孝山所作。前代总集有误而《文选》不误,证明《文选》编撰时曾做过考辨工作。又,胡克家《文选考异卷八》云:"陈云:孝山当作子孝,是也,各本皆误。"①这不是指题目下的作者,而是指李善注中所引"范晔《后汉书》曰:'王莽末,沛国史岑,字孝山,以文章显'"这段文字,其中"孝山"当为"子孝",不可误会。今所见中华书局排印本《后汉书·文苑·王隆传》载:"初,王莽末,沛国史岑子孝亦以文章显,莽以为谒者,著颂、诔、《复神》、《说疾》凡四篇。"②

注文中所谓"书典散亡,未详孝山爵里,诸家遂以孝山之文,载于子孝之集",是说前代总集的编撰者出错的原因,是因为"孝山之文,载于子孝之集",于是把后汉史岑字孝山的作品误为王莽末史岑字子孝所作。检《隋书·经籍志四》,在"汉《成帝班婕妤集》一卷"下载梁有"中谒者《史岑集》二卷,亡"。

从前代总集有误而《文选》不误,可证明《文选》非录自前人总集;当然也可能《文选》是在录入前代总集时曾做过考辨工作,于是改正了前人的错误。但从李善强调前代总集的编撰者出错的原因,是因为"孝山之文,载于子孝之集"的别集出错,李善强调的是总集的编撰依据的是别集,可知《文选》非录自前人总集而录自别集。

---

① [南朝梁]萧统编,[唐]李善注:《文选》,北京:中华书局,1977年,第959页下。
② [南朝宋]范晔:《后汉书》,北京:中华书局,1965年,第2610页。

　　于是当时的情况推测起来应该是这样:《文选》编撰时从"子孝之集"选录出《出师颂》,又经过考辨,得出结论是,非王莽末史岑字子孝所作而是后汉史岑字孝山所作。

　　钱钟书云:"古人选本之精审者,亦每改削篇什。"①萧统《文选》亦是,以下略举数例。

　　《文选》卷四十任昉《奏弹刘整》,李善注引任昉《奏弹刘整》原文中叙说刘整案件文字,并云:

　　　　昭明删此文大略,故详引之,令与《弹》相应也。②

可见萧统出于《文选》整体的考虑,对原文有所删节。

　　《文选》卷四十二曹植《与吴季重书》,李善于文末注曰:

　　　　《植集》此《书》别题云:"夫为君子而不知音乐,古之达论谓之通而蔽。墨翟自不好伎,何谓过朝歌而回车乎?足下好伎,而正值墨氏回车之县,想足下助我张目也。"今本以"墨翟之好伎"置"和氏无贵矣"之下,盖昭明移之,与季重之书相映耳!③

顾农说:"由此可知《文选》本《与吴季重书》乃是经过编辑加工的,实际上原来是两封信,这里给合为一封了。"④

---

① 钱钟书:《管锥编》第 3 册,北京:中华书局,1979 年,第 1067 页。
② [南朝梁]萧统编,[唐]李善注:《文选》,北京:中华书局,1977 年,第 561 页上。
③ [南朝梁]萧统编,[唐]李善注:《文选》,北京:中华书局,1977 年,第 595 页下。
④ 顾农:《文选论丛》,扬州:广陵书社,2007 年,第 46 页。

《文选》录赋与史书录赋异同论

一、班固《汉书》列传与《艺文志》称"赋"有不同者

费振刚等辑《全汉赋》,篇中有班固《汉书》列传、萧统《文选》都不视之为"赋"者,此述于下:《文选》卷四十四"檄"有司马相如《难蜀父老》,《汉书·司马相如传》录,其前载:"相如使时,蜀长老多言通西南夷之不为用,大臣亦以为然。相如欲谏,业已建之,不敢,乃著书,借蜀父老为辞,而己诘难之,以风天子,且因宣其使指,令百姓皆知天子意。"①不以"赋"称。《文选》卷四十五"设论"有东方朔《答客难》,《汉书·东方朔传》录,其前载:"朔因著论,设客难己,用位卑以自慰谕。"②不以"赋"称。《文选》卷五十一"论"有东方朔《非有先生论》,《汉书·东方朔传》录,其前载:"又设非有先生之论。"③不以"赋"称。《文选》卷四十五"设论"有扬雄《解嘲》,《汉书·扬雄传》录,其前载:"时雄方草《太玄》,有以自守,泊如也。或嘲雄以玄尚白,而雄解之,号曰《解嘲》。"④

---

① [汉]班固:《汉书》,北京:中华书局,1962年,第2582页。
② [汉]班固:《汉书》,北京:中华书局,1962年,第2864页。
③ [汉]班固:《汉书》,北京:中华书局,1962年,第2868页。
④ [汉]班固:《汉书》,北京:中华书局,1962年,第3565—3566页。

不以"赋"称。《汉书·扬雄传》"赞"称:"辞莫丽于相如,作四赋。"①《扬雄传》中所录扬雄的四赋为:《甘泉赋》《河东赋》《校猎赋》《长杨赋》;没有《解嘲》。

从上所载,可知班固《汉书》列传不认为司马相如《难蜀父老》、东方朔《答客难》与《非有先生论》、扬雄《解嘲》为赋,一是叙述其创作情况时未称其为"赋",而他认定的赋是称其为"赋";二是统计作家扬雄的创作时不视《解嘲》为"赋"。这些看法,萧统与班固是一致的。但也有不一致的,《文选》卷六十"吊文"有贾谊《吊屈原文》,《汉书·贾谊传》录,其前载:"谊既以适去,意不自得,及渡湘水,为赋以吊屈原。"②班固视之为"赋"而萧统视之为"吊文"。

《汉书·艺文志》统称屈原作品(楚辞)为赋。《汉书·艺文志》"诗赋略"云:

> 大儒孙卿及楚臣屈原离谗忧国,皆作赋以风,咸有恻隐古诗之义。其后宋玉、唐勒;汉兴,枚乘、司马相如,下及杨子云,竞为侈俪闳衍之词,没其风谕之义。③

"诗赋略"分赋为四类,其一就是屈原赋之属,据此可知,一是视屈原作品"楚辞"之类为赋。而在《文选》中,屈原作品在"骚"类,

---

① [汉]班固:《汉书》,北京:中华书局,1962年,第3583页。
② [汉]班固:《汉书》,北京:中华书局,1962年,第2222页。
③ [汉]班固:《汉书》,北京:中华书局,1962年,第1756页。

《文选序》在论述"赋"后紧接着专门论屈原作品：

> 又楚人屈原，含忠履洁，君匪从流，臣进逆耳，深思远虑，
> 遂放湘南。耿介之意既伤，壹郁之怀靡愬。临渊有"怀沙"之
> 志，吟泽有"憔悴"之容。骚人之文，自兹而作。①

《汉书·艺文志》其四杂赋之属亦有不以"赋"名者，即"《成相杂
辞》十一篇，《隐书》十八篇"②。按：刘勰《文心雕龙·谐隐》有言：

> 汉世《隐书》十有八篇，歆、固编文，录之赋末。③

故本《隐书》不为赋，只是附于"赋末"。《成相杂辞》十一篇，亦是
如此。

　　《汉书·艺文志》，盖依刘歆《七略》，而刘歆《七略》又是依刘
向《别录》，于是我们知班固时代，对何者为"赋"体的看法已有不
同，刘向、刘歆所称之"赋"体范围大，班固所称之"赋"体范围小，
小至题目命名为"赋"的作品才是"赋"体。

---

① ［南朝梁］萧统编，［唐］李善注：《文选》，北京：中华书局，1977 年，第 1 页下。
② ［汉］班固：《汉书》，北京：中华书局，1962 年，第 1753 页。
③ ［南朝梁］刘勰撰，詹锳义证：《文心雕龙义证》，上海：上海古籍出版社，1989 年，
　　第 545 页。

二、《文选》录赋与《汉书》录赋不同者

所谓从《汉书》录赋看班固的观念，即探讨班固认为什么样的赋该录。《汉书》所录标称为"赋"的作品，《汉书·贾谊传》称"为赋以吊屈原"者，《文选》"吊文"收录，名《吊屈原文》。改"吊屈原赋"为"吊屈原文"，萧统当有自己的说法，或者依前代总集而来；或者萧统就认为该篇应该是"吊文"而不是"赋"。但此篇从《汉书》录入是没有问题的，以下略证之。《汉书·贾谊传》录此篇有说明文字，为：

> 谊既以适去，意不自得，及渡湘水，为赋以吊屈原。屈原，楚贤臣也，被谗放逐，作《离骚赋》，其终篇曰："已矣！国亡人，莫我知也。"遂自投江而死。谊追伤之，因以自谕。其辞曰……①

《文选》录此篇有序，除加"谊为长沙王太傅"与"自投江"为"自投汨罗"，其余都完全一致，这些文字当是萧统录此篇时从《汉书》一起"剪截"而来。臆测之，虽然《汉书》明言"为赋以吊屈原"，但因为文中的"《离骚赋》"已入"骚"类而不能称之为"赋"，于是，追随而作的作品当然也不能称之为"赋"。至于为什么萧统不把贾谊此篇入"骚"，也必有原因，阙如存疑。

---

① ［汉］班固：《汉书》，北京：中华书局，1962 年，第 2222 页。

　　《文选》录赋多从《汉书》①,《文选》"赋"所录《汉书》赋作:

　　《汉书·贾谊传》称"乃为赋以自广"的《鵩鸟赋》②,入"鸟兽"类;《汉书·司马相如传》称"请为天子游猎之赋"的《子虚、上林赋》③,入"畋猎"类;《汉书·扬雄传》所称"正月,从上甘泉,还奏《甘泉赋》以风"④,此赋入"郊祀"类;《汉书·扬雄传》"又恐后世复修前好,不折中以泉台,故聊因《校猎赋》以风"及"雄从至射熊馆,还,上《长杨赋》,聊因笔墨之成文章,故借翰林以为主人,子墨为客卿以风"⑤,此二赋入"畋猎"类;《汉书·叙传》所称"有子曰固,弱冠而孤,作《幽通之赋》,以致命遂志"⑥,此赋入"志"类。

　　《汉书》所录标称为"赋"的作品,《文选》有不录者:

　　《汉书·扬雄传》"雄以为临川羡鱼不如归而结网,还,上《河东赋》以劝"⑦,此赋未录。考扬雄"四赋"的另三赋,《汉书》载录皆称作赋"以风(讽)",而此赋标榜"以劝",联想《汉书·司马相如传赞》所引"扬雄以为靡丽之赋,劝百而讽一,犹骋郑、卫之声,曲终而奏雅"⑧,那么,只录"以风(讽)"而不录"以劝"者,表现了萧统认同辞赋应有"讽谏"的辞赋观。其《陶渊明集序》云:"扬雄

---

① 《文选》多从《汉书》收录"剪截"作品,而不从《史记》收录"剪截"作品,详见拙文《剪截史书:古代总集的录文方式之一》,《广西师范大学学报》2007 年第 4 期。

② [汉]班固:《汉书》,北京:中华书局,1962 年,第 2226 页。

③ [汉]班固:《汉书》,北京:中华书局,1962 年,第 2533 页。

④ [汉]班固:《汉书》,北京:中华书局,1962 年,第 3522 页。

⑤ [汉]班固:《汉书》,北京:中华书局,1962 年,第 3541、3557 页。

⑥ [汉]班固:《汉书》,北京:中华书局,1962 年,第 4213 页。

⑦ [汉]班固:《汉书》,北京:中华书局,1962 年,第 3535 页。

⑧ [汉]班固:《汉书》,北京:中华书局,1962 年,第 2609 页。

所谓劝百讽一者;卒无讽谏,何足摇其笔端?"①岂虚言哉!

《汉书·司马相如传》:"相如既奏《大人赋》,天子大说,飘飘有陵云气游天地之间意。"②此赋《文选》未录。《汉书·扬雄传》载:"雄以为赋者,将以风也,必推类而言,极丽靡之辞,闳侈钜衍,竞于使人不能加也,既乃归之于正,然览者已过矣。往时武帝好神仙,相如上《大人赋》欲以风,帝反缥缥有陵云之志。繇是言之,赋劝而不止,明矣。"③《文选》不录《大人赋》是有理由的。从上述两篇,可知《汉书》所录赋作,《文选》或有不录者,此与萧统既选当代优秀作品的"集其清英",又兼顾"文质彬彬"的编辑观有关。

《汉书·司马相如传》:"相如奏赋以哀二世行失。"④此赋《文选》未录。疑《汉书》录此赋不全。

《汉书·外戚传上》:"上又自为作赋,以伤悼夫人。"⑤此赋《文选》未录。《汉书·外戚传下》:"倢伃退处东宫,作赋自伤悼。"⑥此赋《文选》未录。此二赋如录,当入"哀伤"类。此二赋未录,原因难以实证,阙如存疑。

《汉书》未录的汉赋作品甚多,之所以未录,班固或有说明。《汉书·司马相如传》录司马相如作品:《天子游猎之赋》《谕巴蜀檄》《难蜀父老》《上疏谏猎》《哀二世赋》《大人赋》《书言封禅

---

① 俞绍初:《昭明太子集校注》,郑州:中州古籍出版社,2001年,第200页。

② [汉]班固:《汉书》,北京:中华书局,1962年,第2600页。

③ [汉]班固:《汉书》,北京:中华书局,1962年,第3575页。

④ [汉]班固:《汉书》,北京:中华书局,1962年,第2591页。

⑤ [汉]班固:《汉书》,北京:中华书局,1962年,第3952页。

⑥ [汉]班固:《汉书》,北京:中华书局,1962年,第3985页。

事》,其称:

> 相如它所著,若《遗平陵侯书》《与五公子相难》《草木书篇》,不采,采其尤著公卿者云。①

《汉书·枚皋传》:

> (枚皋)上书北阙,自陈枚乘之子。上得大喜,召入见待诏,皋因赋殿中。诏使赋平乐馆,善之。拜为郎,使匈奴。皋不通经术,诙笑类俳倡,为赋颂好嫚戏,以故得蝶默贵幸,比东方朔、郭舍人等,而不得比严助等得尊官……初,卫皇后立,皋奏赋以戒终。皋为赋善于朔也。从行至甘泉、雍、河东,东巡狩,封泰山,塞决河宣房,游观三辅离宫馆,临山泽,弋猎射驭狗马蹴鞠刻镂,上有所感,辄使赋之。为文疾,受诏辄成,故所赋者多。司马相如善为文而迟,故所作少而善于皋。皋赋辞中自言为赋不如相如,又言为赋乃俳,见视如倡,自悔类倡也。故其赋有诋娸东方朔,又自诋娸。其文骫骳,曲随其事,皆得其意,颇诙笑,不甚闲靡。凡可读者百二十篇,其尤嫚戏不可读者尚数十篇。②

由上述两条材料可知《汉书》录赋的标准:"采其尤著公卿者。"于

---

① [汉]班固:《汉书》,北京:中华书局,1962年,第2609页。
② [汉]班固:《汉书》,北京:中华书局,1962年,第2366—2367页。

是,像枚皋"从行至甘泉、雍、河东,东巡狩,封泰山,塞决河宣房,
游观三辅离宫馆,临山泽,弋猎射驭狗马蹵鞠刻镂,上有所感,辄
使赋之",这些作品虽然都是奉诏而作,只因"文骫骳,曲随其事,
皆得其意,颇诙笑,不甚闲靡",那当然不是"尤著公卿者",故枚皋
赋作,一篇不录。所谓"尤著公卿者",即其《两都赋序》对赋作
"或以抒下情而通讽谕,或以宣上德而尽忠孝,雍容揄扬,著于后
嗣,抑亦雅颂之亚也"的定义①,这样的赋作才是"尤著公卿者"。

《文选》所录而《汉书》未录者:"哀伤"类司马相如《长门赋》、
"音乐"类王褒《洞箫赋》。前者或疑非司马相如的作品,后者《汉
书·王褒传》有记载:

> 其后太子体不安,苦忽忽善忘,不乐。诏使褒等皆之太
> 子宫虞侍太子,朝夕诵读奇文及所自造作。疾平复,乃归。
> 太子喜褒所为《甘泉》及《洞箫》颂,令后宫贵人左右皆诵
> 读之。②

《洞箫颂》即《洞箫赋》。《汉书·元帝纪》载:

> 元帝多材艺,善史书。鼓琴瑟,吹洞箫,自度曲,被歌声,
> 分刌节度,穷极幼眇。③

---

① [南朝梁]萧统编,[唐]李善注:《文选》,北京:中华书局,1977年,第21—22页。
② [汉]班固:《汉书》,北京:中华书局,1962年,第2829页。
③ [汉]班固:《汉书》,北京:中华书局,1962年,第298页。

那么,王褒作《洞箫赋》与太子(即以后的元帝)喜《洞箫颂》,也是有所来自。

三、《后汉书》录赋

《后汉书》录赋八篇,为:冯衍《显志赋》、班固《两都赋》、崔篆《慰志赋》、张衡《思玄赋》、杜笃《论都赋》、赵壹《穷鸟赋》《刺世疾邪赋》、边让《章华赋》。上述诸赋可视为反映了那个时代的两大问题,即定都之争与文人失志;所谓或叙定都之国之大事,或叙出处之个人命运。从《后汉书》录赋,可以看到范晔的志趣,已不是专为文采、文学作品录赋,多有政治倾向以及个人的情绪。

先说关于定都之争,《文选》称之为京都赋,此即班固《两都赋》、杜笃《论都赋》,那么要问为什么《后汉书》不录张衡《二京赋》,其实,范晔是很想录的,《后汉书·张衡传》云:

> 时天下承平日久,自王侯以下,莫不逾侈。衡乃拟班固《两都》,作《二京赋》,因以讽谏。精思傅会,十年乃成。文多故不载。①

"京都"问题,是当日重大政治问题,或是定都之争,而定都之争从礼制上说,或是制止"逾侈",边让《章华赋》亦有如此意味,《后汉书·文苑传》称边让"作《章华赋》,虽多淫丽之辞,而终之以正,

---

① [南朝宋]范晔:《后汉书》,北京:中华书局,1965 年,第 1897 页。

亦如相如之讽也"①。《文选》赋"京都"类录班固《两都赋》、张衡《二京赋》，那是东汉"京都赋"有盛名者，自可不必全录。而《章华赋》，已注明是"多淫丽之辞"的，《文选》不录自有理由。

《后汉书》录赋第二类当与"志"类有关，如冯衍《显志赋》、崔篆《慰志赋》、张衡《思玄赋》及赵壹《刺世疾邪赋》；又有赵壹《穷鸟赋》也应该与"志"类有关，《后汉书·文苑传》云：

> （赵壹）后屡抵罪，几至死，友人救，得免。壹乃贻书谢恩曰："昔原大夫赎桑下绝气，传称其仁；秦越人还虢太子结脉，世著其神。设曩之二人不遭仁遇神，则结绝之气竭矣。然而糒脯出乎车辂，针石运乎手爪。今所赖者，非直车辂之糒脯，手爪之针石也。乃收之于斗极，还之于司命，使干皮复含血，枯骨复被肉，允所谓遭仁遇神，真所宜传而著之。余畏禁，不敢班班显言，窃为《穷鸟赋》一篇。"②

明言是以"穷鸟"言志的。

但这几篇赋，除张衡《思玄赋》外，其他作品《文选》都未录。冯衍《显志赋》，《后汉书·冯衍》载，冯衍多有"得罪"，"衍不得志，退而作赋，又自论曰"，"显宗即位，又多短（冯）衍以文过其实，遂废于家"③；《文心雕龙·才略》云："敬通雅好辞说，而坎壈

---

① ［南朝宋］范晔：《后汉书》，北京：中华书局，1965 年，第 2640 页。
② ［南朝宋］范晔：《后汉书》，北京：中华书局，1965 年，第 2628—2629 页。
③ ［南朝宋］范晔：《后汉书》，北京：中华书局，1965 年，第 985、1002 页。

盛世,《显志》《自序》,亦蚌病成珠矣。"①崔篆《慰志赋》,《后汉书·崔骃传》:"建武初,朝廷多荐言之者,幽州刺史又举篆贤良。篆自以宗门受莽伪宠,惭愧汉朝,遂辞归不仕。客居荥阳,闭门潜思,著《周易林》六十四篇,用决吉凶,多所占验。临终作赋以自悼,名曰《慰志》。"②那么,崔篆《慰志赋》、冯衍《显志赋》,还有赵壹"以舒其怨愤"的《刺世疾邪赋》,与《文选》所录的班固《幽通赋》、张衡《思玄赋》《归田赋》相比,不那么文质彬彬,《文选》不录。

又,《文选》所录后汉赋作,又有"京都"类张衡《南都赋》,"纪行"类的班叔皮《北征赋》、曹大家《东征赋》,"宫殿"类的王文考《鲁灵光殿赋》,音乐类傅武仲《舞赋》、马季长《长笛赋》,而《后汉书》不录,可以看出其录赋倾向。

《三国志》仅录赋一首,即胡综《黄龙大牙赋》,《文选》未录。

四、《宋书》录赋

我们来看《文选》所录刘宋时期的赋作,计为:鲍明远《芜城赋》、谢惠连《雪赋》、谢希逸《月赋》、颜延年《赭白马赋》、鲍明远《舞鹤赋》、江文通《恨赋》《别赋》③,共六人七题,这七篇作品竟无

---

① [南朝梁]刘勰撰,詹锳义证:《文心雕龙义证》,上海:上海古籍出版社,1989年,第1783页。
② [南朝宋]范晔:《后汉书》,北京:中华书局,1965年,第1705页。
③ 不能确定江文通《恨赋》《别赋》的创作年代,姑列于刘宋时期。

一被《宋书》收录。从另一方面说,这六位赋家也就只有谢庄(希逸)一人有其他赋作被《宋书》收录。其原因是什么? 表面上看,就是作为史书的《宋书》与作为作品选的《文选》的录文宗旨不一样,前者是沈约《上〈宋书〉表》中所说"式规万叶,作鉴于后"①,而后者是萧统在《文选序》中所说"略其芜秽,集其清英",所谓"譬陶、匏异器,并为入耳之娱;黼、黻不同,俱为悦目之玩"②,是让人们欣赏的。也就是说,《宋书》录赋的目的就是突出传主的特点以实现"式规万叶,作鉴于后"的史学目的,而《文选》录赋就是为了文学鉴赏。但这并不是说《宋书》就不识优秀作品,卷五十三《谢惠连传》载:

　　是时义康治东府城,城堑中得古冢,为之改葬,使惠连为祭文,留信待成,其文甚美。又为《雪赋》,亦以高丽见奇。③

《宋书》称赏谢惠连《雪赋》,《文选》也收录谢惠连《雪赋》,二者都肯定这篇是优秀作品,但《宋书》不录,原因就是这篇作品"式规万叶,作鉴于后"的史的意味不很强吧。这也证明,至沈约的时代,"文学自觉"业已实现,作为欣赏的文学与作为史的文学、文学的史也有所区分,传播文学作品的任务一定要由文学自身来解决,而不由史书来完成;而史书只关注史意味上的文学的价值。

① [南朝梁]沈约:《宋书》,北京:中华书局,1974年,第2467页。
② [南朝梁]萧统编,[唐]李善注:《文选》,北京:中华书局,1977年,第2页上。
③ [南朝梁]沈约:《宋书》,北京:中华书局,1974年,第1525页。

　　沈约《宋书》录全文者的赋作共六首,我们拟测一下之所以收录的原因,就在于史书要收录事关传主身家性命、立身处世的赋作。如卷四十三《傅亮传》录其《感物赋》,其撰作背景即傅亮在总揽朝廷大权而又皇帝"失德"的情况的"忧惧",于是作赋以"寄意"。其序云:

　　　　余以暮秋之月,述职内禁,夜清务隙,游目艺苑。于时风霜初戒,蛰类尚繁,飞蛾翔羽,翩翾满室,赴轩幌,集明烛者,必以燋灭为度。虽则微物,矜怀者久之。退感庄生异鹊之事,与彼同迷而忘反鉴之道,此先师所以鄙智,及齐客所以难日论也。怅然有怀,感物兴思,遂赋之云尔。①

对自己只知进不知退的忧虑。果然,他处心积虑废少帝并铲除羽翼迎来文帝刘义隆,马上遭到疑忌,傅亮也有了叛逆之心。《傅亮传》载:

　　　　少帝废,亮率行台至江陵奉迎太祖。既至,立行门于江陵城南,题曰"大司马门"。率行台百僚诣门拜表,威仪礼容甚盛。太祖将下,引见亮,哭恸甚,哀动左右。既而问义真及少帝薨废本末,悲号呜咽,侍侧者莫能仰视。亮流汗沾背,不能答。于是布腹心于到彦之、王华等,深自结纳。②

––––––––––––––––

① [南朝梁]沈约:《宋书》,北京:中华书局,1974 年,第 1339—1340 页。
② [南朝梁]沈约:《宋书》,北京:中华书局,1974 年,第 1337 页。

因此,《感物赋》所涉及者,对傅亮是何等的重要。《傅亮传》还录"亮见世路屯险,著论名曰《演慎》"之作,录"初,奉迎大驾,道路赋诗三首,其一篇有悔惧之辞"之作;还提及"亮自知倾覆,求退无由,又作辛有、穆生、董仲道赞,称其见微之美"之作①,这些都是同一情感类型的作品。

又,卷六十七《谢灵运传》,沈约既称传主"灵运少好学,博览群书,文章之美,江左莫逮"②,而对其文章只录《撰征赋》与《山居赋》二赋,那么,以赋为文学大宗、文学主体,显而易见。《撰征赋》与《山居赋》二赋,表现了谢灵运人生的一进一退。录其"奉使慰劳高祖于彭城"的《撰征赋》者,其序云:

> 盖闻昏明殊位,贞晦异道,虽景度回革,乱多治寡,是故升平难于恒运,剥丧易以横流。皇晋□□河汾,来迁吴楚,数历九世,年逾十纪,西秦无一援之望,东周有三辱之愤,可谓积祸缠衅,固以久矣。况乃陵茔幽翳,情敬莫遂,日月推薄,帝心弥远。庆灵将升,时来不爽,相国宋公,得一居贞,回乾运轴,内匡寰表,外清遐陬。每以区宇未统,侧席盈虑。值天祚攸兴,昧弱授机,龟筮元谋,符瑞景征。于是仰祗俯协,顺天从兆,兴止戈之师,躬暂劳之讨。以义熙十有二年五月丁酉,敬戒九伐,申命六军,治兵于京畿,次师于汳上。灵櫲千

---

① ［南朝梁］沈约:《宋书》,北京:中华书局,1974年,第1338、1341、1341页。

② ［南朝梁］沈约:《宋书》,北京:中华书局,1974年,第1743页。

艘,雷辐万乘,羽骑盈途,飞旌蔽日。别命群帅,诲谟惠策,法奇于《三略》,义秘于《六韬》。所以钩棘未曜,殒前禽于金墉,威弧始觳,走趈隼于滑台。曾不逾月,二方献捷。宏功懋德,独绝古今。天子感《东山》之劬劳,庆格天之光大,明发兴于鉴寐,使臣遵于原隰。余摄官承乏,谬充殊役,《皇华》愧于先《雅》,靡盬顿于征人。以仲冬就行,分春反命。涂经九守,路逾千里。沿江乱淮,溯薄泗、汳,详观城邑,周览丘坟,眷言古迹,其怀已多。昔皇祖作蕃,受命淮、徐,道固苞桑,勋由仁积。年月多历,市朝已改,永为洪业,缠怀清历。于是采访故老,寻履往迹,而远感深慨,痛心殒涕。遂写集闻见,作赋《撰征》,俾事运迁谢,托此不朽。①

体现了传主要求南北统一的愿望,热情赞扬刘裕收复失土、匡扶晋室的功绩。赋中的"采访故老,寻履往迹"又多有对祖上事迹的叙写与歌吟,也表现了自己"自谓才能宜参权要"的自负及像祖上一样建功立业的期盼。而《山居赋》,是传主政治上失意退隐家乡的作品,其传称:

> 灵运父祖并葬始宁县,并有故宅及墅,遂移籍会稽,修营别业,傍山带江,尽幽居之美。与隐士王弘之、孔淳之等纵放为娱,有终焉之志。每有一诗至都邑,贵贱莫不竞写,宿昔之间,士庶皆遍,远近钦慕,名动京师。作《山居赋》并自注,以

---

① [南朝梁]沈约:《宋书》,北京:中华书局,1974年,第1744页。

言其事。①

究谢灵运一生的情感表达与思想宣言,虽说实质上有以退叙进的隐衷,但表面上看,还是在仕进与退隐之间徘徊,仕进与退隐是谢灵运一生的两面,录这两篇赋作以显示谢灵运一生,可见沈约对赋的重要性的认识。况沈约也有继承谢灵运《山居赋》之类的《郊居赋》。谢灵运以创作山水诗著称,虽然"远近钦慕,名动京师",但史传不便收录此等作品,只有收录赋作来表达其才华。人或称之"沈约重文人",王鸣盛《十七史商榷》卷五十九《南史合宋齐梁陈书七》有"沈约重文人"条:

　　一部《宋书》,以一传独为一卷者,谢灵运之外,惟颜延之、袁淑、袁粲而已。二袁忠义,固当详叙,颜、谢则唯重其文章。范蔚宗撰《后汉书》,而不得比颜、谢之独占全卷,沈约重文人如此。抑古来史家作传,载著述全篇者多矣,独《宋书·谢灵运传》载其《山居赋》,乃并其自注载之,此尤例之特殊者。②

又如卷九十二《隐逸·陶渊明传》录陶渊明《归去来兮辞》,陶渊明以隐逸著称,故收录此作全文以示之。

────────────────

① [南朝梁]沈约:《宋书》,北京:中华书局,1974年,第1754页。
② [清]王鸣盛:《十七史商榷》,《丛书集成初编》本,上海:商务印书馆,1937年,第571页。

又有卷八十五《谢庄传》：

> 时南平王铄献赤鹦鹉，普诏群臣为赋。太子左卫率袁淑
> 文冠当时，作赋毕，赍以示庄；庄赋亦竟，淑见而叹曰："江东
> 无我，卿当独秀。我若无卿，亦一时之杰也。"遂隐其赋。①

但未录谢庄《赤鹦鹉赋》，而是收录《河南献舞马赋》全文：

> 时河南献舞马，诏群臣为赋，庄所上其词曰。②

且载"又使庄作《舞马歌》，令乐府歌之"③。此当视谢庄的文采为
当时最优吧。

　　或收录特殊人物的特殊作品，其中有优秀作家的代表性作
品，如卷八十《孝武十四王·刘子鸾传》：

> （子鸾）母殷淑仪，宠倾后宫，子鸾爱冠诸子，凡为上所盼
> 遇者，莫不入子鸾之府、国。及为南徐州，又割吴郡以属之。
> 六年，丁母忧。追进淑仪为贵妃，班亚皇后，谥曰宣。葬给辒
> 辌车，虎贲、班剑，銮辂九旒，黄屋左纛，前后部羽葆、鼓吹。
> 上自临南掖门，临过丧车，悲不自胜，左右莫不感动。上痛爱

---

① ［南朝梁］沈约：《宋书》，北京：中华书局，1974 年，第 2167—2168 页。
② ［南朝梁］沈约：《宋书》，北京：中华书局，1974 年，第 2175 页。
③ ［南朝梁］沈约：《宋书》，北京：中华书局，1974 年，第 2176 页。

　　不已,拟汉武《李夫人赋》。①

子鸾正是有"爱冠诸子",招致忌恨,其同父异母兄即位,"素疾子鸾有宠,既诛群公,乃遣使赐死,时年十岁。子鸾临死,谓左右曰:'愿身不复生王家。'同生弟妹并死,仍葬京口"②。正是有这些原因,才使宋孝武帝的《拟李夫人赋》显得格外有意义,况又是帝王模拟帝王之作。

---

① [南朝梁]沈约:《宋书》,北京:中华书局,1974年,第2063页。
② [南朝梁]沈约:《宋书》,北京:中华书局,1974年,第2065页。

下编：史学与文献

皇甫谧简述

皇甫谧(215—282),幼名静,字士安,号玄晏先生,安定郡朝那县人。朝那古城,治所在今宁夏回族自治区彭阳县城西,西汉前期,它本是一座有名的边塞城市,《史记·孝文本纪》载,"匈奴谋入边为寇,攻朝那塞"①,《史记·匈奴列传》载,"汉孝文皇帝十四年,匈奴单于十四万骑入朝那、萧关,杀北地都尉印,虏人民畜产甚多,遂至彭阳"②,此即朝那。

皇甫谧家族世世代代居住在朝那,据《后汉书·皇甫规传》《后汉书·皇甫嵩传》《晋书·皇甫谧传》《晋书·桓玄传》、王隐《晋书》(《世说新语·文学篇》注引),皇甫谧谱系如下:汉度辽将军皇甫棱有子皇甫旗,扶风都尉。皇甫旗有子皇甫节,雁门太守;皇甫规,护羌校尉。皇甫节有子皇甫嵩,太常。皇甫嵩有子皇甫坚寿,侍中;皇甫叔献,灞陵令;又有从子皇甫郦。皇甫叔献有子皇甫叔候,孝廉。皇甫叔候有子皇甫谧。皇甫谧有子皇甫童灵、皇甫方回。皇甫谧又有六世孙皇甫希之。

---

① [汉]司马迁:《史记》,北京:中华书局,1982年,第428页。
② [汉]司马迁:《史记》,北京:中华书局,1982年,第2901页。

皇甫谧的一生是隐居的一生。起初,有人劝皇甫谧"修名广交"①,皇甫谧以为"居田里之中亦可以乐尧舜之道",并作《玄守论》以表示自己坚不出仕的志向。当皇甫谧的名气渐渐大起来时,郡府召他任上计掾,又推举他为孝廉,魏景元初年,相国征辟,这些,他都没有应从。这时,有人劝他从命,他又作《释劝论》,文中称,"弃外亲之华,通内道之真,去显显之明路,入昧昧之埃尘,宛转万情之形表,排托虚寂以寄身,居无事之宅,交释利之人",以对老庄思想的阐发来表达自己隐居的志向与决心。此后"(晋)武帝频下诏敦逼不已",皇甫谧又上疏称己有病来推托,称己为"惧毙命路隅"之人。一年后,"又举贤良方正,并不起"。咸宁初年,晋武帝又召皇甫谧为太子中庶子,皇甫谧"固辞笃疾",晋武帝不许,又发诏"征为议郎,又召补著作郎。司隶校尉刘毅请为功曹",但皇甫谧"并不应"。

皇甫谧对别人任官也不以为然,其从姑之子梁柳任城阳太守,赴任之际,人们劝皇甫谧送送他,皇甫谧说,他当布衣来时,我送迎不出门,如今他当了官我就要设酒肉来送他,这不是重城阳太守的官职而轻贱梁柳这个人吗?

《后汉书·逸民列传序》称那些隐士,"或隐居以求其志,或回避以全其道,或静己以镇其躁,或去危以图其安,或垢俗以动其慨,或疵物以激其清。然观其甘心畎亩之中,憔悴江海之上,岂必

---

① [唐]房玄龄:《晋书·皇甫谧传》,北京:中华书局,1974 年。以下引文不注出处者,皆出此。

亲鱼鸟乐林草哉,亦云性分所至而已"①。隐居是当日一种风气,也是一种逃避社会的"独善其身"的方法,除"性分所至"外,隐士们隐居的动机是各种各样的,很难一概而论。就皇甫谧的隐居而言,他并不是借隐居来谋取更大名声以谋求更大官职的那种假隐士,他高扬个人的清高与节操,他是一个真隐士;但皇甫谧的隐居只表示其不愿关怀世务罢了,并不具有陶渊明般的不与统治阶级合作的反抗意义。

　　皇甫谧的一生又是患病的一生与钻研医术的一生。皇甫谧有风痹疾,又因服食寒食散中毒,病情加重。寒食散是道家名药,据说服用后可以轻身延年,但服用后身体发热,宜吃冷食,故称寒食散。寒食散对医治风痹疾有一定疗效,但服食不当,又往往造成人身残疾,加重风痹。皇甫谧病疾痛苦,不堪忍受而几次想自杀。

　　由于终生有疾,又几次濒于死亡,皇甫谧对死是看得比较淡薄的,他曾"著论为葬送之制,名曰《笃终》",他未满六十岁时就对死后安葬之事作了安排,其《笃终》说,"吾年虽未制寿,然婴疢弥纪,仍遭丧难,神气损劣,困顿数矣,常惧夭陨不期,虑终无素,是以略陈至怀"。又说,"吾欲朝死夕葬,夕死朝葬,不设棺椁,不加缠敛,不修沐浴,不造新服,殡唅之物,一皆绝之","气绝之后,便即时服,幅巾故衣,以籧篨裹尸,麻约二头,置尸床上,择不毛之地"挖坑葬之,并"无问师工,无信卜筮,无拘俗言,无张神坐,无十五日朝夕上食。礼不墓祭,但月朔于家设席以祭,百日而止。临

<hr>

① ［南朝宋］范晔:《后汉书》,北京:中华书局,1965 年,第 2755 页。

必昏明,不得以夜。制服常居,不得墓次"。他主张薄葬薄祭,一切规矩从简从俭,其死后,他的儿子皇甫童灵、皇甫方回遵其遗命而行事。

久病成医,皇甫谧为了战胜自己的风痹疾,又终生钻研医术,尤其致力于针灸研究。他对岐伯、扁鹊、仓公、华佗、张仲景等古往今来的名医十分仰慕,他根据《黄帝内经》的《素问》、《针经》(即《灵枢》)和《明堂孔穴针灸治要》三部著作,参照其他书籍,并结合自己治病的心得,总结整理为《黄帝三部针灸甲乙经》(简称《针灸甲乙经》或《甲乙经》)一书,内容包括脏腑的生理病理及诊断治疗,书中记述单穴 49 个,双穴 300 个,并具体指明针刺深度、留针时间和艾灸时间,还结合中医辨证论治的精神对针灸的适应症与禁忌症作了说明。皇甫谧的《甲乙经》是对晋以前针灸学的系统总结,是我国现存最早的针灸学专著。皇甫谧还写过其他多种医学著作。皇甫谧身患重疾,仍享年六十八岁,这与他一生钻研医术和医术高明是分不开的。

皇甫谧的一生又是发奋读书的一生,勤于著述的一生。皇甫谧少时,"年二十,不好学,游荡无度,或以为痴",只是对叔母任氏十分孝敬,有瓜果总是先敬叔母,叔母对他说,如果不学习"目不存教,心不入道",虽然能赡养老人,也不能称为孝,并用"修身笃学,自汝得之,与我何有"来激励他。皇甫谧由是感奋,先是从乡人席坦学习,"勤力不怠"。皇甫谧家族虽累官富贵,但当日皇甫谧家却独守寒素,因家计贫困,皇甫谧一边参加农事,一边带着各种经典学习,"遂博综典籍百家之言",成为当时有名的学问家。

臧荣绪《晋书》称其"有高名于世"①,《左思别传》称其为"西州高士"②,这里既含有对皇甫谧隐居风度的崇尚,也含有对皇甫谧学问的赞美。西晋著名文学家左思《三都赋》成,"时人未之重。思自以其作不谢班张,恐以人废言,安定皇甫谧有高誉,思造而示之。谧称善,为其赋序"③,于是左思文名大噪,《三都赋》遂流行洛阳,传抄之盛,洛阳为之纸贵。

皇甫谧得了风痹疾后,"犹手不辍卷",他常常"耽玩典籍,忘寝与食,时人谓之'书淫'"。有人见他如此损耗精神读书,劝他多多保养,他说,"朝闻道,夕死可矣",仍孜孜不倦,"虽羸疾,而批阅不息"。皇甫谧还曾"自表就帝借书,帝送一车书与之"。

皇甫谧一生"以著述为务",所撰甚多,史称"谧所著诗赋诔颂论难甚多,又撰《帝王世纪》、《年历》、《高士》《逸士》《列女》等传、《玄晏春秋》,并重于世",现列述如下:

1.《帝王世纪》十卷,《隋书·经籍志》(以下简称《隋志》)、《旧唐书·经籍志》《新唐书·艺文志》(以下简称《旧唐志》《新唐志》或《两唐志》)著录。《隋志》注曰:"起三皇,尽汉、魏。"④今已佚。有《说郛》、顾观光、王仁俊《玉函山房辑佚书续编》诸辑本。

2.《高士传》六卷,《隋志》著录。《旧唐志》著录为七卷,《新

---

① [南朝梁]萧统编,[唐]李善注:《文选·皇甫士安〈三都赋序〉》注引,北京:中华书局,1977 年,第 641 页上。

② [南朝宋]刘义庆撰,[南朝梁]刘孝标注,余嘉锡笺疏:《世说新语笺疏·文学篇》刘孝标注引,上海:上海古籍出版社,1993 年,第 247 页。

③ [唐]房玄龄:《晋书·左思传》,北京:中华书局,1974 年,第 2376 页。

④ [唐]魏征等:《隋书》,北京:中华书局,1973 年,第 961 页。

唐志》著录为十卷。今存,但已有窜乱,《四库总目提要》称,"是
宋时已有二本,窜乱非其旧矣"①。

3.《逸士传》一卷,《隋志》《新唐志》著录。今已佚。

4.《达士传》一卷,不见著录。有王仁俊《玉函山房辑佚书续
编》辑本。

5.《玄晏春秋》三卷,《隋志》著录。《两唐志》著录为二卷。今
已佚。

6.《列女传》六卷,《隋志》《新唐志》著录。今已佚。有《说
郛》《五朝小说》等辑本一卷。

7.《鬼谷子注》三卷,《隋志》著录。今已佚。

8.《朔气长历》二卷,《隋志》著录,南朝梁时尚存,隋时已佚。

9.《皇甫士安依诸方撰》一卷,《隋志》著录。今已佚。

10.《皇甫谧曹翕论寒食散方》二卷,《隋志》著录。隋时已佚。

11.《黄帝甲乙经》十卷,音一卷,梁十二卷,《隋志》著录,但未
著撰人姓名;《旧唐志》著录为《黄帝三部针经》十三卷,始著皇甫
谧姓名;《新唐志》既著录为皇甫谧《黄帝三部针经》,又著录有
《黄帝甲乙经》十二卷,未著撰人姓名,这是《新唐志》的编撰者兼
抄《隋志》与《旧唐志》而不辩《黄帝甲乙经》与《黄帝三部针经》本
为一书。

12.《年历》六卷,《两唐志》著录。今已佚。有马国翰《玉函山
房辑佚书》辑本。

13.《韦氏家传》三卷,《两唐志》著录。今已佚。

----

① [清]永瑢等:《四库全书总目》,北京:中华书局,1965年,第518页中、下。

14.《皇甫谧集》二卷，录一卷，《隋志》《两唐志》著录，今已佚。

15.《皇甫谧说》一卷，不见著录。王仁俊《玉函山房辑佚书补编》有辑本。

16.《帝王经界纪》一卷，不见著录。王谟《重订汉唐地理书钞》有辑本。

17.《帝王都邑记》，不见著录。王谟《重订汉唐地理书钞》有目。

18.《地书》，《北史·隐逸传》："（崔赜）又答曰：'臣案皇甫士安撰《地书》。云太原北九十里，有羊肠坂。'"①

据此，可见皇甫谧的著述涉猎甚广，其中尤以人物传记与医书最为出色。

皇甫谧还有单篇诗文等，据严可均《全晋文》，今存皇甫谧文有：《让征聘表》（本传、《艺文类聚》三七、《太平御览》七四）、《答辛旷书》（《艺文类聚》三七）、《玄守论》（本传）、《释劝论》（本传）、《笃终论》（本传）、《帝王世纪汉高祖论》（《太平御览》八七）、《帝王世纪光武论》（《太平御览》九〇）、《高士传焦光论》（《三国志·魏书·管宁传》注引）、《列女传庞娥亲论》（《三国志·魏书·庞淯传》注引）、《三都赋序》（《文选》）、《高士传序》（《高士传》《太平御览》五一〇）、《自序》（《太平御览》七三七）、《阙题》（《太平御览》二四〇）。据逯钦立《先秦汉魏晋南北朝诗》，今存皇甫谧诗有二：《女怨诗》（《北堂书钞》八四、《初学记》一四）、《诗》（《北堂书钞》八四），均为四言诗。

---

① ［唐］李延寿：《北史》，北京：中华书局，1974年，第2914页。

　　皇甫谧是魏晋时代著名的隐士、医学家与作家,后世影响很大。《晋书·桓玄传》载,东晋桓玄要当皇帝,想找个当代的隐士为自己撑装门面,于是找到皇甫谧的后代,"(桓)玄以历代咸有肥遁之士,而己世独无,乃征皇甫谧六世孙希之为著作,并给其资用,皆令让而不受,号曰高士,时人名为'充隐'"①。这从另一方面可见出皇甫谧作为隐士的名声之盛。后世又称皇甫谧为从学晚而成才大的典范,颜之推《颜氏家训·勉学篇》称,"皇甫谧二十,始受《孝经》《论语》"而"终成大儒"②。皇甫谧的《帝王世纪》保留了上古帝王神话的可贵资料;其《高士传》是研究魏晋以前隐士身世的重要资料;其《甲乙经》对后世针灸学有重大影响,是我国针灸学的经典著作,至今仍是针灸研究者的必读书目。皇甫谧在医学上的成就不会被人们遗忘,他的其他著作也是留给我们的可贵遗产。

　　　　　　　　　　　　　　　　(原载《宁夏史志研究》1987 年第 5 期)

---

① [唐]房玄龄:《晋书》,北京:中华书局,1974 年,第 2593—2594 页。
② [北齐]颜之推撰,王利器集解:《颜氏家训集解》,上海:上海古籍出版社,1980
　　年,第 166 页。

六世纪南北统一前夕的文化发展趋向

——从《颜氏家训》所述南北不同习俗谈起

永嘉之乱,西晋覆亡,北方中原被历史上称之为"五胡"的少数民族占据,此后近三百年的时间,南北政区分隔。此时的中国文化,南方以由黄河流域迁移到长江流域的传统文化占主导地位,北方文化则是以原少数民族文化为基体又融合原有的中原传统文化而发展起来的。公元五八九年,隋文帝灭陈,中国南北统一,这是领土的统一之日,而南北文化的融和,却早在此之前已经开始,并已基本形成。这个南北文化相互融和的发展趋向,我们从北齐人颜之推《颜氏家训》所述南北不同习俗的比较中可以看出。

在漫长的封建社会里,颜之推的《颜氏家训》影响很大,被称为古今家训之祖。《颜氏家训》的主旨在"述立身治家之法,辨正时俗之谬,以训世人"①,在"大抵于世故人情深明利害"②,可见此书所载"时俗"与"世故人情"甚多。颜之推学识渊博,《北齐书》

---

① [宋]晁公武:《读书志》,载[北齐]颜之推撰、王利器集解《颜氏家训集解》引,上海:上海古籍出版社,1980年,第571页。

② [清]永瑢等:《四库全书总目》,北京:中华书局,1965年,第1010页下。

本传称其"博览群书,无不该洽"①。他先是在南朝梁任官,梁元
帝江陵败亡之后,他被掳掠入西魏,后辗转奔入北齐,后又仕北
周、隋,他身经南朝又北朝,阅历十分丰富,故其书中的"时俗"与
"世故人情"实含南北两地,于慎行《颜氏家训后叙》称之"其撮南
北风土,俊俗具陈,是考世之资也"②。《颜氏家训》之《归心篇》
称:"胡人见锦,不信有虫食树吐丝所成;昔在江南,不信有千人毡
帐;及来河北,不信有二万斛船:皆实验也。"③《颜氏家训》中所记
载的南北"时俗"与"世故人情"当都是颜氏的所见所闻,是经过
"实验"的。《风操篇》称:"今南北风俗,言其祖及二亲,无云家
者;田里猥人,方有此言耳。"④颜氏是把南北士人习俗与民间习俗
对举的,此书中所载的一般都是南北士人风俗。颜氏对南北不同
习俗进行了比较,提出了自己的看法,以训导子孙。书中,颜氏称
为南方的,或又称南朝、江东、江左、江南等,称为北方的,或又称
为北朝、山东、江北、河北、邺下等。本文按类排比分析颜氏所比
较的南北不同习俗,有些单言南或单言北的习俗,但亦含有比较
之意的也一并收入,通过分析,以明了颜氏所记载的南北不同习
俗,并进而探求这些南北不同习俗所体现的文化含义及最终探求

---

① [唐]李百药:《北齐书》,北京:中华书局,1972年,第617页。

② [北齐]颜之推撰,王利器集解:《颜氏家训集解》,上海:上海古籍出版社,1980
年,第551页。

③ [北齐]颜之推撰,王利器集解:《颜氏家训集解》,上海:上海古籍出版社,1980
年,第349页。

④ [北齐]颜之推撰,王利器集解:《颜氏家训集解》,上海:上海古籍出版社,1980
年,第83页。

隋统一前夕的南北文化发展趋向。

一、南北技艺不同习俗类

（1）弧矢之利，以威天下，先王所以观德择贤，亦济身之急务也。江南谓世之常射，以为兵射，冠冕儒生，多不习此；别有博射，弱弓长箭，施于准的，揖让升降，以行礼焉。防御寇难，了无所益。乱离之后，此术遂亡。河北文士，率晓兵射，非直葛洪一箭，已解追兵，三九宴集，常縻荣赐。虽然，要轻禽，截狡兽，不愿汝辈为之。（《杂艺篇》）①

案：射箭，北方是作为一种作战技艺来学习演习的，宴集之会上"常縻荣赐"也是出此目的，这充分显示出北方尚武的气概与尚技艺实用的习俗。而南方是把射箭作为一种礼教的演习及一种如同博弈的游戏，此本于儒家。《礼记·射义》载："射者，所以观盛德也。"又载："孔子曰：射者何以射、何以听？循声而发，发而不失正鹄者，其唯贤者乎！若夫不肖之人，则彼将安能以中？"②这是一种对射箭的道德评价，显然，"弱弓长箭"，在战场上是"了无所益"的。

———————

① ［北齐］颜之推撰，王利器集解：《颜氏家训集解》，上海：上海古籍出版社，1980年，第519页。
② 《礼记正义》，载《十三经注疏》，上海：上海古籍出版社，1997年，第1687上、1689页下。

（2）算术亦是六艺要事，自古儒士论天道、定律历者，皆
学通之。然可以兼明，不可以专业。江南此学殊少，唯范阳
祖暅精之，位至南康太守。河北多晓此术。(《杂艺篇》)①

案：北魏政府对天文历法非常重视，据《魏书·术艺传》，北魏
永熙中，诏"在门下外省校比天文书。集甘、石二家《星经》及汉魏
以来二十三家经占，集为五十五卷。后集诸家撮要，前后所上杂
占，以类相从，日月五星、二十八宿、中外官图，合为七十五卷"②，
由此可见一斑。又据《北史·信都芳传》，南人祖暅在边境被北方
俘获，在北方受到礼遇，于是他曾向北方人传授算术之法。《隋
书·儒林传》称当日儒学，"大抵南人约简，得其英华"，而"北学
深芜，穷其枝叶"③，北人对"六艺"之一的算术的精深研究，正是
其"穷其枝叶"的表现，也正是在知识观上追求功利的表现。

又案：儒家传统即鄙视实用技艺的学习与运用。永嘉年间，
晋王朝南迁，儒教传统也随之被带到南方，当时又流行玄学，士人
们"口谈浮虚，不遵礼法，尸禄耽宠，仕不事事"④，尚虚不尚实的
风气更甚。

————————————

① ［北齐］颜之推撰，王利器集解：《颜氏家训集解》，上海：上海古籍出版社，1980
　　年，第524—525页。
② ［北齐］魏收：《魏书》，北京：中华书局，1974年，第1954页。
③ ［唐］魏征等：《隋书》，北京：中华书局，1973年，第1706页。
④ ［唐］房玄龄：《晋书·裴颜传》，北京：中华书局，1974年，第1044页。

二、南北经济不同习俗类

（3）河北妇人，织纴组纫之事，黼黻锦绣罗绮之工，大优
于江东也。（《治家篇》）①

（4）今北土风俗，率能躬俭节用，以赡衣食。江南奢侈，
多不逮焉。（《治家篇》）②

案：北方生产力低下，非节俭难以保证衣食之用；南方经济发
达，得有余力追求奢侈享用。

三、南北文艺不同习俗类

（5）《诗》云："将其来施施。"……河北《毛诗》皆云施施。
江南旧本，悉单为施，俗遂是之，恐为少误。（《书证篇》）③

（6）《汉书》云："中外禔福。"字当从示。禔，安也，音匙
匕之匙，义见《苍雅》《方言》。河北学士皆云如此。而江南
书本，多误从手，属文者对耦，并为提挈之意，恐为误也。

---

① ［北齐］颜之推撰，王利器集解：《颜氏家训集解》，上海：上海古籍出版社，1980
年，第62页。

② ［北齐］颜之推撰，王利器集解：《颜氏家训集解》，上海：上海古籍出版社，1980
年，第55页。

③ ［北齐］颜之推撰，王利器集解：《颜氏家训集解》，上海：上海古籍出版社，1980
年，第385页。

(《书证篇》)①

案:以上述南北版本不同,其《勉学篇》论校书之难云:"校定书籍,亦何容易,自扬雄、刘向,方称此职耳。观天下书未遍,不得妄下雌黄。或彼以为非,此以为是;或本同末异;或两文皆欠,不可偏信一隅也。"②可见颜氏的态度是谨严的。

(7)"也"是语已及助句之辞,文籍备有之矣。河北经传,悉略此字,其间字有不可得无者⋯⋯傥削此文,颇成废阙⋯⋯又有俗学,闻经传中时须也字,辄以意加之,每不得所,益成可笑。(《书证篇》)③

案:此论及版本不同有习俗原因。

(8)《诗》云:"参差荇菜。"⋯⋯(荇菜),江南俗亦呼为猪莼,或呼之为荇菜⋯⋯而河北俗人多不识之,博士皆以参差者是苋菜,呼人苋为人荇,亦可笑之甚。(《书证篇》)④

---

① [北齐]颜之推撰,王利器集解:《颜氏家训集解》,上海:上海古籍出版社,1980年,第418—419页。
② [北齐]颜之推撰,王利器集解:《颜氏家训集解》,上海:上海古籍出版社,1980年,第219页。
③ [北齐]颜之推撰,王利器集解:《颜氏家训集解》,上海:上海古籍出版社,1980年,第399页。
④ [北齐]颜之推撰,王利器集解:《颜氏家训集解》,上海:上海古籍出版社,1980年,第375页。

案:此述俗语不同,北人不识南方之物。

(9)南方水土和柔,其音清举而切诣,失在浮浅,其辞多
鄙俗。北方山川深厚,其音沈浊而钝钝,得其质直,其辞多古
语。然冠冕君子,南方为优;闾里小人,北方为愈。易服而与
之谈,南方士庶,数言可辨;隔垣而听其语,北方朝野,终日难
分。而南染吴、越,北杂夷虏,皆有深弊,不可具论。(《音
辞篇》)①

案:《音辞篇》论南北语音不同,此是总论。后,颜之推曾与陆
法言、刘臻等一同修撰《切韵》一书,他对语音问题是深有研究的。

(10)案:诸字书,焉者鸟名,或云语词,皆音于愆反。自
葛洪《要用字苑》分焉字音训:若训何训安,当音于愆反……
若送句及助词,当音矣愆反……江南至今行此分别,昭然易
晓;而河北混同一音,虽依古读,不可行于今也。(《音辞
篇》)②

(11)邪者,未定之词……而北人即呼为也,亦为误矣。

---

① [北齐]颜之推撰,王利器集解:《颜氏家训集解》,上海:上海古籍出版社,1980
年,第473—474页。
② [北齐]颜之推撰,王利器集解:《颜氏家训集解》,上海:上海古籍出版社,1980
年,第500页。

(《音辞篇》)①

　　(12)河北切攻字为古琮,与工、公、功三字不同,殊为僻
也。(《音辞篇》)②

　　案:南北分隔日久,连读经典的语音也出现了某一些分歧,一
个迫切的问题该提到议事日程上来了,即如何规范统一南北语
言,此即是在隋统一后陆法言、颜之推等人编辑《切韵》的原因吧。

　　(13)夫物体自有精粗,精粗谓之好恶;人心有所去取,去
取谓之好恶。此音见于葛洪、徐邈。而河北学士读《尚书》云
好生恶杀,是为一论物体,一就人情,殊不通矣。(《音
辞篇》)③

　　案:葛洪、徐邈是南方人士。读好恶为 hào' è,是对物体的一
种实际评价,读好恶为 hàowù,则是重在表现说话人自身的情感。
这里是讲,北方重"论物体",南方重"就人情"。

　　(14)晋宋以来,多能书者。故其时俗,递相染尚,所有部

────────────

① [北齐]颜之推撰,王利器集解:《颜氏家训集解》,上海:上海古籍出版社,1980
　　年,第502页。
② [北齐]颜之推撰,王利器集解:《颜氏家训集解》,上海:上海古籍出版社,1980
　　年,第506页。
③ [北齐]颜之推撰,王利器集解:《颜氏家训集解》,上海:上海古籍出版社,1980
　　年,第498页。

帙,楷正可观,不无俗字,非为大损。至梁天监之间,斯风未
变;大同之末,讹替滋生。萧子云改易字体,邵陵王颇行伪
字;朝野翕然,以为楷式,画虎不成,多所伤败。至为一字,唯
见数点,或妄斟酌,逐便转移。尔后坟籍,略不可看。北朝丧
乱之余,书迹鄙陋,加以专辄造字,猥拙甚于江南。乃以百念
为忧,言反为变,不用为罢,追来为归,更生为苏,先人为老,
如此非一,遍满经传。唯有姚元标工于楷隶,留心小学,后生
师之者众。洎于齐末,秘书缮写,贤于往日多矣。(《杂
艺篇》)①

案:《魏书·世祖记》载:始光二年,"初造新字千余",诏曰:
"在昔帝轩,创制造物,乃命仓颉因鸟兽之迹以立文字。自兹以
降,随时改作,故篆隶草楷,并行于世。然经历久远,传习多失其
真,故令文体错谬,会义不惬,非所以示轨则于来世也。孔子曰,
名不正则事不成,此之谓矣。今制定文字,世所用者,颁下远近,
永为楷式。"②以上所述的字体改易,似都是承袭草书而来,北人尚
实,"改易字体"则进而由朝廷"造字"以定为法式;南方则任人所
为,故有"一字唯见数点"。

(15) 王籍《入若耶溪》诗云:"蝉噪林逾静,鸟鸣山更

---

① [北齐]颜之推撰,王利器集解:《颜氏家训集解》,上海:上海古籍出版社,1980
　　年,第514页。
② [北齐]魏收:《魏书》,北京:中华书局,1974年,第70页。

幽。"江南以为文外断绝,物无异议。简文吟咏,不能忘之,孝元讽味,以为不可复得,至《怀旧志》载于《籍传》。范阳卢询祖,邺下才俊,乃言:"此不成语,何事于能?"魏收亦然其论。(《文章篇》)①

案:北人尚实,认为应该是"一鸟不鸣山更幽"(王安石《钟山绝句》)吧,故认为"蝉噪林逾静,鸟鸣山更幽""不成语"了。这也表明南人的艺术修养超于北人。

(16)江南文制,欲人弹射,知有病累,随即改之,陈王得之于丁廙也。山东风俗,不通击难。吾初入邺,遂尝以此忤人,至今为悔;汝曹必无轻议也。(《文章篇》)②

案:正确展开文学批评,是文学繁荣的标志之一,这也是南朝文学之所以优于北朝文学的原因之一。

四、南北人生仪礼不同习俗类

(17)江左不讳庶孽,丧室之后,多以妾媵终家事;疥癣蚊虻,或未能免,限以大分,故稀斗阋之耻。河北鄙于侧出,不

---

① [北齐]颜之推撰,王利器集解:《颜氏家训集解》,上海:上海古籍出版社,1980年,第273页。
② [北齐]颜之推撰,王利器集解:《颜氏家训集解》,上海:上海古籍出版社,1980年,第259页。

预人流,是以必须重娶,至于三四,母年有少于子者。后母之弟,与前妇之兄,衣服饮食,爰及婚宦,至于士庶贵贱之隔,俗以为常。身没之后,辞讼盈公门,谤辱彰道路,子诬母为妾,弟黜兄为佣,播扬先人之辞迹,暴露祖考之长短,以求直己者,往往有之。(《后娶篇》)①

案:按古礼,如果妻子死了,是不能再娶的。尽管那个男子可以有许多的妾。南人遵循古礼,"以妾滕终家事",且古礼上也明确规定正夫人、继室及其子女的嫡出、庶出等辈分名位,因此免去了一些名分上的争吵。北方妇女当家(详见下),遵其民族原有的礼仪习俗,少遵古儒家之礼。

(18)江东妇女,略无交游,其婚姻之家,或十数年间,未相识者,唯以信命赠遗,致殷勤焉。邺下风俗,专以妇持门户,争讼曲直,造请逢迎,车乘填街衢,绮罗盈府寺,代子求官,为夫诉屈。此乃恒、代之遗风乎?(《治家篇》)②

案:"乃恒、代之遗风"指北魏未迁都洛阳时的居住之地的风俗习气,此时还带有某种原始氏族部落母系社会的遗风。古乐府

---

① [北齐]颜之推撰,王利器集解:《颜氏家训集解》,上海:上海古籍出版社,1980年,第47—48页。
② [北齐]颜之推撰,王利器集解:《颜氏家训集解》,上海:上海古籍出版社,1980年,第60页。

《陇西行》云:"健妇持门户,一胜一丈夫。"①此言北方妇女的社会地位高于南方,社会活动优于南方。而南方妇女,则多受儒家之礼的束缚。

　　(19)南间贫素,皆事外饰,车乘衣服,必贵整齐;家人妻子,不免饥寒。河北人事,多由内政,绮罗金翠,不可废阙,羸马悴奴,仅充而已;倡和之礼,或尔汝之。(《治家篇》)②

　　案:南人好外饰,此虚华之风,北人重自家实际,此为质实,况且妇女当家。

　　(20)江南凡遭重丧,若相知者,同在城邑,三日不吊则绝之;除丧,虽相遇则避之,怨其不已悯也。有故及道遥者,致书可也;无书亦如之。北俗则不尔。江南凡吊者,主人之外,不识者不执手;识轻服而不识主人,则不于会所而吊,他日修名诣其家。(《风操篇》)③

　　案:南人死丧之事,礼数甚多,如果我们看一下儒家经典《仪礼》《礼记》中关于死丧、服丧的条目,便可清楚了。

―――――――――

① [宋]郭茂倩:《乐府诗集》,北京:中华书局,1979 年,第 543 页。
② [北齐]颜之推撰,王利器集解:《颜氏家训集解》,上海:上海古籍出版社,1980
　　年,第 60 页。
③ [北齐]颜之推撰,王利器集解:《颜氏家训集解》,上海:上海古籍出版社,1980
　　年,第 101—102 页。

（21）人有忧疾，则呼天地父母，自古而然，今世讳避，触途急切。而江东士庶，痛则称祢。祢是父之庙号，父在无容称庙，父殁何容辄呼？《苍颉篇》有㑥字，《训诂》云："痛而谑也，音羽罪反。"今北人痛则呼之。《声类》音于耒反，今南人痛或呼之。此二者随其乡俗，并可行也。（《风操篇》）①

（22）吾见名士，亦有呼其亡兄弟为兄子弟子门中者，亦未为安贴也。北土风俗，都不行此。太山羊侃，梁初入南，吾近至邺，其兄子肃访侃委曲，吾答之云："卿从门中在梁，如此如此。"肃曰："是我亲第七亡叔，非从也。"祖孝征在坐，先知江南风俗，乃谓之云："贤从弟门中，何故不解？"（《风操篇》）②

案：以上二条是讲对死去的亲人的称谓及避讳，总的来说，南人比较严些，多遵古礼；北人比较疏些，多随己意，也多称谓得比较亲热。

（23）凡宗亲世数，有从父，有从祖，有族祖。江南风俗，自兹已往，高秩者，高呼为尊，同昭穆者，虽百世犹称兄弟；若对他人称之，皆云族人。河北士人，虽三二十世，犹呼为从伯

---

① ［北齐］颜之推撰，王利器集解：《颜氏家训集解》，上海：上海古籍出版社，1980年，第120页。

② ［北齐］颜之推撰，王利器集解：《颜氏家训集解》，上海：上海古籍出版社，1980年，第87页。

从叔。梁武帝尝问一中土人曰:"卿北人,何故不知有族?"答云:"骨肉易疏,不忍言族耳。"当时虽为敏对,于礼未通。(《风操篇》)①

案:《南史·王懿传》云:"北土重同姓,并谓之骨肉,有远来相投者,莫不竭力营赡。若有一人不至者,以为不义,不为乡邑所容。"②北方地广人疏,有一点亲戚关系便视为亲密,这也是北人质朴好客的表现。而南人的这些称谓,要遵照礼的规定。

(24)古者,名以正体,字以表德,名终则讳之,字乃可以为孙氏……江南至今不讳字也。河北士人全不辨之,名亦呼为字,字固呼为字。尚书王元景兄弟,皆号名人,其父名云,字罗汉,一皆讳之,其余不足怪也。(《风操篇》)③

案:王元景兄弟是北人。南人对避讳自有规定,北人学礼,但未弄清各种规定。

(25)江南轻重,各有谓号,具诸《书仪》;北人多称名者,

---

① [北齐]颜之推撰,王利器集解:《颜氏家训集解》,上海:上海古籍出版社,1980年,第94页。
② [唐]李延寿:《南史》,北京:中华书局,1975年,第672页。
③ [北齐]颜之推撰,王利器集解:《颜氏家训集解》,上海:上海古籍出版社,1980年,第98页。

乃古之遗风,吾善其称名焉。(《风操篇》)①

(26)甫者,男子之美称,古书多假借为父字;北人遂无一人呼为甫者,亦所未喻。(《音辞篇》)②

(27)北土多有名儿为驴驹、豚子者,使其自称及兄弟所名,亦何忍哉? (《风操篇》)③

案:宋人俞成《萤雪丛说》曰:"今人生子,妄自尊大,多取文武富贵四字为名,不以希颜为名,则以望回为名,不以次韩为名,则以齐愈为名,甚可笑也。古者命名,多自贬损,或曰愚曰鲁,或曰拙曰贱,皆取谦抑之义也。如司马氏幼字犬子,至有慕名野狗,何尝择称呼之美哉? 尝观《进士同年录》,江南人习尚机巧,故其小名多是好字,足见自高之心;江北人大体任真,故其小名,多非佳字,足见自贬之意。"王利器《颜氏家训集解》引宋人此语并说,"尊大与谦抑之说,足补此书所未备"④。大略北人"任真",南人矫饰,事事欲体现对儒家正统的继承;北人质朴而谦抑,南人心之想往甚高而尊大。

---

① [北齐]颜之推撰,王利器集解:《颜氏家训集解》,上海:上海古籍出版社,1980年,第86页。

② [北齐]颜之推撰,王利器集解:《颜氏家训集解》,上海:上海古籍出版社,1980年,第499页。

③ [北齐]颜之推撰,王利器集解:《颜氏家训集解》,上海:上海古籍出版社,1980年,第76页。

④ [北齐]颜之推撰,王利器集解:《颜氏家训集解》,上海:上海古籍出版社,1980年,第77页。

（28）南人宾至不迎，相见捧手而不揖，送客下席而已；北人迎送并至门，相见则揖，皆古之道也，吾善其迎揖。（《风操篇》）①

（29）别易会难，古人所重；江南饯送，下泣言离。有王子侯，梁武帝弟，出为东郡，与武帝别，帝曰："我年已老，与汝分张，甚以恻怆。"数行泪下。侯遂密云，赧然而出。坐此被责，飘飖舟渚，一百许日，卒不得去。北间风俗，不屑此事，歧路言离，欢笑分首。然人性自有少涕泪者，肠虽欲绝，目犹烂然；如此之人，不可强责。（《风操篇》）②

案：礼节方面，北人体现出其性格的质朴热情、豪放刚强，对客人"迎送并至门"，送别时"欢笑分首"；南人反映出性格的矜持多情，"宾至不迎"，送别时则恻怆泪下。

（30）四海之人，结为兄弟，亦何容易。必有志均义敌，令终如始者，方可议之。一尔之后，命子拜伏，呼为丈人，申父友之教；身事彼亲，亦宜加礼。比见北人，甚轻此节，行路相逢，便定昆季，望年观貌，不择是非，至有结义为兄，托子为弟

---

① ［北齐］颜之推撰，王利器集解：《颜氏家训集解》，上海：上海古籍出版社，1980年，第85页。

② ［北齐］颜之推撰，王利器集解：《颜氏家训集解》，上海：上海古籍出版社，1980年，第91页。

者。(《风操篇》)①

案:北人任情而重于交结,尚想北地大漠旷野,空寂辽阔,偶
而路遇,岂非亲之又亲,南人多拘泥礼数,况辈分之事,更是大事。

(31)河北士人,皆呼外祖父母为家公家母;江南田里间
亦言之。以家代外,非吾所识。(《风操篇》)②

案:一方面北人妇女地位较高,一方面北人重亲戚之间的关
系;南人则甚重名分礼数。

五、南北政治不同习俗类

(32)计吾兄弟,不当仕进;但以门衰,骨肉单弱,五服之
内,傍无一人,播越他乡,无复资荫;使汝等沈沦厮役,以为先
世之耻;故觍冒人间,不敢坠失。兼以北方政教严切,全无隐
退者故也。(《终制篇》)③

―――――――――――――

① [北齐]颜之推撰,王利器集解:《颜氏家训集解》,上海:上海古籍出版社,1980
年,第125页。

② [北齐]颜之推撰,王利器集解:《颜氏家训集解》,上海:上海古籍出版社,1980
年,第93页。

③ [北齐]颜之推撰,王利器集解:《颜氏家训集解》,上海:上海古籍出版社,1980
年,第534页。

　　案：南方隐逸之风盛行，甚至有"朝隐"之风，在朝而慕隐，以隐而求仕，如此矜持矫饰，以仕表现其以天下为己任之心，又欲以隐表现其不汲汲于利禄之意。北方不倡隐居之风，隐居者少，《魏书·眭夸传》载，隐士眭夸被"州郡逼遣，不得已，入京都"，后逃出京都，"时朝法甚峻，夸既私还，将有私归之咎"；因与丞相崔浩关系好，"始得无坐"[1]，由此可见一斑。

　　大较南北习俗不同，南人重精神风操、重礼的遵循、重情感的委曲，有较大的规范性；而北人则重生活实际、重人性的自然抒发、重情感的直率，有较大的随意性。由之我们可以看到，南北习俗的不同是两种文化的冲突，具体地说，则是如何对待传统的儒家之礼的问题。有趣的是，虽然北人习俗具有一种对儒家传统之礼的冲击性与离心力，但北人对儒家之礼又是十分向往的。北人在主观上又恰恰表现出对儒家之礼的依附性与向心力；而南人在对儒家之礼依附的同时，又对其有所怀疑，而表现出一种离心力。以下就颜之推的态度来谈谈这个问题。

　　中国文化的中心原在中原地区，西晋永嘉之乱，晋王朝南迁，文化的中心也就由中原地区迁往南方，以后很长一段时间内，在南方的士人以文化的正统自居，而北方统治者与在北方的士人也不得不承认这一点，北齐神武帝高欢就说过："江东复有一吴儿老翁萧衍者，专事衣冠礼乐，中原士大夫望之以为正朔所在。"[2]以最能体现文化风貌的诗文讲，北人亦步亦趋地模拟南人，史载，邢邵

---

① ［北齐］魏收：《魏书》，北京：中华书局，1974年，第1930页。

② ［唐］李百药：《北齐书·杜弼传》，北京：中华书局，1972年，第347页。

曰:"江南任昉,文体本疏,魏收非直模拟,亦大偷窃",而魏收则
曰:"伊(指邢邵)常于《沈约集》中作贼,何意道我偷任昉!"①两人
虽互相指责,但他们都模拟南人诗文的事实不可否认。北朝政权
扣留南方文人,也是出于其对南方文化的仰慕,史载:"时(南朝)
陈氏与(北朝)周通好,南北流寓之士,各许还其旧国。陈氏乃请
王褒及(庾)信等十数人。(周)武帝唯放王克、殷不害等,信及褒
并惜而不遣。"②因此,就整个文化而言,面对北人,南朝士人自有
一种自傲心理,而北朝士人则有一种自卑心理。

北朝统治者为确保自身政权的巩固发展及对北方汉人的统
治,其汉化的进程不断加快,其与汉族融合的进程也日益加速,其
具体措施之一是立太学,置五经博士,祭先圣周公先师孔子,宇文
泰时实行《周礼》,周武帝时定三教以儒为先。北朝不断汉化的结
果,使本来在文化心理上自傲与自卑的双方的地位有了变化,据
《洛阳伽蓝记·城东》记载,北魏孝庄帝永安二年(公元五二九
年),南朝梁使者陈庆之在北朝洛阳的一次宴会上说:"魏朝甚盛,
犹曰五胡,正朔相承,当在江左";北朝士人杨元慎却高唱反调,先
是痛骂南朝"未沾礼化",又称颂北魏"移风易俗之典,与五帝而并
迹;礼乐宪章之盛,凌百王而独高",斥责陈庆之"何为不逊,以至
于此"。北方士人认为,南朝已不是什么正朔所在了,而当时北魏
统治下的中原,才真正是中国文化的中心,这个观点,也被陈庆之
接受了。陈庆之回到梁朝,也对人说:"自晋、宋以来,号洛阳为荒

① [唐]李百药:《北齐书·魏收传》,北京:中华书局,1972年,第492页。
② [唐]李延寿:《北史·庾信传》,北京:中华书局,1974年,第2794页。

土。此中谓长江以北,尽是夷狄。昨至洛阳,始知衣冠士族,并在中原。礼仪富盛,人物殷阜,目所不识,口不能传。所谓帝京翼翼,四方之则。如登泰山者卑培塿,涉江海者小湘沅。北人安可不重?"同时,"庆之因此羽仪服式,悉如魏法。江表士庶,竞相模楷,褒衣博带,被及秣陵"。① 这表明南朝也有一部分士人承认北朝文化的正统性,甚或认为其更具有中国文化的代表性。

鉴于上述的南北文化背景及南北士人的心理,那么,至公元六世纪隋王朝统一中国之际,南北不同习俗所表现出来的文化发展趋向是什么呢?

第一,对有些习俗,如饮食、服饰之类,南北士人各由其俗,互不贬斥。《洛阳伽蓝记·城南》载,南人王肃初到北方,"不食羊肉及酪浆等物",数年以后,"食羊肉酪粥甚多",北魏孝文帝出了一个谜语让大家猜:"三三横,两两纵,谁能辨之赐金钟。"御史中丞李彪曰:"沽酒老妪瓮注瓨,屠儿割肉与秤同。"尚书右丞甄琛曰:"吴人浮水自云工,妓儿抛绳在虚空。"彭城王元勰曰:"臣始解此字是習字。"②孝文帝出此谜的意思即认为不必有畛域、种族的偏见,这是习俗使然,自可由之。而《颜氏家训》中记录的许多南北习俗,颜氏对之并无褒贬,即是此意。

第二,以儒家之礼为规范,既然南北双方都是以文化正统自居,而文化正统又是以儒家之礼为核心的,那么,以之为标准对习俗加以规范化是理所当然的,这首先又表现在对原非儒家正统的

---

① 范祥雍:《洛阳伽蓝记校注》,上海:上海古籍出版社,1978 年,第 117—119 页。
② 范祥雍:《洛阳伽蓝记校注》,上海:上海古籍出版社,1978 年,第 147—148 页。

文化与习俗加以规范化上。如：

> （33）吾观《礼经》，圣人之教：箕帚匕箸，咳唾唯诺，执烛沃盥，皆有节文，亦为至矣。但既残缺，非复全书；其有所不载，及世事变改者，学达君子，自为节度，相承行之，故世号士大夫风操。而家门颇有不同，所见互称长短；然其阡陌，亦可自知。昔在江南，目能视而见之，耳能听而闻之；蓬生麻中，不劳翰墨。汝曹生于戎马之间，视听之所不晓，故聊记录，以传示子孙。（《风操篇》）①

颜氏即明言北方礼之不存，自己要以儒家之礼为标准来训导子孙；《颜氏家训》又多称"礼无明文，则吾不取"，"于礼未通"，等等，也是对北方未能彻底实行儒家之礼的一种批评，当然也是要求以儒家之礼来对之规范，而颜之推的这种观点在北人中是流行的、普遍的。又如《图经》载："周宣政和二年（579），破陈将吴明彻，迁其人于灵州。江左之人，崇礼好学，习俗皆化，因谓之塞北江南。"②在军事上北人的胜利，而北人军事胜利后的结局，却是作为俘虏的南人以儒家之礼在习俗上"化"了自己的对方，于是这地区有了"塞北江南"的美称，这北方地区就是今宁夏平原。

第三，以上是讲北人对另一种文化具有一种主动的汲取精

---

① ［北齐］颜之推撰，王利器集解：《颜氏家训集解》，上海：上海古籍出版社，1980年，第69页。

② ［宋］李昉等：《太平御览》卷164引，北京：中华书局，1960年，第800页下。

神,那么南人是否也有一种主动性来汲取另一种文化呢？答案是肯定的。所谓南人,是晋末南渡的中原士人,他们一开始身居南土,便面临一个如何对待原南土文化与习俗的问题,当日朝廷中有个很有远见的大臣叫王导,他出于稳定新建立的东晋政权的政治目的,极力联络原南土士族,他主动说吴语、向南方士族求婚等,这就是对另一种文化的主动汲取,当然,这种汲取是基于视自己为文化正统上进行的,也是基于以正统的儒家之礼规范而进行的。如南朝后期对北魏"羽仪服式"的模楷(见前引陈庆之的事例),又如口口声声称北方礼之不存的颜之推,当其推崇北方某种习俗时,则称之为"古之道也",即古之儒家之礼也。

我们再来看看南北两方对待佛教、儒教的态度。佛教自印度输入,先被西北各少数民族所汲取承认,后赵的石虎就说,"佛是戎神,正所应奉"[1],他们认为佛教是自己的宗教,而历史的发展,南北朝时的两次灭佛,又恰恰都在北方,一次是魏太武帝,一次是周武帝,这里面的政治因素就在于这些灭佛的皇帝要表明自己亲汉不亲胡,这里面的文化因素即在于对待外来的儒教采取积极靠拢的态度,并奉之为正统,而对待本土的佛教反倒不那么宽容。而南方的情况却恰恰又相反,对佛教更崇尚,如梁武帝时定佛教为国教,他本人也几次到同泰寺舍身作"寺奴",相对之下,南朝对儒教反倒不那么重视。这些就是说,南北两方在文化、习俗上都具有很大的开放性、宽容性,甚至各自以汲取外来文化、习俗为荣

---

[1] [南朝梁]释慧皎撰,汤用彤校注,汤一选整理:《高僧传·竺佛图澄传》,北京:中华书局,1992年,第352页。

而过分地崇尚了它。

　　这就是本文的结论。六世纪南北统一前夕,南北双方一方面
以汲取对方文化为荣,这样就为各自文化注入了新鲜的血液;南
北双方另一方面又各自以为自己是文化的正统而发扬光大之,这
样又保留了各自文化中有生命力的东西。而以上这一切又都是
在儒家之礼的名义笼罩下进行的,当然,这儒家之礼已不同于传
统的儒家之礼了,而是在各自以为自己是文化正统并汲取对方文
化的影响下形成的新的儒家之礼。由此看来,那时的文化发展趋
向,即是南北文化的相互补充及相互融和,谁也离不开谁,这种文
化发展趋向表明南北统一(地域的统一)已经到来,只是在等待一
个时机罢了。而彼时彼刻的文化发展趋向的进程,难道对我们今
日如何汲取外来文化、如何建立自己的新文化没有一点启示吗?

(原载《学术论坛》1989 年第 2 期)

"咏史"：从班固到左思

《诗品》在好几处论及"咏史"类诗歌或论及创作过"咏史"类诗歌的诗人，综合这些言论，或可看出《诗品》对"咏史"类诗歌的一个总体评价，看出《诗品》所认为的"咏史"类诗歌的创作规范。

一、班固《咏史》

中古咏史，以左思之作为最上乘，钟嵘也是将左思列于上品，但咏史类诗歌最早的则是班固之作。《诗品序》论两汉诗史云：

> 逮汉李陵，始著五言之目矣。"古诗"眇邈，人世难详。推其文体，固是炎汉之制，非衰周之倡也。自王、杨、枚、马之徒，词赋竞爽，而吟咏靡闻。从李都尉迄班婕妤，将百年间，有妇人焉，一人而已。诗人之风，顿已缺丧。东京二百载中，惟有班固《咏史》，质木无文。①

班固《咏史》为东汉五言诗的仅有代表。《诗品》下品"汉令史班

---

① ［南朝梁］钟嵘著，曹旭集注：《诗品集注》，上海：上海古籍出版社，1994年，第8、11—12页。

固"条：

> 孟坚才流,而老于掌故。观其《咏史》,有感叹之词。①

班固《咏史》云：

> 三王德弥薄,惟后用肉刑。太苍令有罪,就递长安城。
> 自恨身无子,困急独茕茕。小女痛父言,死者不可生。上书
> 诣阙下,思古歌鸡鸣。忧心摧折裂,晨风扬激声。圣汉孝文
> 帝,恻然感至情。百男何愦愦,不如一缇萦。②

所谓"老于掌故",或指称其熟悉史实,其《咏史》所咏缇萦救父为
西汉旧事;或指称其终身致力于治史,班固作为史家有《汉书》传
世。因此,无论"老于掌故"是否就《咏史》而言,班固《咏史》所吟
咏的史实是合乎历史真实的。

所谓"有感叹之词",一般指其《咏史》诗结尾"百男何愦愦,
不如一缇萦"的议论而言,《后汉书·班固传》载班固之死：

> 永元初,大将军窦宪出征匈奴,以固为中护军,与参议。
> 北单于闻汉军出,遣使款居延塞,欲修呼韩邪故事,朝见天

---

① [南朝梁]钟嵘著,曹旭集注：《诗品集注》,上海：上海古籍出版社,1994 年,第
357 页。

② 逯钦立：《先秦汉魏晋南北朝诗》,北京：中华书局,1983 年,第 170 页。

子,请大使。宪上遣固行中郎将事,将数百骑与虏使俱出居
延塞迎之。会南匈奴掩破北庭,固至私渠海,闻虏中乱,引
还。及窦宪败,固先坐免官。固不教学诸子,诸子多不遵法
度,吏人苦之。初,洛阳令种兢尝行,固奴干其车骑,吏椎呼
之,奴醉骂,兢大怒,畏宪不敢发,心衔之。及窦氏宾客皆逮
考,兢因此捕系固,遂死狱中。时年六十一。①

郑文解释说:"末二句致慨于'诸子多不遵法度',以致己身入狱,
而无一人能如缇萦之为己昭雪也。"②曹旭解释此二句曰:"《后汉
书·班固传》云:'固以自二世才术,位不过郎,感东方朔、扬雄自
论,以不遭苏、张、范、蔡之时,作《宾戏》以自通焉。'可参阅。"③班
固因"诸子多不遵法度"而入狱,于是借吟咏缇萦救父之事"有感
叹之词",感叹"百男何愦愦",非但不能救自己,自己反而受其牵
连。表面上是咏史,其实是有着班固现实人生的背景和考量的。

二、关于左思的风格品评

钟嵘《诗品》列"晋记室左思"入上品,品评曰:

其源出于公干。文典以怨,颇为精切,得讽谕之致。虽

---

① [南朝宋]范晔:《后汉书》,北京:中华书局,1965 年,第 1385—1386 页。

② 郑文:《汉诗选笺》,上海:上海古籍出版社,1986 年,第 121 页。

③ [南朝梁]钟嵘著,曹旭集注:《诗品集注》,上海:上海古籍出版社,1994 年,第
359 页。

浅于陆机,而深于潘岳。谢康乐常言:"左太冲诗,潘安仁诗,古今难比。"①

尽管没有看到钟嵘明言是品评左思的什么诗,但从诗史上左思的名声与今存作品来看,左思诗以《咏史》八首为主体,数量最多,水平也最高。于是,我们认为钟嵘这是品评左思《咏史》,当无问题。《文心雕龙·才略》云:

　　左思奇才,业深覃思,尽锐于《三都》,拔萃于《咏史》,无遗力矣。②

刘勰也认为,左思的代表作非常突出。就赋而言,左思就是《三都赋》,《三都赋》就是左思;就诗而言,左思就是《咏史》,《咏史》就是左思。

　　钟嵘对左思的评价为"文典以怨,颇为精切,得讽谕之致",我们来具体分析。"文典以怨",典,简册,指可以作为典范的重要书籍。《尚书·五子之歌》:"明明我祖,万邦之君,有典有则,贻厥子孙。"孔传:"典谓经籍。"③汉王符《潜夫论·赞学》:"是故索物于

---

① [南朝梁]钟嵘著,曹旭集注:《诗品集注》,上海:上海古籍出版社,1994 年,第154—155 页。

② [南朝梁]刘勰撰,詹锳义证:《文心雕龙义证》,上海:上海古籍出版社,1989 年,第 1810 页。

③ [清]阮元校刻:《十三经注疏》,北京:中华书局,1980 年,第 157 页上。

夜室者,莫良于火;索道于当世者,莫良于典。典者,经也,先圣之所制。"①《文心雕龙·原道》云:"玄圣创典,素王述训。"②这些材料都说明典在古代有经典的意义。古语有"数典"之说,指历举典故史实,许文雨《钟嵘诗品讲疏》按云:"按:太冲《咏史》云'卓荦观群书',则其典可知。"③即称左思是依照古书所载的典故史实来创作的。左思诗作吟咏的历史人物有贾谊、司马相如、司马穰苴、金日磾、张汤、冯唐、段干木、鲁仲连、扬雄、主父偃、朱买臣、陈平、苏秦、李斯等。那么,此处的"典"应该指叙述史实,古语有"数典忘祖",《左传·昭公十五年》载,春秋时晋大夫籍谈出使周朝,周景王问谈:晋国何以没有贡物? 谈答以晋国从来没有受到周王室器物的赏赐,所以无器物可献。周王指出,从晋的始祖唐叔开始,就不断受到王室的赏赐,责备籍谈身为晋国司典的后裔,竟不知道这些史实,说他是"数典而忘其祖"④。

　　怨,是钟嵘很看重的一种情感抒发,《咏史八首》中,左思的怨是显而易见的,如:

　　　　荆轲饮燕市,酒酣气益震。哀歌和渐离,谓若傍无人。虽无壮士节,与世亦殊伦。高眄邈四海,豪右何足陈。贵者

① [汉]王符著,汪继培笺,彭铎校正:《潜夫论校正》,北京:中华书局,1997 年,第11 页。
② [南朝梁]刘勰撰,詹锳义证:《文心雕龙义证》,上海:上海古籍出版社,1989 年,第 24 页。
③ 许文雨:《钟嵘诗品讲疏·人间词话讲疏》,成都:成都古籍书店,1983 年,第 57 页。
④ [清]阮元校刻:《十三经注疏》,北京:中华书局,1980 年,第 2078 页中。

虽自贵,视之若埃尘。贱者虽自贱,重之若千钧。(其六)①

何焯《义门读书记》称此篇:"又言虽博徒狗屠,犹有轶伦之才,视碌碌豪右、自诧攀龙者,方复夷然不屑,况吾侪也。"②

　　主父宦不达,骨肉还相薄。卖臣困樵采,伉俪不安宅。陈平无产业,归来医负郭。长卿还成都,壁立何寥廓。四贤岂不伟,遗烈光篇籍。当其未遇时,忧在填沟壑。英雄有迍邅,由来自古昔。何世无奇才,遗之在草泽。(其七)③

吴淇《六朝选诗定论》云:"此章单承'英俊沉下僚'。前英俊止冯公一人,此又引出主父等四人以见由来非一,不是说英俊多,却是说少。前于冯公云'不见招',此处连说炎凉世态,逼起末章之意。"④

　　习习笼中鸟,举翮触四隅。落落穷巷士,抱影守空庐。出门无通路,枳棘塞中涂。计策弃不收,块若枯池鱼。外望无寸禄,内顾无斗储。亲戚还相蔑,朋友日夜疏。苏秦经游说,李斯西上书。俯仰生荣华,咄嗟复凋枯。饮河期满腹,贵

① 逯钦立:《先秦汉魏晋南北朝诗》,北京:中华书局,1983年,第733页。
② [清]何焯:《义门读书记》,北京:中华书局,1987年,第893页。
③ 逯钦立:《先秦汉魏晋南北朝诗》,北京:中华书局,1983年,第734页。
④ [清]吴淇撰,汪俊、黄进德点校:《六朝选诗定论》,扬州:广陵书社,2009年,第194—195页。

足不愿余。巢林栖一枝,可为达士模。(其八)①

张玉穀《古诗赏析》云:"此章慨不安贫贱者之终罹祸也。"②

因此,"文典以怨"之"典",非典雅之义,《西京杂记》卷三云:"司马长卿赋,时人皆称典而丽。"③萧统《答玄圃园讲颂启令》云:"辞典文艳,既温且雅。"这些"典"是典雅之义。而称左思是"文典以怨",典与怨是相反的,称典不能称怨,称怨不能称典。

但是,"怨"在左思《咏史》八首中有更突出的表现,那就是对自我的充分体现。《论语·阳货》云:"诗可以兴,可以观,可以群,可以怨。"何晏集解引孔安国曰:"怨,刺上政。"④《左传·襄公二十七年》:"诗以言志,志诬其上而公怨之,以为宾荣,其能久乎?幸而后亡。"⑤王引之《经义述闻·春秋左传中》记录其父王念孙之言:"怨,刺也。言伯有志诬其君,于君享赵孟之时,赋《鹑之贲贲》之诗,公然讥刺之,以为宾荣宠也。"⑥诗"可以怨"之怨,一般就解作讥讽。但怨本来就有强烈的自我抒发意味,《易·系辞下》云:"益以兴利,困以寡怨。"⑦《史记·魏其武安侯列传》云:"武安

① 逯钦立:《先秦汉魏晋南北朝诗》,北京:中华书局,1983年,第734页。
② [清]张玉穀撰,许逸民点校:《古诗赏析》,上海:上海古籍出版社,2000年,第255页。
③ [晋]葛洪:《西京杂记》,北京:中华书局,1985年,第21页。
④ [清]阮元校刻:《十三经注疏》,北京:中华书局,1980年,第2525页中。
⑤ [清]阮元校刻:《十三经注疏》,北京:中华书局,1980年,第1997页中。
⑥ 中华书局编:《清人注疏十三经》第五册,北京:中华书局,1998年,第273页上。
⑦ [清]阮元校刻:《十三经注疏》,北京:中华书局,1980年,第89页下。

由此大怨灌夫、魏其。"①钟嵘《诗品序》就谈到"故曰：《诗》可以群，可以怨。使穷贱易安、幽居靡闷者，莫尚于诗矣"。这里的"怨"，就是强调自我抒发。张玉穀《古诗赏析》十一云：

> 太冲《咏史》，初非呆衍史事，特借史事以咏己之怀抱也。或先述己意，而以史事证之。或先述史事，而以己意断之。或止述己意，而史事暗合。或止述史事，而己意默寓。②

如果生硬地把张玉穀所说左思诗中自我与史事的关系进行搭配的话，那么，"弱冠弄柔翰""皓天舒白日"二首，为"止述己意，而史事暗合"；"郁郁涧底松""济济京城内"二首，为"止述史事，而己意默寓"；"吾希段干木""习习笼中鸟"二首，为"先述己意，而以史事证之"；"荆轲饮燕市""主父宦不达"二首，为"先述史事，而以己意断之"。这就是咏史诗的个人与史事有机的结合。

"文典以怨"是钟嵘对左思《咏史》叙述史实与抒情的评价，而"颇为精切"，就是称叙述史实与抒情都十分到位。

"得讽谕之致"，是指左思《咏史》的社会效果。讽，用委婉的语言暗示、劝告或讥刺、指责。《韩非子·八经》云："故使之讽，讽定而怒。"王先慎集解："讽，谏也。"③陈奇猷集释："不以正言谓之

---

① ［汉］司马迁：《史记》，北京：中华书局，1959 年，第 2849 页。

② ［清］张玉穀撰，许逸民点校：《古诗赏析》，上海：上海古籍出版社，2000 年，第 251 页。

③ ［清］王先慎：《韩非子集解》，北京：中华书局，1998 年，第 432 页。

讽。"①谕,告晓,告知。《周礼·秋官·讶士》云:"掌四方之狱讼,谕罪刑于邦国。"郑注:"告晓以丽罪及制刑之本意。"孙诒让正义:"谓以刑书告晓邦国'制刑之本意',谓依罪之轻重制作刑法以治之,其意义或深远难知,讶士则解释告晓之,若后世律书之有疏议也。"②《汉书·董仲舒传》云:"子大夫明先圣之业,习俗化之变,终始之序,讲闻高谊之日久矣,其明以谕朕。"颜师古注:"谕谓晓告也。"③钟嵘认为左思《咏史》达到了"讽谕"的最高境界,所谓抨击门阀制度云云。

"虽浅于陆机,而深于潘岳",这是联系陆机、潘岳谈左思诗作的"深、浅"。《诗品》上品"晋黄门郎潘岳"条也论及陆机、潘岳的"深、浅",其云:

　　　其源出于仲宣。《翰林》叹其翩翩奕奕,如翔禽之有羽毛,衣被之有绡縠,犹浅于陆机。谢混云:"潘诗烂若舒锦,无处不佳;陆文如披沙简金,往往见宝。"嵘谓:益寿轻华,故以潘胜;《翰林》笃论,故叹陆为深。余常言:"陆才如海,潘才如江。"④

杨明注云:"深:指辞旨深隐,非一览就晓。按:此就表现风格而

---

① 陈奇猷校注:《韩非子集释》,上海:上海人民出版社,1974 年,第 1003 页。
② [清]孙诒让:《周礼正义》,北京:中华书局,1987 年,第 2812—2813 页。
③ [汉]班固:《汉书》,北京:中华书局,1962 年,第 2498 页。
④ [南朝梁]钟嵘著,曹旭集注:《诗品集注》,上海:上海古籍出版社,1994 年,第 140—141 页。

言,非指思想意义之深浅。如《抱朴子外篇·释义》:'其深者则患于僻烦言冗。'《文心雕龙·定势》引曹植语云:'世之作者,或好烦文博采,深沉其旨者。'都将深与文辞繁富相联系。文辞繁富,易流于芜杂而不清便,故谢混云如披沙简金而以潘为胜。但由繁富亦可见其才大,《翰林论》叹陆为深,亦即寓有赞其才大之意,故钟嵘称为笃论,即深入而不只看表面的议论。"①这是很精彩的论断。这就是所谓的"颇为精切",不深不浅正合适。《文心雕龙·才略》云:"而《集灵》诸赋,偏浅无才,故知长于讽谕,不及丽文也。"②就文采来说,左思之作也是"长于讽谕",那么其不深不浅也正合适。

左思《咏史》因"文典以怨"而为上品,班固《咏史》"有感叹之词"而为下品,其中固然有《诗品序》所谓"班固《咏史》,质木无文"的原因,更重要的原因在于,钟嵘称赏左思的抒情方式。左思与班固在咏史诗上的差异,一是个人与史事有机的结合、相融,一是借他人之事"有感叹之词"的外在的结合;一是叙说"士不遇"的普遍现象,一是叙说自己的个别遭遇,当然前者更能引起更广大读者的共鸣。

钟嵘《诗品序》论兴、比、赋有这样的话:

故诗有六义焉。一曰兴,二曰比,三曰赋。文已尽而意

① 杨明:《文赋诗品译注》,上海:上海古籍出版社,1999年,第54页。
② [南朝梁]刘勰撰,詹锳义证:《文心雕龙义证》,上海:上海古籍出版社,1989年,第1781页。

有馀,兴也;因物喻志,比也;直书其事,寓言写物,赋也。弘斯三义,酌而用之,干之以风力,润之以丹彩,使味之者无极,闻之者动心,是诗之至也。若专用比兴,则患在意深,意深则词踬。若专用赋体,则患在意浮,意浮则文散,嬉成流移,文无止泊,有芜漫之累矣。①

左思的咏史,可谓"文已尽而意有馀",称说史事则己事"意有馀",称说己事则史事"意有馀"。班固的咏史,可称其"专用赋体",则"患在意浮",或不知史事人物与诗人的关系,或史事人物与诗人关系的意蕴显得浅薄。

三、左思"其源出于公干"辨

钟嵘品评左思,称"其源出于公干"。我们来看钟嵘对刘桢的品评,《诗品》上品"魏文学刘桢"条云:

其源出于《古诗》。仗气爱奇,动多振绝。贞骨凌霜,高风跨俗。但气过其文,雕润恨少。然自陈思已下,桢称独步。②

---

① [南朝梁]钟嵘著,曹旭集注:《诗品集注》,上海:上海古籍出版社,1994年,第39、45页。

② [南朝梁]钟嵘著,曹旭集注:《诗品集注》,上海:上海古籍出版社,1994年,第110页。

左思到底哪个地方"源出于公干"？根据刘桢的诗作与钟嵘对刘桢的品评,起码可以从四个地方来探索。其一,比格的运用。刘桢有《赠从弟诗三首》,其云:

> 泛泛东流水,磷磷水中石。蘋藻生其涯,华叶纷扰溺。采之荐宗庙,可以羞嘉客。岂无园中葵,懿此出深泽。
>
> 亭亭山上松,瑟瑟谷中风。风声一何盛,松枝一何劲。冰霜正惨凄,终岁常端正。岂不罹凝寒,松柏有本性。
>
> 凤皇集南岳,徘徊孤竹根。于心有不厌,奋翅凌紫氛。岂不常勤苦,羞与黄雀群。何时当来仪,将须圣明君。①

沈德潜《古诗源》卷六评价刘桢的诗歌:"赠人之作,通用比体,亦是以格。"②此作分别以蘋藻、松、凤凰比拟其堂弟。而左思之作既比拟自己又比拟前辈英才,《咏史八首》其二:

> 郁郁涧底松,离离山上苗。以彼径寸茎,荫此百尺条。世胄蹑高位,英俊沈下僚。地势使之然,由来非一朝。金张藉旧业,七叶珥汉貂。冯公岂不伟,白首不见招。③

何焯《义门读书记》评价此首诗云:"良图莫骋,职由困于资地,托

---

① 逯钦立:《先秦汉魏晋南北朝诗》,北京:中华书局,1983 年,第 371 页。

② [清]沈德潜:《古诗源》,北京:中华书局,1963 年,第 130 页。

③ 逯钦立:《先秦汉魏晋南北朝诗》,北京:中华书局,1983 年,第 733 页。

前代以自鸣所不平也。"①钟嵘所谓"其源出于公干",当有此比拟之义吧。

其二,左思诗风直逼刘桢,"左思风力"与"仗气爱奇,动多振绝,贞骨凌霜"的一脉相承。《诗品序》称好诗须"干之以风力",中品"宋征士陶潜"条又称赏陶潜诗歌"又协左思风力"。沈德潜《说诗晬语》云:"左太冲拔出于众流之中,胸次高旷,而笔力足以达之,自应尽掩诸家。"②"世胄蹑高位,英俊沈下僚"之类"左思风力"的呼喊,比刘桢有过之而无不及!

其三,左思、刘桢诗作在叙写内容与风格上有"高风跨俗"之类的一脉相承。何焯《义门读书记》评刘桢《赠从弟诗三首》云:"此教以修身俟时。首章致其洁也,次章励其节也,三章择其从也。峻骨凌霜,高风跨俗,要惟此种足以当之。"③总体而言,左思《咏史八首》中的古人,也都称得上"仗气爱奇,动多振绝,贞骨凌霜,高风跨俗";具体而言,刘桢咏"亭亭山上松,瑟瑟谷中风",左思咏"郁郁涧底松",何其相似乃尔。

其四,钟嵘称刘桢之作"气过其文,雕润恨少",陈衍也指出左思亦是如此,其《诗品平议》云:"窃谓笔力雄迈,自是太冲本色,胸次亦自高旷。但说得太实太露,便近矫饰。"④

---

① [清]何焯:《义门读书记》,北京:中华书局,1987 年,第 892 页。

② [清]叶燮、[清]薛雪、[清]沈德潜:《原诗·一瓢诗话·说诗晬语》,北京:人民文学出版社,1979 年,第 201—202 页。

③ [清]何焯:《义门读书记》,北京:中华书局,1987 年,第 905 页。

④ 转引自[南朝梁]钟嵘著,曹旭集注《诗品集注》,上海:上海古籍出版社,1994 年,第 159 页。

四、袁宏《咏史》

《诗品》中品"晋吏部郎袁宏":

> 彦伯《咏史》,虽文体未遒,而鲜明劲健,去凡俗远矣。①

袁宏《咏史诗二首》,其一云:

> 周昌梗概臣,辞达不为讷。汲黯社稷器,栋梁表天骨。
> 陆贾厌解纷,时与酒梼杌。婉转将相门,一言和平勃。趋舍
> 各有之,俱令道不没。②

与班固《咏史》叙事不同,袁宏之作是继左思以来的櫽栝古人生平
的写法。周昌,秦时为泗水卒史,从刘邦起兵,入关破秦,任中尉,
后为御史大夫,封汾阴侯。所谓"辞达不为讷",《史记·张丞相列
传》载,刘邦欲废太子,大臣固争之,莫能得,周昌廷争,其为人口
吃,又盛怒,曰:"臣口不能言,然臣期期知其不可。陛下虽欲废太
子,臣期期不奉诏。"刘邦欣然而笑。③ 汲黯,字长孺,汉武帝时人,
东海太守,继为主爵都尉,武帝称其社稷之臣。天骨,星相家谓天

---

① [南朝梁]钟嵘著,曹旭集注:《诗品集注》,上海:上海古籍出版社,1994 年,第
253 页。

② 逯钦立:《先秦汉魏晋南北朝诗》,北京:中华书局,1983 年,第 920 页。

③ [汉]司马迁:《史记》,北京:中华书局,1982 年,第 2677 页。

庭多奇骨者,为人物气度、格调杰出。《史记·汲黯列传》记载:
"黯为人性倨,少礼,面折,不能容人之过。合己者善待之,不合己
者不能忍见,士亦以此不附焉。然好学,游侠,任气节,内行修洁,
好直谏,数犯主之颜色,常慕傅柏、袁盎之为人也。"①陆贾,《史
记·陆贾列传》载,高祖谓陆生曰:"试为我著秦所以失天下,吾所
以得之者何,及古成败之国。"于是陆贾"乃粗述存亡之征,凡著十
二篇,号其书曰'新语'"。② 梼杌,《孟子·离娄下》云:"晋之
《乘》,楚之《梼杌》,鲁之《春秋》,一也。"③周勃,汉初大臣,《史
记·高祖本纪》载,刘邦曰:"周勃重厚少文,然安刘氏者必勃
也。"④是周勃在吕后死后定计诛杀诸吕,迎立文帝即位。

其二云:

　　　　无名困蝼蚁,有名世所疑。中庸难为体,狂狷不及时。
杨恽非忌贵,知及有余辞。躬耕南山下,芜秽不遑治。赵瑟
奏哀音,秦声歌新诗。吐音非凡唱,负此欲何之。⑤

诗歌主要吟咏杨恽事迹,杨恽《与孙会宗书》云:"臣之得罪,已三
年矣。田家作苦,岁时伏腊,烹羊炮羔,斗酒自劳。家本秦也,能
为秦声。妇,赵女也,雅善鼓瑟。奴婢歌者数人,酒后耳热,仰天

① [汉]司马迁:《史记》,北京:中华书局,1982 年,第 3106 页。
② [汉]司马迁:《史记》,北京:中华书局,1982 年,第 2699 页。
③ [清]阮元校刻:《十三经注疏》,北京:中华书局,1980 年,第 2728 页上。
④ [汉]司马迁:《史记》,北京:中华书局,1982 年,第 392 页。
⑤ 逯钦立:《先秦汉魏晋南北朝诗》,北京:中华书局,1983 年,第 920 页。

拊缶而呼乌乌。其诗曰：'田彼南山，芜秽不治，种一顷豆，落而为萁。人生行乐耳，须富贵何时！'"①袁宏以此演化之。

袁宏《咏史》，实际上叙说了人生的两端，一是能够"俱令道不没"人物的人生，一是"躬耕南山下"人物的人生。但是，不管人生如何，袁宏吟咏起来却都是"吐音非凡唱"，这也从《世说新语·文学》所载袁宏吟咏时的场景可见：

> 袁虎少贫，尝为人佣载运租。谢镇西经船行，其夜清风朗月，闻江渚间估客船上有咏诗声，甚有情致。所咏五言，又其所未尝闻，叹美不能已。即遣委曲讯问，乃是袁自咏其所作《咏史诗》。因此相要，大相赏得。

刘孝标注引《续晋阳秋》曰：

> 虎少有逸才，文章绝丽。曾为《咏史》诗，是其风情所寄。少孤而贫，以运租为业，谢尚时镇牛渚，乘秋佳风月，微服泛江，会虎在运租船中讽咏。声既清会，辞又藻拔，非尚所曾闻。乃遣问讯。答曰："是袁临汝郎诵诗。"即其咏史之作也。②

---

① ［汉］班固：《汉书》，北京：中华书局，1962 年，第 2895—2896 页。
② ［南朝宋］刘义庆撰，［南朝梁］刘孝标注，余嘉锡笺疏：《世说新语笺疏》，上海：上海古籍出版社，1993 年，第 268 页。

从袁宏《咏史》诗本身来看,历史人物形象鲜明,其事迹跌宕动人,其诗句铿锵有力,此即所谓"鲜明劲健"。而称袁宏《咏史》"是其风情所寄",风情,一般理解为风采;那么,袁宏的《咏史》风采,就是把史家之才完全展示出来而已。

《晋书·文苑传》袁宏有传,其载袁宏叙事作品云:

> 后为《东征赋》,赋末列称过江诸名德,而独不载桓彝。时伏滔先在温府,又与宏善,苦谏之。宏笑而不答。温知之甚忿,而惮宏一时文宗,不欲令人显问。后游青山饮归,命宏同载,众为之惧。行数里,问宏云:"闻君作《东征赋》,多称先贤,何故不及家君?"宏答曰:"尊公称谓非下官敢专,既未遑启,不敢显之耳。"温疑不实,乃曰:"君欲为何辞?"宏即答云:"风鉴散朗,或搜或引,身虽可亡,道不可陨,宣城之节,信义为允也。"温泫然而止。宏赋又不及陶侃,侃子胡奴尝于曲室抽刃问宏曰:"家君勋迹如此,君赋云何相忽?"宏窘急,答曰:"我已盛述尊公,何乃言无?"因曰:"精金百汰,在割能断,功以济时,职思静乱,长沙之勋,为史所赞。"胡奴乃止。[1]

《晋书》本传载其"撰《后汉纪》三十卷及《竹林名士传》三卷"[2],袁宏《咏史》中史实的运用自是其史家本色。

钟嵘认为,作为"咏史",袁宏之作"文体未遒"。"遒",尽,曹

---

[1] [唐]房玄龄等:《晋书》,北京:中华书局,1974年,第2391—2392页。

[2] [唐]房玄龄等:《晋书》,北京:中华书局,1974年,第2398页。

丕《与吴质书》"公干有逸气,但未遒耳",《文选》五臣注之吕延济曰:"遒,尽也。言未尽美也。"①袁宏的"咏史"之作哪些地方未尽美呢? 那就是我们在其诗作中看不到袁宏个人的思想与情感。

袁宏《咏史》之作对后世也是有影响的,《诗品》有所说明。其下品"齐记室王中、齐绥建太守卞彬、齐端溪令卞铄"条云:

> 王中、二卞诗,并爱奇崭绝。慕袁彦伯之风。虽不弘绰,而文体剿净,去平美远矣。②

"爱奇崭绝""文体剿净",可说是继承袁宏"鲜明劲健"而来,袁宏"去凡俗远矣",而王中、二卞诗亦"去平美远矣"。又,下品"晋征士戴逵"条云:

> 安道诗虽嫩弱,有清工之句,裁长补短,袁彦伯之亚乎?③

"清工",人称为清新工巧,亦是继承袁宏"鲜明劲健"而来。许文雨《钟嵘诗品讲疏》按:"彦伯泛渚游吟,脱去凡俗;安道不为王门伶人,可称放达。仲伟以戴拟袁,亦是有意欤。"④

---

① [南朝梁]萧统编,[唐]李善等注:《六臣注文选》,北京:中华书局,1987 年,第787 页上。
② [南朝梁]钟嵘著,曹旭集注:《诗品集注》,上海:上海古籍出版社,1994 年,第459 页。
③ [南朝梁]钟嵘著,曹旭集注:《诗品集注》,上海:上海古籍出版社,1994 年,第391 页。
④ 许文雨:《钟嵘诗品讲疏》,成都:成都古籍书店,1983 年,第 119 页。

五、钟嵘对中古咏史的总体评价

从上述《诗品》对左思、班固、袁宏"咏史"之作的评价,我们可知钟嵘心目中的"咏史"之作的写作模式和理想风格,即其"文体"之"道"应该是怎么样的。

其一,应该是"老于掌故"的、数"典"的,即"咏史"对史实的吟咏应该是"颇为精切"的。

其二,应该是"有感叹之词"的,其内容或为"怨",要与自我联系在一起的;要有所谓"得讽谕之致"之类的指向社会现象。

其三,其语辞运用应该是不深不浅的,所谓"浅于陆机,而深于潘岳",过浅则流于通俗,过深则流于晦涩、偏僻,达不到咏史的"清工"。

其四,其风格应该是所谓"左思风力",即承袭刘桢"仗气爱奇,动多振绝",发展成为"鲜明劲健"。

其五,其总体评价应该是"高风跨俗""去凡俗远矣""去平美远矣"。

其六,应该避免的缺点,诸如"质木无文",或太实太露。

六、关于《文选》诗的"咏史"类

《文选》诗"咏史"类录诗九人十题,唐人《六臣注文选》对其有所评价,或为唐人语,或为唐人引前人语,以下依次叙来,可以看出时代与社会对咏史诗的期待。

王仲宣《咏史诗》一首咏"秦穆杀三良"，吕向注曰：

> 谓览史书咏其行事得失，或自寄情焉。曹公好以己事诛杀贤良，（王）粲故托言秦穆公杀三良自殉以讽之。①

曹子建《三良诗》一首咏"秦穆杀三良"，刘良注曰：

> 亦咏史也，义与前诗同。（曹）植被文帝责黜，意者是悔不随武帝死，而托是诗。②

以上二诗同题共作，为咏史而咏史。虽然也有诗人的情感抒发，却是大众化的，看不出与诗人自身的关系。

左太冲《咏史》八首，吕向注曰：

> 是诗之意，多以喻己。③

张景阳《咏史》一首，李善注曰：

---

① ［南朝梁］萧统编，［唐］李善等注：《六臣注文选》，北京：中华书局，1987 年，第 386 页下。
② ［南朝梁］萧统编，［唐］李善等注：《六臣注文选》，北京：中华书局，1987 年，第 387 页上。
③ ［南朝梁］萧统编，［唐］李善等注：《六臣注文选》，北京：中华书局，1987 年，第 387 页上。

　　臧荣绪《晋书》曰:张协,字景阳,载之弟也。兄弟并守道不竞,以属咏自娱。少辟公府,后为黄门侍郎。因托疾,遂绝人事。协见朝廷贪禄位者众,故咏此诗以刺之。①

这是对社会现象的运用,因此多为概括性叙说。

　　卢子谅《览古》一首,吕延济注曰:

　　徐广《晋纪》云:(卢)谌善属文,西晋之末,天下丧乱,北投刘琨,琨以为从事中郎,后为段匹磾别驾。尝览史籍至蔺相如传,睹其志,思其人,故咏之。②

谢宣远《张子房诗》一首,刘良注曰:

　　晋末宋高祖北伐见张良庙毁,乃修之,并命诸人为诗。瞻时为豫章太守,遂以和此;虽是和诗,而实咏之。③

颜延年《秋胡诗一首》,刘良注曰:

---

① [南朝梁]萧统编,[唐]李善等注:《六臣注文选》,北京:中华书局,1987年,第390页上。
② [南朝梁]萧统编,[唐]李善等注:《六臣注文选》,北京:中华书局,1987年,第391页上。
③ [南朝梁]萧统编,[唐]李善等注:《六臣注文选》,北京:中华书局,1987年,第392页上。

延年咏此，以刺为君之义不固也。①

颜延年《五君咏》五首比较多的是对精神风流倜傥的吟咏，李善
注曰：

> 沈约《宋书》曰：颜延年领步兵，好酒疏诞，不能斟酌当
> 时。刘湛言于彭城王义康，出为永嘉太守。延年甚怨愤，乃
> 作《五君咏》，以述竹林七贤。山涛王戎以贵显被黜。咏嵇康
> 曰：鸾翮有时铩，龙性谁能驯。咏阮籍曰：物故不可论，途穷
> 能无恸。咏阮咸曰：屡荐不入官，一麾乃出守。咏刘伶曰：韬
> 精日沈饮，谁知非荒宴。此四句盖自序也。②

鲍明远《咏史》一首，张铣注曰：

> 此诗独美严公，以诮当时奢丽。③

虞子阳《咏霍将军北伐》一首，吕向注曰：

---

① ［南朝梁］萧统编，［唐］李善等注：《六臣注文选》，北京：中华书局，1987年，第
393 页下。
② ［南朝梁］萧统编，［唐］李善等注：《六臣注文选》，北京：中华书局，1987年，第
395 页下—396 页上。
③ ［南朝梁］萧统编，［唐］李善等注：《六臣注文选》，北京：中华书局，1987年，第
398 页上。

　　霍去病为汉骠骑将军，以匈奴。義羨之，是以咏矣。①

　　上述评价，或以自喻称之，或以讥时刺世称之，力求张扬诗歌情感与时代、社会、历史的关系。有之则说有，无之亦说有，这表明读者对咏史诗的期望，就在于超越史事的吟咏而针对现实的吟咏。

　　以上所录《文选》诗"咏史"类的作品，其题目所显示的题材，或称笼统"咏史"，或称咏一人或数人，或称咏某人某事。中古"咏史"还有一类，即专咏某一事迹的人物，如曹植《精微篇》：

　　精微烂金石，至心动神明。杞妻哭死夫，梁山为之倾。子丹西质秦，乌白马角生。邹衍囚燕市，繁霜为夏零。关东有贤女，自字苏来卿，壮年报父仇，身没垂功名。如休逢赦书，白刃几在颈。俱上列仙籍，去死独就生。太仓令有罪，远征当就拘，自悲居无男，祸至无与俱。缇萦痛父言，荷担西上书，盘桓北阙下，泣泪何涟如。乞得并姊弟，没身赎父躯，汉文感其义，肉刑法用除。其父得以免，辩义在列图，多男亦何为，一女足成居。简子南渡河，津吏废舟船，执法将加刑，女娟拥棹前。妾父闻君来，将涉不测渊，畏惧风波起，祷祝祭名川。备礼缛神祇，为君求福先，不胜酌祀诚，至令犯罚艰。君必欲加诛，乞使知罪愆，妾愿以身代，至诚感苍天。国君高其

――――――――――

① ［南朝梁］萧统编，［唐］李善等注：《六臣注文选》，北京：中华书局，1987 年，第 398 页上。

义,其父用赦原,河激奏中流,简子知其贤。归聘为夫人,荣
宠超后先。辩女解父命,何况健少年。黄初发和气,明堂德
教施。治道致太平,礼乐风俗移。刑措民无枉,怨女复何为。
圣皇长寿考,景福常来仪。①

曹植之作撰录有关"精微"之事,精,微也;精,诚也。"精微"即精
诚,古话有"精诚所至,金石为开";诗作首句"精微烂金石,至心动
神明"已点明题旨。诗中叙写了杞妻、子丹、邹衍、苏来卿、如休、
缇萦、女娟诸人"精微烂金石,至心动神明"的事迹,故题名"精微
篇"。如此把同一类历史人物放在一起吟咏,别有一番意味,其
实,左思《咏史》也有这样的意思,其所吟咏多"英俊沈下僚"之人!

七、史学观念中的咏史诗的价值趋向

咏史诗论史,为古代论史的第四种方法。

古代论史的第一种方法,为以"义"论史、述史。古者"左史记
言,右史记事",《春秋》的史学观最强调"义",目的在于显示出历
史事件的原动力、原因或本质,其方法则是穿越史实而直接述
"义"。对"义"过分的强调及直接述说,有时会使史实模糊而与
"真"有出入,如《左传》襄公二十五年详细记载:

崔子曰:"婴也何害?先夫当之矣。"遂取之。庄公通焉,

---

① 逯钦立:《先秦汉魏晋南北朝诗》,北京:中华书局,1983 年,第 429—430 页。

骤如崔氏。以崔子之冠赐人。侍者曰:"不可。"公曰:"不为崔子,其无冠乎?"崔子因是,又以其间伐晋也,曰:"晋必将报。"欲弑公以说于晋,而不获间。公鞭侍人贾举,而又近之,乃为崔子间公。夏五月,莒为且于之役故,莒子朝于齐。甲戌,飨诸北郭。崔子称疾不视事。乙亥,公问崔子,遂从姜氏。姜入于室,与崔子自侧户出。公拊楹而歌。侍人贾举止众从者,而入闭门。甲兴,公登台而请,弗许;请盟,弗许;请自刃于庙,勿许。皆曰:"君之臣杼疾病,不能听命。近于公宫,陪臣干掫有淫者,不知二命。"公逾墙。又射之,中股,反队,遂弑之。……大史书曰:"崔杼弑其君。"崔子杀之。其弟嗣书而死者二人。其弟又书,乃舍之。南史氏闻大史尽死,执简以往。闻既书矣,乃还。①

虽然不是崔杼直接动手弑君,但是在崔杼的指使下其君被弑,因此,以"书法"、以"义",就一定是"崔杼弑其君",这是透过表面现象看到了史事的本质。所以大史一定要这样记,虽然被杀,其两个弟弟也还是要这样记。

　　古代论史的第二种方法,为以"文"论史、述史。孔子时的史学观为"文胜质则史"②,《左传》《战国策》《国语》的"文",期望以"文"记言记事,突出了以各种手段揭示历史事件的原动力、原因

---

① [清]阮元校刻:《十三经注疏》,北京:中华书局,1980 年,第 1983 页中、下—1984页上。
② [清]阮元校刻:《十三经注疏》,北京:中华书局,1980 年,第 2479 页上。

或本质，但避免不了“浮夸”之蔽。汉王充《论衡·量知》也说“能雕琢文书，谓之史匠”①，先秦史学的笔法之“文”，或“文”之以鬼神梦境，《论衡·案书》云：

> 左氏得实，明矣。言多怪，颇与孔子“不语怪、力”相违返也。②

范宁《〈春秋穀梁传〉集解序》：

> 左氏艳而富，其失也巫。（杨士勋注：巫者谓多叙鬼神之事，预言祸福之期：申生之托狐突，荀偃死不受含，伯有之厉，彭生之妖，是也。）③

先秦史学或“文”之以代言。《左传》僖公二十二年记载：

> 晋大子圉为质于秦，将逃归，谓嬴氏曰：“与子归乎？”对曰：“子，晋大子，而辱于秦，子之欲归，不亦宜乎？寡君之使婢子侍执巾栉，以固子也。从子而归，弃君命也。不敢从，亦不敢言。”遂逃归。④

---

① ［汉］王充：《论衡》，上海：上海人民出版社，1974 年，第 195 页。
② ［汉］王充：《论衡》，上海：上海人民出版社，1974 年，第 438 页。
③ ［清］阮元校刻：《十三经注疏》，上海：上海古籍出版社，1997 年，第 2361 页。
④ ［清］阮元校刻：《十三经注疏》，上海：上海古籍出版社，1997 年，第 1813 页中。

夫妻密谋,何人知之？但通过密谋说出逃归是怎样实施的。"史"之"文",可以更好地实现纪事的功能,即用更多的东西来展示事件的原动力。但又带来新的问题,即韩愈《进学解》称《左氏》浮夸①。

古代论史的第三种方法,为以"实"论史、述史。汉代史家,则更为重视"实录"记言记事,中国古代史学达到了新的境界。班固《汉书·司马迁传赞》表达对司马迁及其《史记》的看法：

> 又其是非颇缪于圣人,论大道而先黄、老而后六经,序游侠则退处士而进奸雄,述货殖则崇势利而羞贱贫,此其所蔽也。然自刘向、扬雄博极群书,皆称迁有良史之材,服其善序事理,辨而不华,质而不俚,其文直,其事核,不虚美,不隐恶,故谓之"实录"。②

古代论史的第四种方法,为以"情"论史、述史,这就是咏史诗。就左思《咏史》之作来看,诸如"吾希段干木,偃息藩魏君。吾慕鲁仲连,谈笑却秦军"之类,强调自我情感抒发正是其特点,沈德潜《古诗源》卷七曰：

> 太冲《咏史》,不必专咏一人,专咏一事,咏古人而己之性

---

① 屈守元、常思春主编:《韩愈全集校注》,成都:四川大学出版社,1996 年,第1910 页。

② [汉]班固:《汉书》,北京:中华书局,1962 年,第 2737—2738 页。

情俱见，此千秋绝唱也。后惟明远、太白能之。①

沈德潜此语将左思《咏史》诗的好处深刻地揭示出来，左思的《咏史》不在于对史事的记录，不在于对史事的评价，而在于借古以咏今，发泄自己生不逢时沉沦下僚的愤懑情绪。正是因为《咏史》诗在史事的基础上，有了自身的"性情"，才能够让人感受到历史事实与作家的思想感情的有机结合，才具有直指人心的感染力。

_____

① [清]沈德潜：《古诗源》，北京：人民文学出版社，1963年，第166页。

魏晋南北朝校书考述

《风俗通》曰：

> 案刘向《别录》：雠校，一人读书，校其上下，得缪误，为校；一人持本，一人读书，若怨家相对。①

校书即校雠，"狭义的仅指改正书面材料上的文字错误"②，本文所考述"校书"，亦取此义。校书活动早可追溯至《国语·鲁语下》的记载："昔正考父校商之名《颂》十二篇于周太师，以《那》为首。"③这是校正篇章。《吕氏春秋·慎行论·察传》："子夏之晋，过卫，有读史记者曰：'晋师三豕涉河。'子夏曰：'非也，是己亥也。夫"己"与"三"相近，"豕"与"亥"相似。'至于晋而问之，则曰'晋师己亥涉河'也。"④这是校正字句。

《通典·职官八》称"秘书校书郎"：

---

① [南朝梁]萧统编，[唐]李善注：《文选》注引，北京：中华书局，1977年，第106页上。

② 程千帆、徐有富：《校雠广义·校勘篇》，济南：齐鲁书社，1998年，第4页。

③ [战国]左丘明著，[三国吴]韦昭注：《国语》，上海：上海古籍出版社，2015年，第143页。

④ 陈奇猷：《吕氏春秋新校释》，上海：上海古籍出版社，第1537页。

　　汉之兰台及后汉东观，皆藏书之室，亦著述之所。多当时文学之士，使雠校于其中，故有校书之职。后于兰台置令史十八人，又选他官入东观，皆令典校秘书，或撰述传记，盖有校书之任，而未为官也，故以郎居其任，则谓之校书郎。以郎中居其任，则谓之校书郎中。当时重其职，故学者称东观为老氏藏室，道家蓬莱山焉。至魏，始置秘书校书郎。晋、宋以下无闻。至后魏，有秘书校书郎。北齐亦有校书郎。后周有校书郎下士十二人，属春官之外史。隋校书郎十二人，炀帝初，减二人，寻更增为四十人。①

这是校书郎的大致情况。本文叙述中古校书的各种活动，概括其活动的某些性质，以探求古来校书活动诸方面的渊源。

一、中古校书活动的沿革

　　两汉时有数次成规模校书活动。汉之兰台与东汉东观，为朝廷的典籍藏书，《汉书·百官公卿表上》载，御史中丞"在殿中兰台，掌图籍秘书"②。汉焦赣《易林·巽之明夷》："典策法书，藏兰

---

① ［唐］杜佑撰，王文锦、王永兴等点校：《通典》，北京：中华书局，1988 年，第 735—736 页。

② ［汉］班固：《汉书》，北京：中华书局，1962 年，第 725 页。

台。虽遭溃乱,独不遇灾。"①东观,所谓"学者称东观为老氏臧室,道家蓬莱山"②,史载永元十三年(101)春正月丁丑,和帝"幸东观,览书林,阅篇籍,博选术艺之士以充其官"③。

张衡《西京赋》有"次有天禄、石渠,校文之处"④,说西汉朝廷有专门的"校文之处"。刘勰《文心雕龙·诠赋》称赋"繁积于宣时,校阅于成世"⑤,指朝廷对赋这一文体的"校阅"。西汉朝廷大规模的校书活动于汉成帝时展开,这是我国古代校书史上第一件大事:

> 汉兴,改秦之败,大收篇籍,广开献书之路。迄孝武世,书缺简脱,礼坏乐崩,圣上喟然而称曰:"朕甚闵焉!"于是建藏书之策,置写书之官,下及诸子传说,皆充秘府。至成帝时,以书颇散亡,使谒者陈农求遗书于天下。诏光禄大夫刘向校经传诸子诗赋,步兵校尉任宏校兵书,太史令尹咸校数术,侍医李柱国校方技。每一书已,向辄条其篇目,撮其指意,录而奏之。会向卒,哀帝复使向子侍中奉车都尉歆卒父业。歆于是总群书而奏其《七略》,故有《辑略》,有《六艺略》,有《诸子略》,有《诗赋略》,有《兵书略》,有《术数略》,有

---

① [汉]焦延寿著,尚秉和注:《焦氏易林注》,北京:光明日报出版社,2005年,第562页。
② [南朝宋]范晔:《后汉书》,北京:中华书局,1965年,第821—822页。
③ [南朝宋]范晔:《后汉书》,北京:中华书局,1965年,第188页。
④ [南朝梁]萧统编,[唐]李善注:《文选》,上海:上海古籍出版社,1986年,第54页。
⑤ 范文澜注:《文心雕龙注》,北京:人民文学出版社,1958年,第135页。

《方技略》。今删其要，以备篇辑。①

（刘）歆，字子骏，少以通《诗》《书》能属文召见成帝，待诏宦者署，为黄门郎。河平中，受诏与父向领校秘书，讲六艺传记，诸子、诗赋、数术、方技，无所不究。②

广收而来的天下"篇籍"，要进行整理校勘，此事以刘向总校，后其子刘歆相继。班固《西都赋》称西都的文化活动"校理秘文"为盛事之一：

又有承明金马，著作之庭，大雅宏达，于兹为群，元元本本，周见洽闻，启发篇章，校理秘文。③

东汉校书，郑道昭《请置学官生徒表》称"光武中兴于拨乱之际，乃使郑众、范升校书东观"④，后则以班固、傅毅为中心，班固《〈答宾戏〉序》自称"永平中为郎，典校秘书"⑤，又：

（班固）召诣校书部，除兰台令史，与前睢阳令陈宗、长陵

① ［汉］班固：《汉书》，北京：中华书局，1962 年，第 1701 页。
② ［汉］班固：《汉书》，北京：中华书局，1962 年，第 1967 页。
③ ［南朝梁］萧统编，［唐］李善注：《文选》，上海：上海古籍出版社，1986 年，第 15 页。
④ ［北齐］魏收：《魏书》，北京：中华书局，1974 年，1241 页。
⑤ ［南朝梁］萧统编，［唐］李善注：《文选》，上海：上海古籍出版社，1986 年，第 2015 页。

令尹敏、司隶从事孟异共成《世祖本纪》。迁为郎,典校秘书。①

建初(76—83)中,肃宗博召文学之士,以(傅)毅为兰台令史,拜郎中,与班固、贾逵共典校书。②

杨终字子山,蜀郡成都人也。年十三,为郡小吏,太守奇其才,遣诣京师受业,习《春秋》,显宗时,征诣兰台,拜校书郎。③

班固以后,东汉朝廷的校书活动持续不断:

王逸字叔师,南郡宜城人也。元初中,举上计吏,为校书郎。④

前安帝时,越骑校尉刘千校书东观。⑤

(许)慎前以诏书校书东观。⑥

永和元年(136),诏无忌与议郎黄景校定中书《五经》、诸子百家、艺术。元嘉中,桓帝复诏无忌与黄景、崔寔等共撰

---

① [南朝宋]范晔:《后汉书》,北京:中华书局,1965年,第1334页。

② [南朝宋]范晔:《后汉书》,北京:中华书局,1965年,第2613页。

③ [南朝宋]范晔:《后汉书》,北京:中华书局,1965年,第1597页。

④ [南朝宋]范晔:《后汉书》,北京:中华书局,1965年,第2618页。

⑤ [东汉]胡广:《王隆汉官篇解诂叙》,载[清]严可均《全上古三代秦汉三国六朝文》,北京:中华书局,1958年,第782页。

⑥ [东汉]许冲:《上书进〈说文〉》,载[清]严可均《全上古三代秦汉三国六朝文》,北京:中华书局,1958年,第742页。

《汉记》。又自采集古今,删著事要,号曰《伏侯注》。①

（延平元年二月）诏谒者刘珍及《五经》博士,校定东观《五经》、诸子、传记、百家艺术,整齐脱误,是正文字。②

（蔡）伦有才学,……（元初）四年,帝以经传之文多不正定,乃选通儒谒者刘珍及博士良史诣东观,各雠校家法,令（蔡）伦监典其事。③

（高彪）校书东观。数奏赋、颂、奇文,因事讽谏,灵帝异之。④

汉末蔡邕碑刻《六经》,是中古校书史的另一件大事：

召拜郎中,校书东观。迁议郎。邕以经籍去圣久远,文字多谬,俗儒穿凿,疑误后学,熹平四年,乃与五官中郎将堂谿典,光禄大夫杨赐,谏议大夫马日磾,议郎张驯、韩说,太史令单飏等,奏求正定《六经》文字。灵帝许之,邕乃自书丹于碑,使工镌刻立于太学门外。于是后儒晚学,咸取正焉。及碑始立,其观视及摹写者,车乘日千余两,填塞街陌。⑤

时,宦者济阴丁肃、下邳徐衍、南阳郭耽、汝阳李巡、北海赵祐等五人称为清忠,皆在里巷,不争威权。巡以为诸博士

① ［南朝宋］范晔:《后汉书》,北京:中华书局,1965 年,第 898 页。
② ［南朝宋］范晔:《后汉书》,北京:中华书局,1965 年,第 215 页。
③ ［南朝宋］范晔:《后汉书》,北京:中华书局,1965 年,第 2513 页。
④ ［南朝宋］范晔:《后汉书》,北京:中华书局,1965 年,第 2650 页。
⑤ ［南朝宋］范晔:《后汉书》,北京:中华书局,1965 年,第 1990 页。

试甲乙科,争弟高下,更相告言,至有行赂定兰台漆书经字,以合其私文者,乃白帝,与诸儒共刻《五经》文于石,于是诏蔡邕等正其文字。自后《五经》一定,争者用息。赵祐博学多览,著作校书,诸儒称之。①

这是说纠正"经籍去圣久远,文字多谬",以作校书"取正",刻《六经》文字于石的另一起因在于"诸博士试甲乙科"要有一个"正其文字"的定本,此所谓熹平石经。又有正始石经,熹平石经汉末兵乱被毁,魏正始年间,更造石经,具古文、篆书、隶书三体。因此又称三字石经、三体石经。

　　(卢植)复征拜议郎,与谏议大夫马日磾、议郎蔡邕、杨彪、韩说等并在东观,校中书《五经》记传,补续《汉记》。②

从此条我们看到,校书者的工作,一是校书,二是撰作史传。

魏晋时校书活动记载较少,《文章叙录》载魏杜挚"除郎中,转补校书"③,有"校书"之职,即魏有"校书"之事。吴时,孙亮即位"命(韦)曜依刘向故事,校定众书"④。《襄阳记》载蜀习祯之孙习隆"掌校秘书"⑤。《晋书·石季龙传》载"季龙虽昏虐无道,而颇

---

① [南朝宋]范晔:《后汉书》,北京:中华书局,1965年,第2533页。
② [南朝宋]范晔:《后汉书》,北京:中华书局,1965年,第2117页。
③ [晋]陈寿:《三国志》注引,北京:中华书局,1971年,第622页。
④ [晋]陈寿:《三国志》,北京:中华书局,1971年,第1462页。
⑤ [晋]陈寿:《三国志》注引,北京:中华书局,1971年,第1085页。

慕经学,遣国子博士诣洛阳写石经,校中经于秘书"①之事,证石经之事影响深远。南朝齐梁时的校书:

> (王俭)解褐秘书郎,太子舍人,超迁秘书丞。上表求校坟籍,依《七略》撰《七志》四十卷,上表献之,表辞甚典。又撰定《元徽四部书目》。②
>
> (任昉)寻转御史中丞,秘书监,领前军将军。自齐永元以来,秘阁四部,篇卷纷杂,昉手自雠校,由是篇目定焉。③
>
> 高祖霸府建,以泰为骠骑功曹史。天监元年,迁秘书丞。齐永元末,后宫火,延烧秘书,图书散乱殆尽。泰为丞,表校定缮写,高祖从之。④
>
> 天监初,拜驸马都尉,起家秘书郎、太子舍人、司徒主簿、秘书丞。(殷)钧在职,启校定秘阁四部书,更为目录。⑤

颜之推《观我生赋》"或校石渠之文"自注云:

> (梁末)王司徒表送秘阁旧事八万卷,乃诏比校,部分为正御、副御、重杂三本。左民尚书周弘正,黄门郎彭僧朗,直省学士王珪、戴陵校经部;左仆射王褒、吏部尚书宗怀正、员

---

① [唐]房玄龄:《晋书》,北京:中华书局,1974年,第2774页。
② [南朝梁]萧子显:《南齐书》,北京:中华书局,1972年,第433页。
③ [唐]姚思廉:《梁书》,北京:中华书局,1973年,第254页。
④ [唐]姚思廉:《梁书》,北京:中华书局,1973年,第322页。
⑤ [唐]姚思廉:《梁书》,北京:中华书局,1973年,第407页。

外郎颜之推、直学士刘仁英校史部；廷尉卿殷不害、御史中丞
王孝纪、中书郎邓荩、金部郎中徐报校子部，右卫将军庾信、
中书郎王固、晋安王文学宗善业、直省学士周确校集部也。①

齐梁大规模的校书，很注意目录的编纂。北朝的校书事业很盛。

　　（十六国北凉）阚骃，字玄阴，敦煌人也。……骃博通经
传，聪敏过人，三史群言，经目则诵，时人谓之宿读。注王朗
《易传》，学者藉以通经。撰《十三州志》，行于世。蒙逊甚重
之，常侍左右，访以政治损益。拜秘书考课郎中，给文吏三十
人，典校经籍，刊定诸子三千余卷。②

　　（北魏崔）光乃令国子博士李郁与助教韩神固、刘燮等勘
校石经，其残缺者，计料石功，并字多少，欲补治之。于后，灵
太后废，遂寝。③

石经经岁月沧桑多有损缺，此欲重新勘校补治。

　　（北魏孙）绍少好学，通涉经史，颇有文才，阴阳术数，多
所贯涉。初为校书郎。④

　　（北魏孙）惠蔚既入东观，见典籍未周，乃上疏曰："……

---

① ［唐］李百药：《北齐书》，北京：中华书局，1972 年，第 622 页。
② ［北齐］魏收：《魏书》，北京：中华书局，1974 年，第 1159 页。
③ ［北齐］魏收：《魏书》，北京：中华书局，1974 年，第 1495 页。
④ ［北齐］魏收：《魏书》，北京：中华书局，1974 年，第 1723 页。

而观、阁旧典,先无定目,新故杂糅,首尾不全。有者累帙数十,无者旷年不写。或篇第襬落,始末沦残;或文坏字误,谬烂相属。篇目虽多,全定者少。臣今依前丞臣卢昶所撰《甲乙新录》,欲禅残补阙,损并有无,校练句读,以为定本,次第均写永为常式。其省先无本者,广加推寻,搜求令足。然经记浩博,诸子纷纶,部帙既多,章篇纰缪,当非一二校书,岁月可了。今求令四门博士及在京儒生四十人,在秘书省专精校考,参定字义。如蒙听许,则典文允正,群书大集。"诏许之。①

(东魏李业兴为校书郎)爱好坟籍,鸠集不已,手自补治,躬加题帖,其家所有,垂将万卷。览读不息,多有异闻,诸儒服其渊博。②

(东魏崔)长谦少与太原王延业俱为著作佐郎,监典校书。③

(北齐樊逊议曰)(樊)逊与冀州秀才高乾和、瀛州秀才马敬德、许散愁、韩同宝、洛州秀才傅怀德、怀州秀才古道子、广平郡孝廉李汉子、渤海郡孝廉鲍长暄、阳平郡孝廉景孙、前梁州府主簿王九元、前开府水曹参军周子深等十一人同被尚书召共刊定。时秘府书籍纰缪者多,逊乃议曰:"……今所雠校,供拟极重,出自兰台,御诸甲馆。向之故事,见存府阁,即欲刊定,必籍众本。太常卿邢子才、太子少傅魏收、吏部尚书

① [北齐]魏收:《魏书》,北京:中华书局,1974年,第1853—1854页。
② [北齐]魏收:《魏书》,北京:中华书局,1974年,第1865页。
③ [唐]李延寿:《北史》,北京:中华书局,1974年,第879页。

辛术、司农少卿穆子容、前黄门郎司马子瑞、故国子祭酒李业兴并是多书之家,请牒借本参校得失。"秘书监尉瑾移尚书都坐,凡得别本三千余卷,《五经》诸史,殆无遗阙。①

北齐画家杨子华画作有《北齐校书图》,现藏美国波士顿美术馆。画中有三组人物,"居中士大夫四人坐榻上,或展卷沉思,或执笔书写,或欲离席,或挽带留之";"榻旁围列侍女五人,或展书,或提酒壶,或拥衣囊";"居右一组,为一官员坐胡床上,据随员所持纸卷奋笔疾书,其周围另列随员三人,侍女一人";"居左一组,为奚官三人,马两匹"。② 从中可知校书的具体场景。

　　(北周)帝宽明仁厚,敦睦九族,有君人之量。幼而好学,博览群书,善属文,词彩温丽。及即位,集公卿已下有文学者八十余人于麟趾殿,刊校经史。③
　　(隋崔赜)字祖浚,七岁能属文,容貌短小,有口才。开皇初,秦孝王荐之,射策高第,诏与诸儒定礼乐,授校书郎。④
　　(虞绰)及陈亡,(隋)晋王广引为学士。大业初,转为秘书学士,奉诏与秘书郎虞世南、著作佐郎庾自直等撰《长洲玉镜》等书十余部。绰所笔削,帝未尝不称善,而官竟不迁。初

---

① [唐]李百药:《北齐书》,北京:中华书局,1972 年,第 614 页。
② 全景博物馆丛书编纂委员会:《中国传世名画》,郑州:海燕出版社,2003 年,第 30 页。
③ [唐]令狐德棻:《周书》,北京:中华书局,1971 年,第 60 页。
④ [唐]魏征等:《隋书》,北京:中华书局,1973 年,第 1755 页。

为校书郎。①

　　以上是汉魏晋南北朝校书的基本情况,两汉为盛,是因为处于起步阶段;南朝梁的校书,注重在编纂目录,如《隋书·经籍志》所载:

　　　　东晋之初,渐更鸠聚。著作郎李充,以勗旧簿校之,其见存者,但有三千一十四卷。充遂总没众篇之名,但以甲乙为次。……宋元嘉八年,秘书监谢灵运造《四部目录》,大凡六万四千五百八十二卷。元徽元年,秘书丞王俭又造《目录》,大凡一万五千七百四卷。俭又别撰《七志》:……齐永明中,秘书丞王亮、监谢朏,又造《四部书目》,大凡一万八千一十卷。齐末兵火,延烧秘阁,经籍遗散。梁初,秘书监任昉躬加部集,又于文德殿内列藏众书,华林园中总集释典,大凡二万三千一百六卷,而释氏不豫焉。梁有秘书监任昉、殷钧《四部目录》,又《文德殿目录》。其术数之书,更为一部,使奉朝请祖暅撰其名。故梁有《五部目录》。普通中,有处士阮孝绪,沉静寡欲,笃好坟史,博采宋、齐已来,王公之家凡有书记,参校官簿,更为《七录》。②

而北朝北齐、北周校书之盛,则重在"刊校经史"。这与北朝期望

_____

① [唐]魏征等:《隋书》,北京:中华书局,1973 年,第 1739 页。

② [唐]魏征等:《隋书》,北京:中华书局,1973 年,第 906—907 页。

以经学治国来显示自己为正统政权有关,代表性言论如北魏孙惠蔚上疏校书曰:

> 臣闻圣皇之御世也,必幽赞人经,参天二地,宪章典故,述遵鸿猷。故《易》曰:"观乎天文以察时变,观乎人文以化成天下。"然则《六经》、百氏,图书秘籍,乃承天之正术,治人之贞范。……故大训炳于东序,艺文光于麟阁。斯实太平之枢宗,胜残之要道,有国之灵基,帝王之盛业。安上靖民,敦风美俗,其在兹乎?①

南北朝校书的不同趋向,可见各自学术关怀的不同,所谓"北人学问,渊综广博"与"南人学问,清通简要"。② 南朝重文辞不重经术,而北朝学风比较朴实。

北魏、北齐、北周大规模、成系统的校书活动可与两汉朝廷组织的相媲美,除此以外,魏晋南北朝的校书活动又有自己的特点,就是临时性的比较多,如西晋的校定汲冢竹书,又如"(梁)元帝克平侯景,收文德之书及公私经籍,归于江陵,大凡七万余卷"③,即颜之推所曰"王司徒表送秘阁旧事八万卷,乃诏比校",以及北魏崔光命勘校石经,等等。

---

① [北齐]魏收:《魏书》,北京:中华书局,1974 年,第 1853 页。
② [南朝宋]刘义庆撰,[南朝梁]刘孝标注,余嘉锡笺疏:《世说新语笺疏》,上海:上海古籍出版社,1993 年,第 216 页。
③ [唐]魏征等:《隋书》,北京:中华书局,1973 年,第 907 页。

二、中古校书活动的内容

其一,前所述朝廷校书多注重经部,宽泛一点则校定四部书籍,这里要指出的是,校订图籍,亦是中古校书的重要内容。如王莽时期的校图籍:

> 定诸国邑采之处,使侍中讲礼大夫孔秉等与州部众郡晓知地理图籍者,共校治于寿成朱鸟堂。①

又如晋代的校图籍,《搜神记》载:

> 至晋泰始三年,张掖太守焦胜上言,以留郡本国图校今石文,文字多少不同,谨具图上。②

裴秀称自己作《禹贡地域图》十八篇时的"校验图记"工作:

> (裴秀)于是甄摘旧文,疑者则阙,古有名而今无者,皆随事注列,作《禹贡地域图》十八篇,奏之,藏于秘府。其序曰:"图书之设,由来尚矣。……今秘书既无古之地图,又无萧何所得,惟有汉氏《舆地》及《括地》诸杂图。各不设分率,又不

---

① [汉]班固:《汉书》,北京:中华书局,1962 年,第 4129 页。
② [晋]陈寿:《三国志》注引,北京:中华书局,1971 年,第 106 页。

考正准望,亦不备载名山大川。虽有粗形,皆不精审,不可依据。或荒外迂诞之言,不合事实,于义无取。大晋龙兴,混一六合,以清宇宙,始于庸蜀,深入其阻。文皇帝乃命有司,撰访吴蜀地图。蜀土既定,六军所经,地域远近,山川险易,征路迂直,校验图记,罔或有差。今上考《禹贡》山海川流,原隰陂泽,古之九州,及今之十六州,郡国县邑,疆界乡陬,及古国盟会旧名,水陆径路,为地图十八篇。"①

《宋书·州郡一》强调地理图志相校的重要性:

　　地理参差,其详难举,实由名号骤易,境土屡分,或一郡一县,割成四五;四五之中,亟有离合,千回百改,巧历不算,寻校推求,未易精悉。今以班固马彪二志、太康元康定户、王隐《地道》、晋世《起居》、《永初郡国》、何徐《州郡》及地理杂书,互相考覆。且三国无志,事出帝纪,虽立郡时见,而置县不书。今唯以《续汉郡国》校《太康地志》,参伍异同,用相征验。自汉至宋,郡县无移改者,则注云"汉旧",其有回徙,随源甄别。若唯云"某无"者,则此前皆有也。若不注置立,史阙也。②

　　其二,校定口耳相传者。如《汉书·张汤传》载:

---

① [唐]房玄龄:《晋书》,北京:中华书局,1974 年,第 1039—1040 页。
② [南朝梁]沈约:《宋书》,北京:中华书局,1974 年,第 1028 页。

上行幸河东,尝亡书三箧,诏问莫能知,唯(张)安世识之,具作其事。后购求得书,以相校无所遗失。上奇其材,擢为尚书令,迁光禄大夫。①

凭什么说依靠记忆者就是准确的?还要"相校"于"书"才能说明问题。又,前述所谓汉代时"选通儒谒者刘珍及博士良史诣东观,各雠校家法"者,是因为有些"家法"的"经传"先凭口传而成文较晚,如《四库全书简明目录》《春秋公羊传注疏》"提要"云:

旧本题周公羊高撰。实高所传述,而其玄孙寿及胡母子都录为书。汉何休注,唐徐彦疏。寿距子夏凡六传,皆口相授受,经师附益,失圣人之意者有之,而大义相传,终有所受。②

先凭口传而成文较晚则多有异文,须有"校定"。

其三,校书活动与注疏、撰述活动同时进行。如著名注疏家郑玄的工作,其注《礼记·檀弓上》"天子之哭诸侯也,爵弁绖,缁衣"曰:

---

① [汉]班固:《汉书》,北京:中华书局,1962 年,第 2647 页。
② [清]永瑢等:《四库全书简明目录》,上海:上海古籍出版社,1985 年,第 95 页。

　　　天子至尊,不见尸柩,不吊;服麻,不加于采。此言经,衍字也。①

这是校正字句。又如郑玄《诗谱·邶鄘卫谱》云:

　　　《载驰》序云:"懿公为狄所灭,露于漕邑。"则戴公诗也,在文公下者,后人不尽得其次第,烂于下耳。②

这是校正篇章。校正篇章又如郑玄《诗谱·豳谱》云:

　　　召公为保,周公为师,相成王,为左右。周公致政之后,留为大师。是《狼跋》之作在致政之后也。计此七篇之作,《七月》在先,《鸱鸮》次之,今《鸱鸮》次于《七月》,得其序矣。《伐柯》《九罭》与《鸱鸮》同年,《东山》之作在《破斧》之后,当于《鸱鸮》之下,次《伐柯》《九罭》《破斧》《东山》,然后终以《狼跋》。今皆颠倒不次者,张融以为简札误编,或者次诗不以作之先后。③

　　汉魏晋南北朝亦多撰述后的校定:

---

① ［清］阮元校刻:《十三经注疏》,北京:中华书局,1980 年,第 1293 页下。
② ［清］阮元校刻:《十三经注疏》,北京:中华书局,1980 年,第 296 页中。
③ ［清］阮元校刻:《十三经注疏》,北京:中华书局,1980 年,第 388 页中。

（汉明帝）自制《五家要说章句》，令郁校定于宣明殿。①

（挚虞）典校故太尉颉所撰《五礼》。②

（刘宋）裴松之《上三国志注表》："臣前被诏,使采三国异同以注陈寿《国志》。……自就撰集,已垂期月。写校始讫,谨封上呈。"③

（梁）徐勉《上修五礼表》："又列副秘阁及《五经》典书各一通,缮写校定,以普通五年二月始获洗毕。"④

（梁）天监十五年,敕太子詹事徐勉举学士入华林撰《遍略》,勉举思澄、顾协、刘杳、王子云、钟屿等五人以应选。八年乃书成,合七百卷。思澄重交结,分书与诸宾朋校定,而终日造谒。⑤

这些撰述后的校定,不仅仅是校正字句,也有对撰述内容的校正。

其四,与新发现的古籍相互校定。《汉书·艺文志》载:

《古文尚书》者,出孔子壁中。武帝末,鲁共王坏孔子宅,欲以广其宫。而得《古文尚书》及《礼记》《论语》《孝经》凡数十篇,皆古字也。……孔安国者,孔子后也,悉得其书,以考二十九篇,得多十六篇。安国献之。遭巫蛊事,未列于学官。

---

① ［南朝宋］范晔:《后汉书》,北京:中华书局,1965 年,第 1254 页。
② ［唐］房玄龄:《晋书》,北京:中华书局,1974 年,第 581 页。
③ ［晋］陈寿:《三国志》,北京:中华书局,1971 年,第 1471 页。
④ ［唐］姚思廉:《梁书》,北京:中华书局,1973 年,第 382 页。
⑤ ［唐］李延寿:《南史》,北京:中华书局,1975 年,第 1782—1783 页。

刘向以中古文校欧阳、大小夏侯三家经文,《酒诰》脱简一,
《召诰》脱简二。率简二十五字者,脱亦二十五字,简二十二
字者,脱亦二十二字,文字异者七百有余,脱字数十。①

这是西汉年间的事,又有西晋年间的事:

　　　初,太康二年,汲郡人不准盗发魏襄王墓,或言安釐王
冢,得竹书数十车。(中略诸书名及篇数)初发冢者烧策照取
宝物,及官收之,多烬简断札,文既残缺,不复诠次。武帝以
其书付秘书校缀次第,寻考指归,而以今文写之。(束)晳在
著作,得观竹书,随疑分释,皆有义证。迁尚书郎。②

又有南朝梁时的事:

　　　(梁)时鄱阳嗣王范得班固所上《汉书》真本,献之东宫,
皇太子令之遴与张缵、到溉、陆襄等参校异同。之遴具异状
十事,其大略曰(文略)。③

有时两存的同名之作,经校定可发现本为两种,如孙盛《晋阳秋》:

---

① [汉]班固:《汉书》,北京:中华书局,1962 年,第 1706 页。
② [唐]房玄龄:《晋书》,北京:中华书局,1974 年,第 1432—1433 页。
③ [唐]姚思廉:《梁书》,北京:中华书局,1973 年,第 573 页。

《晋阳秋》词直而理正,咸称良史焉。既而桓温见之,怒谓盛子曰:"枋头诚为失利,何至乃如尊君所说!若此史遂行,自是关君门户事。"其子遽拜谢,谓请删改之。时盛年老还家,性方严有轨宪,虽子孙班白,而庭训愈峻。至此,诸子乃共号泣稽颡,请为百口切计。盛大怒。诸子遂尔改之。盛写两定本,寄于慕容俊。太元中,孝武帝博求异闻,始于辽东得之,以相考校,多有不同,书遂两存。①

其五,校书以考定书的真伪,如:

王莽时,诸学皆立。刘歆为国师,璜、恽等皆贵显。世所传《百两篇》者,出东莱张霸,分析合二十九篇以为数十,又采《左氏传》《书叙》为作首尾,凡百二篇。篇或数简,文意浅陋。成帝时求其古文者,霸以能为《百两》征,以中书校之,非是。霸辞受父,父有弟子尉氏樊并。时,太中大夫平当、侍御史周敞劝上存之。后樊并谋反,乃黜其书。②

《百两篇》"以中书校之"而发现是伪书。又有以语言与时代不符校出伪书:

(东汉)尹敏字幼季,南阳堵阳人也。少为诸生。初习

---

① [唐]房玄龄:《晋书》,北京:中华书局,1974年,第2148页。
② [汉]班固:《汉书》,北京:中华书局,1962年,第3607页。

《欧阳尚书》,后受《古文》,兼善《毛诗》《穀梁》《左氏春秋》。……帝以敏博通经记,令校图谶,使蠲去崔发所为王莽著录次比。敏对曰:"谶书非圣人所作,其中多近鄙别字,颇类世俗之辞,恐疑误后生。"①

又如以前人校书的成果及撰述的目录书考定书的真伪:

> (张)衡又以中兴之后,儒者争学《图纬》,上疏言:"《春秋元命包》有公输班与墨翟,事见战国;又言别有益州,益州之置在于汉世。又刘向父子领校秘书,阅定九流,亦无《谶录》。则知《图谶》成于哀、平之际,皆虚伪之徒以要世取资,欺罔较然,莫之纠禁。"②

其六,校勘学理论体系的构成的萌芽。刘向在校书实践中已发现一些规律,如《尚书古文经》五十八篇书录云:

> 古文或误以见为典,以陶为阴,如此类多。

程千帆称其"所指当为因形近而误"。又如《列子》八篇书录云:

> 或字误以尽为进,以贤为形,如此者众。

---

① [南朝宋]范晔:《后汉书》,北京:中华书局,1965年,第2558页。
② [宋]司马光:《资治通鉴》,北京:中华书局,1956年,第1675页。

程千帆称其"所指当为因音近而误"。又如《战国策》三十三篇书录云：

> 本字多误脱为半子，以赵为肖，以齐为立，如此字者多。

程千帆称其"所指当为因字形残阙而误"。① 葛洪曾指出致误的原因在于多次转抄：

> 书字人知之，犹尚写之多误，故谚曰："书三写，鱼成鲁，虚成虎。"此之谓也。②

又，北齐颜之推有《颜氏家训》，其中多有对校书问题的论述，如《书证》篇中对读书的错误多有指出，某些条目可视为校书的体例。或多有指出南北各种刊本的文字不同，如：《诗》云："将其来施施。""河北《毛诗》皆云'施施'。江南旧本，悉单为施，俗遂是之，恐为少误。"③这些应该是他读书尤其是其"校石渠之文"时查阅各种版本后得出的结论，全篇多有如此叙说各种版本的文字不同，即指出校书的某种途径。又如：

---

① 所引刘向语及程千帆评，见程千帆、徐有富《校雠广义·校勘篇》，济南：齐鲁书社，1998年，第5页。

② ［晋］葛洪撰，王明校释：《抱朴子内篇校释》，北京：中华书局，1985年，第336页。

③ ［北齐］颜之推撰，王利器集解：《颜氏家训集解》，上海：上海古籍出版社，第385页。

　　《太史公记》："宁为鸡口,无为牛后。"此是删《战国策》
耳。案:延笃《战国策音义》曰:"尸,鸡中之主。从,牛子。"
然则,"口"当为"尸","后"当为"从",俗写误也。①

这是讲形近而误。又如:

　　客有难主人曰:"今之经典,子皆谓非,《说文》所言,子皆
云是,然则许慎胜孔子乎?"主人抚掌大笑,应之曰:"今之经
典,皆孔子手迹耶?"客曰:"今之《说文》,皆许慎手迹乎?"答
曰:"许慎检以六文,贯以部分,使不得误,误则觉之。孔子存
其义而不论其文也。先儒尚得改文从意,何况书写流传
耶? ……大抵服其为书,隐括有条例,剖析穷根源,郑玄注
书,往往引以为证;若不信其说,则冥冥不知一点一画,有何
意焉。"②

这是讲校书利用《说文解字》的情况。又,《书证》多指出古人校
书有因误改致讹的情况。这是说校书要慎重的问题,故《颜氏家
训·勉学》曰:

---

① [北齐]颜之推撰,王利器集解:《颜氏家训集解》,上海:上海古籍出版社,第
　　410—411 页。
② [北齐]颜之推撰,王利器集解:《颜氏家训集解》,上海:上海古籍出版社,第
　　457—458 页。

校定书籍,亦何容易,自扬雄、刘向,方称此职耳。观天下书未遍,不得妄下雌黄。或彼以为非,此以为是;或本同末异;或两文皆欠,不可偏信一隅也。①

颜之推也是承袭前人的说法,《汉书·艺文志》曰:

古制,书必同文,不知则阙,问诸故老,至于衰世,是非无正,人用其私。故孔子曰:"吾犹及史之阙文也,今亡矣夫!"盖伤其寖不正。②

所以,应劭《风俗通》总结刘向校书的成规曰:

刘向为孝成皇帝典校书籍,皆先书竹,为易刊定。可缮写者以上素。③

三、中古校书与中古文学的关系

史书多载文士自己校书的情况:

---

① [北齐]颜之推撰,王利器集解:《颜氏家训集解》,上海:上海古籍出版社,第219页。

② [汉]班固:《汉书》,北京:中华书局,1962年,第1721页。

③ [南朝梁]萧统编,[唐]李善注:《文选》注引,北京:中华书局,1977年,第423页上。

(三国蜀向朗)少时虽涉猎文学,然不治素检,以吏能见称。自去长史,优游无事垂三十年,乃更潜心典籍,孜孜不倦。年逾八十,犹手自校书,刊定谬误,积聚篇卷,于时最多。开门接宾,诱纳后进,但讲论古义,不干时事,以是见称。①

(东晋刘穆之)内总朝政,外供军旅,决断如流,事无拥滞。宾客辐辏,求诉百端,内外咨禀,盈阶满室,目览辞讼,手答笺书,耳行听受,口并酬应,不相参涉,皆悉赡举。又数客瞩宾,言谈赏笑,引日亘时,未尝倦苦。裁有闲暇,自手写书,寻览篇章,校定坟籍。②

(周续之)与学士祖企、谢景夷三人,共在城北讲礼,加以雠校。③

(刘宋)周朗《报羊希书》:"幸有陈书十箧,席隔奥右,颇得宿酒数壶。按弦拭徽,雠方校石。④

(梁萧静)字安仁,有美名,号为宗室后进。有文才,而笃志好学,既内足于财,多聚经史,散书满席,手自雠校。⑤

(孔休源)聚书盈七千卷,手自校治。⑥

(张)崇乃阖门不通人事,惟手校经籍,岁余而终。⑦

---

① [晋]陈寿:《三国志》,北京:中华书局,1971年,第1010页。

② [南朝梁]沈约:《宋书》,北京:中华书局,1974年,第1306页。

③ [南朝梁]萧统:《陶渊明传》,载[南朝梁]萧统撰,俞绍初校注《昭明太子集校注》,郑州:中州古籍出版社,2001年,第192—193页。

④ [南朝梁]沈约:《宋书》,北京:中华书局,1974年,第2091页。

⑤ [唐]姚思廉:《梁书》,北京:中华书局,1973年,第350页。

⑥ [唐]姚思廉:《梁书》,北京:中华书局,1973年,第522页。

⑦ [宋]司马光:《资治通鉴》,北京:中华书局,1956年,第3495页。

　　从这些情况看，两汉时期校书活动主要由朝廷组织人力、物力实施的，而魏晋南北朝时期的校书活动在朝廷组织这一形式之外，更多的是文人个体的日常化活动。究其原因，南北朝时，纸张使用的普及使典籍的大量复制成为可能①，图书流传靠抄写，一时抄书风气大盛，或自己抄书，如刘宋傅隆"归老在家，手不释卷，博学多通，特精《三礼》。谨于奉公，常手抄书籍"②；南齐沈驎士"年过八十，耳目犹聪明，手以反故抄写，火下细书，复成二三千卷，满数十箧"③。或代人抄书的所谓"佣书"，如梁王僧孺"家贫，常佣书以养母，所写既毕，讽诵亦通"④，北魏刘芳"昼则佣书，以自资给"⑤，等等。南齐竟陵王萧子良"移居鸡笼山邸，集学士抄《五经》、百家"⑥，则是有组织的抄书活动。书籍的抄写与后来的雕版印刷不同，雕版印刷可以基本实现"零差别"复制，而手抄情况下每抄写一次都会产生差异。于是客观上会导致"每抄必校"，那么校书活动就会大大地增加。

---

① 参见清水茂《纸的发明与后汉学风》，载清水茂《清水茂汉学论文集》，北京：中华书局，2003年；查屏球《纸简替代与汉魏晋初文学新变》，《中国社会科学》2005年第5期。

② [南朝梁]沈约：《宋书·傅隆传》，北京：中华书局，1974年，第1552页。

③ [南朝梁]萧子显：《南齐书·高逸·沈驎士传》，北京：中华书局，1972年，第944页。

④ [唐]姚思廉：《梁书·王僧孺传》，北京：中华书局，1973年，第469页。

⑤ [北齐]魏收：《魏书·刘芳传》，北京：中华书局，1974年，第1219页。

⑥ [南朝梁]萧子显《南齐书·竟陵王萧子良传》，北京：中华书局，1972年，第698页。

北朝时流行俗字,也是抄书容易致误的原因。颜之推《颜氏家训·杂艺》:

> 晋、宋以来,多能书者。故其时俗,递相染尚,所有部帙,楷正可观,不无俗字,非为大损。至梁天监之间,斯风未变;大同之末,讹替滋生。萧子云改易字体,邵陵王颇行伪字;朝野翕然,以为楷式,画虎不成,多所伤败。至为一字,唯见数点,或妄斟酌,逐便转移。尔后坟籍,略不可看。北朝丧乱之余,书迹鄙陋,加以专辄造字,猥拙甚于江南。乃以百念为忧,言反为变,不用为罢,追来为归,更生为苏,先人为老,如此非一,遍满经传。唯有姚元标工于楷隶,留心小学,后生师之者众。洎于齐末,秘书缮写,贤于往日多矣。①

随着书写字体的变化使得抄写所带来的错讹率增加,不合规范的俗字流行,客观上增加了对校书的需求。

战乱与分裂所造成的种种阻隔和不便,使得文化交流更加不畅,各种典籍文本多数情况下只能在有限的区域之内独自传播,同一文本在不同的地区传播往往会产生较大的差异,颜之推在《颜氏家训·书证》多次谈到经典"河北本"与"江南本"的差异,他是由南入北的文人,有资格说这样的话。从而导致了朝廷和个人对减少文本差异的急切需求,遇有机会和条件即组织校书活动。

---

① 王利器:《颜氏家训集解》,北京:中华书局,1980 年,第 514 页。

一来是家有藏书必校,使自己的藏书更精一点;二来是读书必先校书,如汉时太后要读书,害怕书有谬误,则先选人校书:

> 太后自入宫掖,从曹大家受经书,兼天文、算数。昼省王政,夜则诵读,而患其谬误,惧乖典章,乃博选诸儒刘珍等及博士、议郎、四府掾史五十余人,诣东观雠校传记。事毕奏御,赐葛布各有差。①

又有北齐的"校定群书,供皇太子"②之事,又有貌似的反例,如北齐邢邵有书甚多而不校,且常常讥笑校书者:

> (邢邵)有书甚多,而不甚雠校。见人校书,常笑曰:"何愚之甚,天下书至死读不可遍,焉能始复校此。且误书思之,更是一适。"妻弟李季节,才学之士,谓子才曰:"世间人多不聪明,思误书何由能得。"子才曰:"若思不能得,便不劳读书。"③

所谓"误书思之",实际上讲的是另一种校书的方法——理校,以推理的方式来发现并纠正书中的错误,知识最广博者可用此法。陈垣曰:

---

① [南朝宋]范晔:《后汉书》,北京:中华书局,1965 年,第 424 页。
② [唐]李百药:《北齐书》,北京:中华书局,1972 年,第 614 页。
③ [唐]李百药:《北齐书》,北京:中华书局,1972 年,第 478—479 页。

　　所谓理校法也,遇无古本可据,或数本互异,而无所适从之时,则须用此法。此法须通识为之,否则卤莽灭裂,以不误为误,而纠纷愈甚矣。故最高妙者此法,最危险者亦此法。①

当然这也是邢邵的托大,校书首先要找到足够的资料。

　　不过,中古能担当校书工作的人,都是有才华的文学之才,都是有学问的人,如史载参与刘向、刘歆校书工作的人:班斿,"博学有俊材,左将军史丹举贤良方正,以对策为议郎,迁谏大夫、右曹中郎将,与刘向校秘书"②;苏竟,"字伯况,扶风平陵人也。平帝世,竟以明《易》为博士讲《书》祭酒。善图纬,能通百家之言。王莽时,与刘歆等共典校书,拜代郡中尉"③;郑兴,"字少赣,河南开封人也。少学《公羊春秋》。晚善《左氏传》,遂积精深思,通达其旨,同学者皆师之。天凤中,将门人从刘歆讲正大义,歆美兴才,使撰条例、章句、传诂,及校《三统历》"④;扬雄,"校书天禄阁上",其有大才,人所皆知⑤;王龚,"时,光禄勋王龚以外属内卿,与奉车都尉刘歆共校书"⑥。又如史载北周校书之事:"世宗雅爱文史,立麟趾学,在朝有艺业者,不限贵贱,皆预听焉。"⑦"武成中,世宗

① 陈垣:《校勘学释例》,北京:中华书局,1959 年,第 148 页。
② [汉]班固:《汉书》,北京:中华书局,1962 年,第 4203 页。
③ [南朝宋]范晔:《后汉书》,北京:中华书局,1965 年,第 1041 页。
④ [南朝宋]范晔:《后汉书》,北京:中华书局,1965 年,第 1217 页。
⑤ [汉]班固:《汉书》,北京:中华书局,1962 年,第 3584 页。
⑥ [汉]班固:《汉书》,北京:中华书局,1962 年,第 3619 页。
⑦ [唐]令狐德棻:《周书》,北京:中华书局,1971 年,第 523 页。

令诸文儒于麟趾殿校定经史"①。麟趾学"校定经史"者:韦孝宽"沉敏和正,涉猎经史","明帝初,参麟趾殿学士,考校图籍"②;姚最,"字士会,幼而聪敏,及长,博通经史,尤好著述。年十九,随僧垣入关。世宗盛聚学徒,校书于麟趾殿,最亦预为学士"③;杨宽,"颇解属文","武成二年,诏宽与麟趾学士参定经籍";④萧㧑,"博观经史,雅好属文","武成中,世宗令诸文儒于麟趾殿校定经史,仍撰《世谱》,㧑亦预焉";⑤宗懔"少聪敏,好读书,昼夜不倦。语辄引古事,乡里呼为小儿学士","世宗即位,又与王褒等在麟趾殿刊定群书";⑥王褒,"识量淹通,志怀沉静。美风仪,善谈笑,博览史传,尤工属文"⑦;元伟,"少好学,有文雅","受诏于麟趾殿刊正经籍";⑧颜之仪,"幼颖悟,三岁能读《孝经》。及长,博涉群书,好为词赋","江陵平,之仪随例迁长安。世宗以为麟趾学士";⑨萧大圜,"幼而聪敏,神情俊悟","俄而开麟趾殿,招集学士。大圜预焉";⑩麟趾学士庾季才,"于是露门学士明克让、麟趾学士庾季才,及诸日者,采祖暅旧议,通简南北之术"⑪;柳裘,"少聪慧,弱

① [唐]令狐德棻:《周书》,北京:中华书局,1971 年,第 752 页。
② [唐]令狐德棻:《周书》,北京:中华书局,1971 年,第 535、538 页。
③ [唐]令狐德棻:《周书》,北京:中华书局,1971 年,第 844 页。
④ [唐]令狐德棻:《周书》,北京:中华书局,1971 年,第 364、367 页。
⑤ [唐]令狐德棻:《周书》,北京:中华书局,1971 年,第 751—752 页。
⑥ [唐]令狐德棻:《周书》,北京:中华书局,1971 年,第 759—760 页。
⑦ [唐]令狐德棻:《周书》,北京:中华书局,1971 年,第 729 页。
⑧ [唐]令狐德棻:《周书》,北京:中华书局,1971 年,第 688 页。
⑨ [唐]令狐德棻:《周书》,北京:中华书局,1971 年,第 719—720 页。
⑩ [唐]令狐德棻:《周书》,北京:中华书局,1971 年,第 756—757 页。
⑪ [唐]魏征等:《隋书》,北京:中华书局,1973 年,第 418—419 页。

冠有令名"，"周明、武间，自麟趾学士累迁太子侍读"；①明克让，
"少好儒雅，善谈论，博涉书史，所览将万卷"，"梁灭，归于长安，周
明帝引为麟趾殿学士"；②鲍宏，"年十二，能属文，尝和湘东王绎
诗，绎嗟赏不已"，"江陵既平，归于周。明帝甚礼之，引为麟趾殿
学士"；③等等。其中，绝大部分是梁灭赴北的南方文士。此处与
以上均详列承当校书工作及任校书郎的人员，之所以如此，是想
据此基本上可列一份中古校书人员名录。

　　他们都是有学问的人，且校书本身就是一件学问，如东汉时，
第五伦作司徒，令班固为文荐谢夷吾，称其"才兼四科，行包九德，
仁足济时，知周万物。加以少膺儒雅，韬含六籍，推考星度，综校
图录，探赜圣秘，观变历征，占天知地，与神合契，据其道德，以经
王务"④，其中就有"综校图录"一事。又如三国吴时华覈迁东观
令，领右国史，上疏辞让，孙皓答曰：

　　　　得表，以东观儒林之府，当讲校文艺，处定疑难，汉时皆
　　名学硕儒乃任其职，乞更选英贤。闻之，以卿研精坟典，博览
　　多闻，可谓悦礼乐敦诗书者也。当飞翰骋藻，光赞时事，以越
　　杨、班、张、蔡之畴。⑤

---

① ［唐］魏征等：《隋书》，北京：中华书局，1973 年，第 1138 页。

② ［唐］魏征等：《隋书》，北京：中华书局，1973 年，第 1415 页。

③ ［唐］魏征等：《隋书》，北京：中华书局，1973 年，第 1547 页。

④ ［南朝宋］范晔：《后汉书》，北京：中华书局，1965 年，第 2713 页。

⑤ ［晋］陈寿：《三国志》，北京：中华书局，1971 年，第 1467 页。

孙皓以华覈有大才尤其是"讲校文艺"的大才方任命其为东观令的。

在高位者还要对校书有突出成绩者嘉赏，如贾逵事迹：

> （贾）逵母常有疾，帝欲加赐，以校书例多，特以钱二十万，使颍阳侯马防与之。谓防曰："贾逵母病，此子无人事于外，屡空则从孤竹之子于首阳山矣。"①

一是称赏其"校书例多"，二是称赏其因校书而"无人事于外"，不能使其"屡空"。

反面的例子也有，有作伪书者，因其才华也被录用为校书：

> （隋）时牛弘奏请购求天下遗逸之书，（刘）炫遂伪造书百余卷，题为《连山易》《鲁史记》等，录上送官，取赏而去。后有人讼之，经赦免死，坐除名，归于家，以教授为务。太子勇闻而召之，既至京师，敕令事蜀王秀，迁延不往。蜀王大怒，枷送益州。既而配为帐内，每使执杖为门卫。俄而释之，典校书史。②

校书，就是为了让朝廷所藏的书更精确一些，错误更少一点；就是要让将要读的书更精确一些，错误更少一点。但中古时期校

---

① ［南朝宋］范晔：《后汉书》，北京：中华书局，1965年，第1239页。
② ［唐］魏征等：《隋书》，北京：中华书局，1973年，第1720页。

书活动的意义并不仅仅在此,校书活动的参与者的才华,校书与读书活动、撰述活动、礼仪活动的共同进行等,我们可知校书活动是朝廷的文化建设的大事。

中古秘书监述略

《后汉书·马融传》有典校秘书之语。盖古代图书集中帝室，西汉时藏于天禄阁，东汉时藏于东观，故谓之秘书；亦以东汉崇尚谶纬，故取秘密之意。只有魏武帝时之秘书令，实已改为机要之职，后乃改称中书令，而以秘书令仍为监，掌艺文图籍之事。梁始专设秘书省，置监及丞各一人，秘书郎四人。晋代之秘书监兼统领著作局，隋代则领著作、太史二曹，著作当修史之任，太史当天文历法之任。①

"秘书监"在这一时期既是官职名，同时又是机构名称，本文所论为机构名称之"秘书监"，该机构中所设秘书监、秘书郎丞、秘书郎、著作郎、著作佐郎等职官皆为讨论对象。本文述秘书监人员的构成与其各方面才华，述秘书监掌管哪些文档及艺文图籍，述秘书监掌管哪些艺文图籍之事，探求古代秘书监以掌管艺文图籍进行了哪些文化建设。本文所考察秘书监的时间范围，主要在南朝，但从承袭而言，又兼及魏晋。而北朝制度不同，将另述。

---

① 关于"秘书监"的沿革，《唐六典》卷10、《通典》卷26有较为系统的阐释。以上概括瞿蜕园《历代职官简释》秘书监、秘书省、秘书郎诸条目而成。《历代职官简释》附于[清]黄本骥《历代职官表》一书，上海：上海古籍出版社，1980年，第115—116页。

一、秘书监人员的构成与其文学才华

秘书郎一职属秘书监,南朝贵族子弟初仕多以此为美,如《梁书·张缵传》:

> 秘书郎有四员,宋、齐以来,为甲族起家之选,待次入补,其居职,例数十百日便迁任。①

又,《梁书·张率传》载,梁武帝在张率迁秘书丞时引见玉衡殿,曰:"秘书丞天下清官,东南胄望未有为之者,今以相处,足为卿誉。"②尽显恩遇,更显示出秘书丞在当时的"清美"。秘书郎之外,著作郎、著作佐郎等也是"名家少年"竞逐的"美差",如《宋书》载:

> (元嘉)十六年,除著作佐郎,撰国史。(何)承天年已老,而诸佐郎并名家年少。颍川荀伯子嘲之,常呼为姹母。承天曰:"卿当云凤凰将九子,姹母何言邪!"③

何承天因高龄出任著作佐郎在当时为特例,所以招致了荀伯子的

---

① [唐]姚思廉:《梁书·张缵传》,北京:中华书局,1973 年,第 493 页。
② [唐]姚思廉:《梁书》,北京:中华书局,1973 年,第 475 页。
③ [南朝梁]沈约:《宋书·何承天传》,北京:中华书局,1974 年,第 1704 页。

嘲笑,荀伯子因著作郎徐广的举荐,在约三十九岁时就曾任过此职。

> (萧惠开)初名慧开,后改慧为惠。少有风气,涉猎文史,家虽贵戚,而居服简素。初为秘书郎,著作并名家年少。①
>
> (谢瞻)弟𤩽字宣镜,幼有殊行。……初为州主簿,中军行参军,太子舍人,俄迁秘书丞。自以兄居权贵,己蒙超擢,固辞不就。②

因为是凭权贵门荫获得秘书监中的职位,所以有"超擢"之说。追寻其原因,一是秘书丞、秘书郎位望要高于同阶甚或上阶,《隋书·百官志》载:

> ……起家秘书郎。若员满,亦为板法曹,虽高半阶,望终秘书郎下。③

二是秘书监之职所谓"职闲廪重",《晋书·阎缵传》载:

> 国子祭酒邹湛以(阎)缵才堪佐著作,荐于秘书监华峤。峤曰:"此职闲廪重,贵势多争之,不暇求其才。"遂不能用。④

---

① [南朝梁]沈约:《宋书·萧惠开传》,北京:中华书局,1974 年,第 2199 页。
② [南朝梁]沈约:《宋书·谢瞻传》,北京:中华书局,1974 年,第 1558—1559 页。
③ [唐]魏征等:《隋书》,北京:中华书局,1973 年,第 741 页。
④ [唐]房玄龄等:《晋书》,北京:中华书局,1974 年,第 1350 页。

故秘书监之职竞争激烈,《宋书·王敬弘传》有例:

> (王敬弘)子恢之被召为秘书郎,敬弘为求奉朝请,与恢之书曰:"秘书有限,故有竞。朝请无限,故无竞。吾欲使汝处于不竞之地。"①

正因为秘书监多为贵族子弟任职,于是出现了一些名不副实的情况,《通典》曰:

> (秘书郎)自齐梁之末多以贵游子弟为之,无其才实。故当时谚曰:"上车不落则著作,体中何如则秘书。"②

或称担任此职无甚才能,谢灵运的父亲谢瑍,就是"无才能,为秘书郎"③。

并非所有贵族子弟任秘书郎都是不称职的,且当时的"才"能多指"政事",而贵族子弟是不屑于"政事"的,所谓"当官者以望空为高而笑勤恪"④,"勤恪"的意味之一即致力于"簿领文案"之类"政事"。东晋南朝时期高门士族把持文化,贵族子弟都有很高

---

① [南朝梁]沈约:《宋书》,北京:中华书局,1974 年,第 1732 页。
② [唐]杜佑撰,王文锦、王永兴等点校:《通典》卷 26,北京:中华书局,1988 年,第 735 页。
③ [南朝梁]沈约:《宋书》,北京:中华书局,1974 年,第 1558 页。
④ [唐]房玄龄等:《晋书》,北京:中华书局,1974 年,第 136 页。

的文化修养,担任秘书监的工作,应该是很合适的。况且,大多数情况,秘书郎的职位还是以"贵游子弟"中才华出众者担当的,如《梁书·刘孝绰传》载,刘孝绰除秘书丞,梁武帝曰:"第一官当用第一人。"①既为贵家子弟,又为有才学之士,所谓"人地兼美"者最好,史书所载不乏其人:

(钟会)及壮,有才数技艺,而博学精练名理,以夜续昼,由是获声誉。正始中,以为秘书郎,迁尚书中书侍郎。②

(严芑)黄初中,以高才入为秘书丞,数奏文赋,文帝异之。③

(傅)亮博涉经史,尤善文词。初为建威参军,桓谦中军行参军。桓玄篡位,闻其博学有文采,选为秘书郎,欲令整正秘阁,未及拜而玄败。④

元徽初,……(张)绪以(王)俭人地兼美,宜转秘书丞,从之。⑤

(徐)仪少聪警,以《周易》生举高第为秘书郎。⑥

以秘书监为核心载体或可构成文学集团,如著名的贾谧"二十

---

① [唐]姚思廉:《梁书》,北京:中华书局,1973年,第480页。

② [晋]陈寿:《三国志·钟会传》,北京:中华书局,1959年,第784页。

③ [晋]陈寿:《三国志·王肃传》注引,北京:中华书局,1959年,第421页。

④ [南朝梁]沈约:《宋书·傅亮传》,北京:中华书局,1974年,第1336页。

⑤ [南朝梁]萧子显:《南齐书·张绪传》,北京:中华书局,1972年,第600页。

⑥ [唐]姚思廉:《陈书·徐陵传》,北京:中华书局,1972年,第336页。

四友":

> 秘书监贾谧参管朝政,京师人士无不倾心。石崇、欧阳
> 建、陆机、陆云之徒,并以文才降节事谧,(刘)琨兄弟亦在其
> 间,号曰"二十四友'。①

又史载秘书监徐湛之的门生:

> (徐)湛之善于尺牍,音辞流畅。贵戚豪家,产业甚厚。
> 室宇园池,贵游莫及。伎乐之妙,冠绝一时。门生千余人,皆
> 三吴富人之子,姿质端妍,衣服鲜丽。每出入行游,途巷盈
> 满,泥雨日,悉以后车载之。②

这些门生或有文学之才。

秘书监或有书法、绘画人才,如《南史》载:

> (梁邵陵王纶子)确字仲正,少骁勇,有文才,尤工楷隶,
> 公家碑碣皆使书之。除秘书丞,武帝谓曰:"为汝能文,所以
> 特有此授。"③

---

① [唐]房玄龄等:《晋书·刘琨传》,北京:中华书局,1974 年,第 1679 页。
② [南朝梁]沈约:《宋书·徐湛之传》,北京:中华书局,1974 年,第 1844 页。
③ [唐]李延寿:《南史·邵陵王纶传》,北京:中华书局,1975 年,第 1327 页。

此处"能文"之"文才",是包括书法在内。史书又有如下记载:

> (梁鹄)署军假司马,使在秘书,以勒书自效。①
>
> (卫)恒字巨山,少辟司空齐王府,转太子舍人、尚书郎、
> 秘书丞、太子庶子、黄门郎。恒善草隶书,为《四体书势》。②

王羲之、王献之亦均起家秘书郎。③ 或正因为秘书监或有书法之
事,这些书法家故有任,当然,他们也是"贵游子弟"。《历代名画
记》曰:

> (梁)张僧繇,吴中人也。天监中为武陵王国侍郎,直秘
> 阁,知画事。……武帝崇饰佛寺,多命僧繇画之。④

秘书监或还有其他办事人员,或所谓"职僚":

> (永明二年)诏尚书令王俭制定新礼,立治礼乐学士及职
> 局,置旧学四人,新学六人,正书令史各一人,乾一人,秘书省
> 差能书弟子二人。⑤

① [晋]陈寿:《三国志·武帝纪》注引《卫恒四体书势序》,北京:中华书局,1959
年,第31页。
② [唐]房玄龄等:《晋书·卫恒传》,北京:中华书局,1974年,第1061页。
③ [唐]房玄龄等:《晋书·王羲之传》,北京:中华书局,1974年,第2094、2105页。
④ [唐]张彦远撰,秦仲文、黄苗子点校:《历代名画记》,北京:人民美术出版社,
1963年,卷7,第147—148页。
⑤ [南朝梁]萧子显:《南齐书·礼志上》,北京:中华书局,1972年,第18页。

　　晋孝武帝以（徐）广博学，除为秘书郎，校书秘阁，增置
职僚。①

即《宋书・荀伯子传》载，"著作郎徐广重其才学，举伯子及王韶之
并为佐郎"。又，《后汉书・列女传》载：

　　（曹）操因问曰："闻夫人家先多坟籍，犹能忆识之不？"
文姬曰："昔亡父赐书四千许卷，流离涂炭，罔有存者。今所
诵忆，裁四百余篇耳。"操曰："今当使十吏就夫人写之。"文姬
曰："妾闻男女之别，礼不亲授。乞给纸笔，真草唯命。"于是
缮书送之，文无遗误。②

不知"就夫人写之"之"十吏"是否秘书监人员。

　　秘书监有死后追赠者，这些多是文学之才而有多方面的著
述。如王微，"少好学，无不通览，善属文，能书画，兼解音律、医
方、阴阳术数"，卒，世祖诏命"可追赠秘书监"；③顾野王，领大著
作，掌国史，知梁史事，"以才学显著"，时年六十三卒，"诏赠秘书
监"，"其所撰著《玉篇》三十卷，《舆地志》三十卷，《符瑞图》十卷，
《顾氏谱传》十卷，《分野枢要》一卷，《续洞冥纪》一卷，《玄象表》
一卷，并行于世"；④褚玠，"至德二年，追赠秘书监。所制章奏杂

---

① ［南朝梁］沈约：《宋书・徐广传》，北京：中华书局，1974 年，第 1548 页。

② ［南朝宋］范晔：《后汉书》，北京：中华书局，1965 年，第 2801 页。

③ ［南朝梁］沈约：《宋书・王微传》，北京：中华书局，1974 年，第 1664—1672 页。

④ ［唐］姚思廉：《陈书・顾野王传》，北京：中华书局，1972 年，第 400 页。

文二百余篇，皆切事理，由是见重于时"①。

秘书监的下属，或由秘书监来上奏推荐，如晋时华谭任秘书监，"时晋陵朱凤、吴郡吴震并学行清修，老而未调，(华)谭皆荐为著作佐郎"②。又：

> 秘书监荀崧举(张)亢领佐著作郎。③
>
> (华)峤性嗜酒，率常沈醉。所撰书十典未成而终，秘书监何劭奏峤中子彻为佐著作郎，使踵成之，未竟而卒。后监缪征又奏峤少子畅为佐著作郎，克成十典，并草魏晋纪传，与著作郎张载等俱在史官。④

虽说是子承父志，但也是两任秘书监推荐。《唐六典》"著作局"条载：

> (东晋)孝武帝太元四年诏："秘书监自选著作佐郎，今并无监，使吏部选，有监复旧焉。"宋、齐并同。⑤

则秘书监自选著作佐郎当为常例，只有秘书监职位空缺的情况

---

① [唐]姚思廉：《陈书·文学·褚玠传》，北京：中华书局，1972 年，第 461 页。
② [唐]房玄龄等：《晋书·华谭传》，北京：中华书局，1974 年，第 1454 页。
③ [唐]房玄龄等：《晋书·张亢传》，北京：中华书局，1974 年，第 1524 页。
④ [唐]房玄龄等：《晋书·华峤传》，北京：中华书局，1974 年，第 1265 页。
⑤ [唐]李林甫等撰，陈仲夫点校：《唐六典》，北京：中华书局，1992 年，卷 10，第 301 页。

下,才临时由吏部任命。此外,从诏书的表述及上文所举诸例来看,这种情况似仅限于著作佐郎,"秘书郎"等"热门"的职位的除授似还操于吏部之手。

二、秘书监收藏典掌的艺文图籍

秘书监的主要职责即典掌经籍图书著作等事,"魏氏代汉,采掇遗亡,藏在秘书中、外三阁"①,其功能有似于今天的国家图书馆、档案馆。具体而言,秘书监保存哪些有关材料呢?以下依史籍所载录之。

其一,诏书。黄初三年,曹丕"作终制",其末有"其以此诏藏之宗庙,副在尚书、秘书、三府"②,这是作为副本置存秘书。

其二,论。钟繇、王粲著论曰:"非圣人不能致太平。"司马朗以为"伊、颜之徒虽非圣人,使得数世相承,太平可致"③。"文帝善朗论,命秘书录其文"④。秘书所录自然是秘书所藏。

其三,奏、议。魏明帝曹叡景初中有诏曰:

陈思王昔虽有过失,既克己慎行,以补前阙,且自少至终,篇籍不离于手,诚难能也。其收黄初中诸奏植罪状,公卿

---

① [唐]魏征等:《隋书·经籍志一》,北京:中华书局,1973 年,第 906 页。
② [晋]陈寿:《三国志·文帝纪》,北京:中华书局,1959 年,第 82 页。
③ [晋]陈寿:《三国志·司马朗传》,北京:中华书局,1959 年,第 468 页。
④ [晋]陈寿:《三国志·司马朗传》注引《魏书》,北京:中华书局,1959 年,第 468 页。

已下议尚书、秘书、中书三府、大鸿胪者皆削除之。①

所谓"削除之",就是说"秘书"本来是收藏奏、议的。

其四,某人个人著述整体或其别集。曹叡景初中有诏命"撰录植前后所著赋颂诗铭杂论凡百余篇,副藏内外"。② 所谓"内外",即"兰台为外台,秘书为内阁"吧!③ 又有:

> （任嘏）著书三十八篇,凡四万余言。嘏卒后,故吏东郡程咸、赵国刘固、河东上官崇等,录其事行及所著书奏之。诏下秘书,以贯群言。④

> 《梁武帝集》四十卷,《简文集》九十卷,各止一本,江陵平后,并藏秘阁。大圜既入麟趾,方得见之。乃手写二集,一年并毕。识者称叹之。⑤

其五,类书。《魏略》曰:

> （王象）受诏撰《皇览》,使象领秘书监。象从延康元年始撰集,数岁成,藏于秘府,合四十余部,部有数十篇,通合八

---

① ［晋］陈寿:《三国志·陈思王传》,北京:中华书局,1959 年,第 576 页。
② ［晋］陈寿:《三国志·陈思王传》,北京:中华书局,1959 年,第 576 页。
③ ［晋］陈寿:《三国志·王肃传》注引,北京:中华书局,1959 年,第 422 页。
④ ［晋］陈寿:《三国志·王昶传》注引《任嘏别传》,北京:中华书局,1959 年,第 784 页。
⑤ ［唐］令狐德棻:《周书·萧大圜传》,北京:中华书局,1971 年,第 757 页。

百余万字。①

其六,出土文物中的有关古书。

　　汲郡人不准掘魏襄王冢,得竹简小篆古书十余万言,藏
于秘府。②

事在咸宁五年(279),《晋书·荀勖传》亦载,"及得汲郡冢中古文
竹书,诏(荀)勖撰次之,以为《中经》,列在秘书"③。
　　其七,史书。史书撰成,或有诏令藏之秘书,以下数例:

　　(华)峤以《汉纪》烦秽,慨然有改作之意。会为台郎,典
官制事,由是得遍观秘籍,遂就其绪,……而改名《汉后书》奏
之。诏朝臣会议。时中书监荀勖、令和峤、太常张华、侍中王
济咸以峤文质事核,有迁固之规,实录之风,藏之秘府。④
　　(刘)义恭撰《要记》五卷,起前汉讫晋太元,表上之,诏
付秘阁。⑤
　　(晋安王子懋)撰《春秋例苑》三十卷奏之,世祖嘉之,敕

① [晋]陈寿:《三国志·杨俊传》注引,北京:中华书局,1959年,第664页。
② [唐]房玄龄等:《晋书·武帝纪》,北京:中华书局,1974年,第70页。
③ [唐]房玄龄等:《晋书》,北京:中华书局,1974年,第1154页。
④ [唐]房玄龄等:《晋书·华峤传》,北京:中华书局,1974年,第1264页。
⑤ [南朝梁]沈约:《宋书·刘义恭传》,北京:中华书局,1974年,第1649页。

付秘阁。①

（萧子显）又启撰《齐史》，书成，表奏之，诏付秘阁。②

（萧子云）勤学有文藻，弱冠撰《晋书》，至年二十六，书成百余卷，表奏之，诏付秘阁。③

（王珪之）有史学，撰《齐职仪》。永明九年，其子中军参军颢上启曰："……仰希永升天阁，长铭秘阁。"诏付秘阁。④

（虞溥）注《春秋》经、传，撰《江表传》及文章诗赋数十篇。卒于洛，时年六十二。子勃，过江上《江表传》于元帝，诏藏于秘书。⑤

不闻虞溥的其他著作入藏秘书，可见杂传之类入藏或为特例。又，许善心继承父志撰著《梁史》，"其《序传》末，述制作之意"，文末也有"且成百卷，已有六帙五十八卷，上秘阁讫"云云。⑥《隋书·经籍志二》总结说：

自晋永嘉之乱，皇纲失驭，九州君长，据有中原者甚众。或推奉正朔，或假名窃号，然其君臣忠义之节，经国字民之

---

① ［南朝梁］萧子显：《南齐书·晋安王萧子懋传》，北京：中华书局，1972 年，第708 页。

② ［唐］姚思廉：《梁书·萧子显传》，北京：中华书局，1973 年，第 511 页。

③ ［唐］李延寿：《南史·萧子云传》，北京：中华书局，1975 年，第 1074 页。

④ ［南朝梁］萧子显：《南齐书·文学·王逡之传》，北京：中华书局，1972 年，第903 页。

⑤ ［唐］房玄龄等：《晋书·虞溥传》，北京：中华书局，1974 年，第 2141 页。

⑥ ［唐］魏征等：《隋书·许善心传》，北京：中华书局，1973 年，第 1429—1430 页。

务,盖亦勤矣。而当时臣子,亦各记录。后魏克平诸国,据有嵩、华,始命司徒崔浩,博采旧闻,缀述国史。诸国记注,尽集秘阁。①

其八,交接邻国的往来文书。《南齐书》卷五六《幸臣传》:

　　刘系宗,丹阳人也,少便书画。……永明中,虏使书常令(刘)系宗题答,秘书书局皆隶之。②

其九,新撰作的阐释经部的著述。

　　(皇侃)撰《礼记讲疏》五十卷,书成奏上,诏付秘阁。③

其十,杂书。

　　(张讥)又撰《游玄桂林》二十四卷,后主尝敕人就其家写入秘阁。④

其十一,佛经。

①　[唐]魏征等:《隋书》,北京:中华书局,1973 年,第 964 页。
②　[南朝梁]萧子显:《南齐书·幸臣·刘系宗传》,北京:中华书局,1972 年,第975—976 页。
③　[唐]姚思廉:《梁书·儒林·皇侃传》,北京:中华书局,1973 年,第 680 页。
④　[唐]姚思廉:《陈书·儒林·张讥传》,北京:中华书局,1972 年,第 445 页。

开皇元年,高祖普诏天下,任听出家,仍令计口出钱,营造经像。而京师及并州、相州、洛州等诸大都邑之处,并官写一切经,置于寺内;而又别写,藏于秘阁。①

从上述记载来看,秘书监收藏的东西,范围很广,可以说凡重要者皆入藏;但除了前代著述外,当代人著述的入藏,或要有朝廷旨意的。

正是由于秘书监藏书富赡,因此,多有人到秘书监博览群书。又因为"秘阁图书,例不外出"②,所以又有送到秘书监去读书的:

明帝时,有谯人胡康,年十五,以异才见送,又陈损益,求试剧县。诏特引见。众论翕然,号为神童。诏付秘书,使博览典籍。③

(郤正)安贫好学,博览坟籍。弱冠能属文,入为秘书吏,转为令史,迁郎,至令。性澹于荣利,而尤耽意文章,自司马、王、扬、班、傅、张、蔡之俦遗文篇赋,及当世美书善论,益部有者,则钻凿推求,略皆寓目。④

---

① [唐]魏征等:《隋书·经籍志四》,北京:中华书局,1973年,第1099页。
② [南朝梁]萧子显:《南齐书·羌·宕昌传》,北京:中华书局,1974年,第1033页。
③ [晋]陈寿:《三国志·刘劭传》注引《庐江何氏家传》,北京:中华书局,1959年,第622页。
④ [晋]陈寿:《三国志·郤正传》,北京:中华书局,1959年,第1034页。

郄正读的书,绝大多数应该是秘书监的。当然如果有可能的话在此中任职就更便利不过了,如左思欲作《三都赋》,"乃诣著作郎张载访岷邛之事。遂构思十年,门庭藩溷皆著笔纸,遇得一句,即便疏之。自以所见不博,求为秘书郎"①。又:

　　(江)子一少好学,有志操,以家贫阙养,因蔬食终身。起家王国侍郎,奉朝请。启求观书秘阁,高祖许之。②

甚或为了读书,有的秘书郎不愿升迁:

　　(张)缵好学,兄缅有书万余卷,昼夜披读,殆不辍手。秘书郎有四员,宋、齐以来,为甲族起家之选,待次入补,其居职,例数十百日便迁任。缵固求不徙,欲遍观阁内图籍。尝执四部书目曰:"若读此毕,乃可言优仕矣。"如此数载。③

三、秘书监的日常专业工作

任秘书监者,应该有较多的著述,如魏时秘书监王肃:

　　后(王)肃以常侍领秘书监,兼崇文观祭酒。……初,肃

---

① [唐]房玄龄等:《晋书·文苑·左思传》,北京:中华书局,1974 年,第 2376 页。
② [唐]姚思廉:《梁书·江子一传》,北京:中华书局,1973 年,第 608 页。
③ [唐]姚思廉:《梁书·张缵传》,北京:中华书局,1973 年,第 493 页。

善贾、马之学，而不好郑氏，采会同异，为《尚书》《诗》《论语》《三礼》《左氏》解，及撰定父（王）朗所作《易传》，皆列于学官。其所论驳朝廷典制、郊祀、宗庙、丧纪、轻重，凡百余篇。①

他是凭借著述多可以为秘书监长官，但秘书监的日常工作还有许多，此列如下。

其一，掌史职。史载：

（荀悦）清虚沈静，善于著述。建安初为秘书监、侍中，被诏删《汉书》作《汉纪》三十篇，因事以明臧否，致有典要；其书大行于世。②

尚书奏："左史述言，右官书事，《乘》《志》显于晋郑，《春秋》著乎鲁史。自圣代有造《中兴记》者，道风帝典，焕乎史策。而太和以降，世历三朝，玄风圣迹，倏为畴古。臣等参详，宜敕著作郎徐广撰成国史。"于是敕（徐）广撰集焉。③

上又令（王僧绰）撰汉魏以来废诸王故事。④

秘书监官员还有的著述是与其职务有关的，如《世语》称：

（傅）宣弟畅，字世道，秘书丞，没在胡中。著《晋诸公

① ［晋］陈寿：《三国志·王朗传》，北京：中华书局，1959年，第416—419页。
② ［晋］陈寿：《三国志·荀彧传》注引张璠《汉纪》，北京：中华书局，1959年，第316页。
③ ［唐］房玄龄等：《晋书·徐广传》，北京：中华书局，1974年，第2158页。
④ ［南朝梁］沈约：《宋书·王僧绰传》，北京：中华书局，1974年，第1851页。

赞》及《晋公卿礼秩故事》。①

其二,广访群书并整理、校定图书并补足遗阙。

> 秘书丞卫恒考正汲冢书。②
> 庾峻自司空长史迁秘书监,幽赞、符命、天文、地理,因有述焉。③
> (郑)默字思元。起家秘书郎,考核旧文,删省浮秽。中书令虞松谓曰:"而今而后,朱紫别矣。"④
> 太祖登祚,诛徐羡之等,征为秘书监,再召不起,上使光禄大夫范泰与(谢)灵运书敦奖之,乃出就职。使整理秘阁书,补足遗阙。⑤

此"补足遗阙",不知是寻访遗佚之书还是补足书籍佚文,应该是后者。又有:

> 天监元年,迁秘书丞。齐永元末,后宫火,延烧秘书,图

---

① [晋]陈寿:《三国志·傅嘏传》注引,北京:中华书局,1959年,第628页。
② [唐]房玄龄等:《晋书·王接传》,北京:中华书局,1974年,第1436页。
③ [宋]李昉等:《太平御览》卷233《职官部》31引《晋诸公赞》,北京:中华书局,1960年,第1106页。
④ [唐]房玄龄等:《晋书·郑默传》,北京:中华书局,1974年,第1251页。
⑤ [南朝梁]沈约:《宋书·谢灵运传》,北京:中华书局,1974年,第1772页。

书散乱殆尽。(王)泰为丞,表校定缮写,高祖从之。①

　　自齐永元以来,秘阁四部,篇卷纷杂,(任)昉手自雠校,由是篇目定焉。②

　　(张率)少好属文,而《七略》及《艺文志》所载诗赋,今亡其文者,并补作之。③

张率为秘书丞,这就是其本职工作了。

其三,编纂目录。

　　魏秘书郎郑默,始制《中经》,秘书监荀勖,又因《中经》,更著《新簿》,分为四部,总括群书。④

　　(荀勖)俄领秘书监,与中书令张华依刘向《别录》,整理记籍。⑤

　　(王俭)解褐秘书郎,太子舍人,超迁秘书丞。上表求校坟籍,依《七略》撰《七志》四十卷,上表献之,表辞甚典。又撰定《元徽四部书目》。⑥

　　何宪,字子思,庐江灊人。博涉该通,群籍毕览,天阁宝秘,人间散逸,无遗漏焉。任昉、刘沨共执秘阁四部书,试问

① [唐]姚思廉:《梁书·王泰传》,北京:中华书局,1973 年,第 324 页。
② [唐]姚思廉:《梁书·任昉传》,北京:中华书局,1973 年,第 254 页。
③ [唐]姚思廉:《梁书·张率传》,北京:中华书局,1973 年,第 479 页。
④ [唐]魏征等:《隋书·经籍志一》,北京:中华书局,1973 年,第 906 页。
⑤ [唐]房玄龄等:《晋书·荀勖传》,北京:中华书局,1974 年,第 1154 页。
⑥ [南朝梁]萧子显:《南齐书·王俭传》,北京:中华书局,1972 年,第 433 页。

其所知,自甲至丁,书说一事,并叙述作之体,连日累夜,莫见所遗。①

(殷钧)起家秘书郎,太子舍人,司徒主簿,秘书丞。钧在职,启校定秘阁四部书,更为目录。又受诏料检西省法书古迹,别为品目。②

又,曾任秘书郎数年而不愿升迁的张缵,其《南征赋》述自己经历:

登石渠之三阁,典校文乎六艺。③

其四,注疏古籍。司马彪"泰始中,为秘书郎,转丞,注《庄子》"。④ 从文气相连看,"注《庄子》"也应该是"为秘书郎,转丞"后所为。

其五,教书画。

(梁)鹄弟子毛弘教于秘书,今八分皆弘法也。⑤

晋秘书阁有令史,掌众书,见《晋令》,令亦置令史、正书及弟子,皆典教书画。⑥

---

① [唐]李延寿:《南史·何宪传》,北京:中华书局,1975年,第1213—1214页。

② [唐]姚思廉:《梁书·殷钧传》,北京:中华书局,1973年,第407页。

③ [唐]姚思廉:《梁书·张缵传》,北京:中华书局,1973年,第494页。

④ [唐]房玄龄等:《晋书·司马彪传》,北京:中华书局,1974年,第2141页。

⑤ [唐]房玄龄等:《晋书·卫恒传》,北京:中华书局,1974年,第1064页。

⑥ [南朝梁]萧子显:《南齐书·百官志》,北京:中华书局,1972年,第24页。

其六,文档撰集。如前述魏文帝命秘书录司马朗之文。又如泰始六年(270),晋武帝有诏曰:

> 自泰始以来,大事皆撰录,秘书写副。后有其事,辄宜缀集以为常。①

"缀集",就是图书纂集,如史载司马彪"不交人事,而专精学习,故得博览群籍,终其缀集之务。初拜骑都尉。泰始中,为秘书郎,转丞"②。即是指司马彪撰作《续汉书》。又,《晋书·隐逸传》称"今美其高尚之德,缀集于篇",③就是指纂集《隐逸传》。而"大事皆撰录秘书写副"并"缀集以为常",就是材料辑集之事是秘书监的经常性工作。又如:

> 又诏授秘书监,领著作如故,乃累进让,并优答不许。察在秘书省大加删正,又奏撰《中书表集》。④

"中书表"并非秘书监的文档,那么,秘书监还承担其他"职司"的文档整理。

---

① [唐]房玄龄等:《晋书·武帝纪》,北京:中华书局,1974年,第60页。
② [唐]房玄龄等:《晋书·司马彪传》,北京:中华书局,1974年,第2141页。
③ [唐]房玄龄等:《晋书·隐逸传》,北京:中华书局,1974年,第2426页。
④ [唐]姚思廉:《陈书·姚察传》,北京:中华书局,1972年,第350页。

四、秘书监成员的总集编纂

　　正如前文所见,在秘书监任职的主要工作之一就是典校图籍,典校图籍的成果就是编撰目录,即《南史·殷钧传》载,殷钧"历秘书丞,在职启校定秘阁四部书,更为目录"。《梁书·任昉传》称,任昉任秘书监,"自齐永元以来,秘阁四部,篇卷纷杂,昉手自雠校,由是篇目定焉"。任昉很喜欢这个工作,其《赠王僧孺》谈及秘书监工作的编撰目录,所谓"刘《略》班《艺》,虞《志》荀《录》"。

　　有秘书监工作经历者最有利于《文章志》一类与文学关系密切的集部目录书的撰作,《隋书·经籍志二》"簿录篇"载:

> 《杂撰文章家集叙》十卷荀勖撰。
> 《文章志》四卷挚虞撰。
> 《续文章志》二卷傅亮撰。
> 《晋江左文章志》三卷宋明帝撰。
> 《宋世文章志》二卷沈约撰。①

这几位作者都是在秘书监任过职的。同理,有秘书监工作经历者最有利于总集一类书的撰作,以下历叙任职秘书监且又是目录编纂、总集编纂者:

---

① ［唐］魏征等:《隋书·经籍志二》,北京:中华书局,1973 年,第 991 页。

荀勖,字公曾,领秘书监,曾整理记籍,撰次汲冢古文竹书。

挚虞,字仲洽,少事皇甫谧,皇甫谧在当时以爱读书出名,称其耽玩典籍,忘寝与食,时人谓之"书淫";朝廷屡次征召,不起,曾"自表就帝借书,帝送一车书与之"。① 挚虞曾任秘书监,"才学通博,著述不倦","撰定官书",又撰古文章,类聚区分为三十卷,名曰《流别集》,"各为之论,辞理惬当,为世所重"。②《隋志》著录其"《文章流别集》四十一卷,梁六十卷,志二卷,论二卷"③。

李充,字弘度,为大著作郎,"于时典籍混乱,充删除烦重,以类相从,分作四部,甚有条贯,秘阁以为永制"④。《隋志》著录其《翰林论》三卷,梁时五十四卷。⑤

傅亮,字季友,"桓玄篡位,闻其博学有文采,选为秘书郎,欲令整正秘阁,未及拜而玄败"。傅亮应该有"整正秘阁"、整理图书这方面的才华,或许做过这方面的工作。"义熙元年,除员外散骑侍郎,直西省,典掌诏命","七年,迁散骑侍郎,复代(滕)演直西省,仍转中书黄门侍郎,直西省如故"。⑥ 其"直西省"或与整理图书有关,西省为储存法书古迹秘书之处,如殷钧"又受诏料检西省法书古迹,别为品目"⑦,刘峻于"天监初,召入西省,与学士贺踪

① [唐]房玄龄等:《晋书·皇甫谧传》,北京:中华书局,1974 年,第 1415 页。

② [唐]房玄龄等:《晋书·挚虞传》,北京:中华书局,1974 年,第 1429—1427 页。

③ [唐]魏征等:《隋书·经籍志四》,北京:中华书局,1973 年,第 1081 页。

④ [唐]房玄龄等:《晋书·文苑·李充传》,北京:中华书局,1974 年,第 2391 页。

⑤ [唐]魏征等:《隋书·经籍志四》,北京:中华书局,1973 年,第 1082 页。

⑥ [南朝梁]沈约:《宋书·傅亮传》,北京:中华书局,1974 年,第 1336 页。

⑦ [唐]姚思廉:《梁书·殷钧传》,北京:中华书局,1973 年,第 407 页。

典校秘书"①。

宋明帝刘彧,宋文帝第十一子,"世祖践祚,为秘书监","好读书,爱文义,在藩时,撰《江左以来文章志》"②;《隋志》著录其《赋集》四十卷③。

谢灵运,曾出就秘书监职,宋文帝"使整理秘阁书,补足遗阙。又以晋氏一代,自始至终,竟无一家之史,令灵运撰《晋书》,粗立条流"④。《隋志》著录有:《赋集》九十二卷,《诗集》五十卷(梁五十一卷),《诗集钞》十卷,《杂诗钞》十卷、录一卷,《诗英》九卷(梁十卷),《七集》十卷,《连珠集》五卷。⑤

殷淳,字粹远,"少好学,有美名。(宋)少帝景平初,为秘书郎,衡阳王文学,秘书丞","在秘书阁撰《四部书目》凡四十卷,行于世"。⑥《隋志》著录其《妇人集》三十卷。⑦

谢朏,字敬冲,宋末"领秘书监"⑧,《隋志》著录其《杂言诗钞》五卷⑨。

沈约,字休文,吴兴武康人。《梁书·沈约传》称,齐时,"文惠

<hr>

① [唐]姚思廉:《梁书·文学·刘峻传》,北京:中华书局,1973年,第702页。

② [南朝梁]沈约:《宋书·明帝纪》,北京:中华书局,1974年,第151、170页。

③ [唐]魏征等:《隋书·经籍志四》,北京:中华书局,1973年,第1082页。

④ [南朝梁]沈约:《宋书·谢灵运传》,北京:中华书局,1974年,第1772页。

⑤ [唐]魏征等:《隋书·经籍志四》,北京:中华书局,1973年,第1082、1084、1084、1084、1084、1086、1087页。

⑥ [南朝梁]沈约:《宋书·殷淳传》,北京:中华书局,1974年,第1597页。

⑦ [唐]魏征等:《隋书·经籍志四》,北京:中华书局,1973年,第1082页。

⑧ [唐]姚思廉:《梁书·谢朏传》,北京:中华书局,1973年,第262页。

⑨ [唐]魏征等:《隋书·经籍志四》,北京:中华书局,1973年,第1084页。

太子入居东宫,(沈约)为步兵校尉,管书记,直永寿省,校四部图书";"迁太子家令,后以本官兼著作郎"。①《隋志》著录其《集钞》十卷。②

秘书监掌管有各种各样的艺文图籍,对其进行整理、校定、编纂目录等,也有其他一些文字工作,主要的如编纂史书等,还有朝廷临时安排的、需要很高文才的才能做的文字工作。秘书监的收藏及其秘书监的日常工作,使秘书监成为一个档案中心、艺文图籍乃至文化中心,或有以秘书监为依托构成文学集团的。但它又应该是一个文化传播中心,许多艺文图书、数据从这儿流出,走向地方,走向外域,如唐代的事例《旧唐书・吐蕃传》载,景龙三年(709),金城公主嫁吐蕃,开元十八年(730),金城公主求索诸书,"吐蕃使奏云:公主请《毛诗》《礼记》《左传》《文选》各一部。制令秘书省写与之"③。秘书监集中有各种各样的文字数据,既供人研究,更有本机构自己的研究与著述。秘书监人员直接的文化工作,今天看起来最令人瞩目的就是编纂总集,因为除了自身的才华外,他们还具有得天独厚的资料条件。当我们知道萧统东宫官属中有许多成员如殷钧、张率、殷芸、张缅、刘孝绰、谢举、王规、王锡、张缵等,都有秘书监工作的经历,那么,我们对《文选》的编纂将会多一份理解,这是将来要探讨的。

---

① [唐]姚思廉:《梁书・沈约传》,北京:中华书局,1973年,第233页。
② [唐]魏征等:《隋书・经籍志四》,北京:中华书局,1973年,第1082页。
③ [后晋]刘昫:《旧唐书》,北京:中华书局,1975年,第5232页。

古代史书中的文学史意义

中国古代素以史籍编撰闻名于世,司马迁《史记》确定了纪传体史书体例,两千多年中它成为我国史书的主要形式。欧洲社会在伏尔泰之前,一般史书都是以战争、外交、政治等历史重大事件为纲,为主要内容。我国史书的纪传体体例,以人物为纲,这就有可能记载除政治、军事以外的其他各色人物。古代史书的文学史意义,其具体的表现形式便是记载了文学人物——作家诗人的生平事迹,从而研究作家间的相互影响与异同,研究文学发展线索及规律。但古代史书对此的认识与表现并不是一蹴而就的,而是经过了一个过程,以下先探求这个过程。

《史记》给屈原、贾谊立传,给司马相如立传,首开为文人立传之习。司马迁一方面是为史而存人,另一方面也是为文学史而存人,《司马相如传》篇末的太史公曰"余采其语可论者著于篇"就是证明。传中共收录司马相如《天子游猎赋》《檄巴蜀文》《告蜀父老书》《上武帝疏》《大人赋》《遗札》等,表明司马相如是以作品而名世。

《汉书》也多收文学家,它又以博洽著称,多收富有辞藻的文章诗赋,柳宗元说:"高帝迄于哀平王莽之诛,四方之文章盖烂然

矣。史臣班孟坚修其书,拔其尤者,充于简册。"①另外,《汉书》有
《艺文志》,把古今图书分为六略,共著录书三十八种,每种之后有
小序,每略之后有总序。序中考辨源流,间或评论某些作家的得
失。如果他是为文学性书籍作序,那么序中就有文学史论的意味
了。如《诗赋略》之后的序论赋的源流,先述"不歌而诵谓之赋",
这是赋的最早表现形式;又述"春秋之后,周道寖坏,聘问歌咏不
行于列国,学《诗》之士,逸在布衣,而贤人失志之赋作矣",这是赋
的起源;又述"大儒孙卿及楚臣屈原,离谗忧国,皆作赋以风,咸有
恻隐古诗之义。其后宋玉、唐勒,汉兴,枚乘、司马相如,下及扬子
云,竞为侈丽闳衍之词,没其风谕之义,是以扬子悔之,曰:'诗人
之赋丽以则,辞人之赋丽以淫。如孔氏之门人用赋也,则贾谊登
堂,相如入室矣,如其不用何?"这是讲赋诞生以来的代表作家及
各自特点,最后扬雄的话,也就是作者对赋的总结。这些俨然可
称为赋发展史。以后的《隋书·经籍志》在考辨源流上也有一定
成就,古代史书中有《艺文志》或《经籍志》的还有新旧《唐书》《宋
史》《明史》《清史》,在考辨源流上,意义都不及《汉书》,因为它们
都是依《汉书·艺文志》之意,无多新的创见。

　　《史记》有"循吏""酷吏""游侠""佞幸""滑稽""日者""龟
策""货殖"等诸类人的合传,《汉书》也有"儒林""循吏""酷吏"
"货殖""游侠""佞幸"诸合传。此二书都没有文学家合传,那时
文学尚未独立,文学家也不多,情有可原。《三国志》在《王粲传》

① [唐]柳宗元:《柳宗直两汉文类序》,载《柳宗元集》,北京:中华书局,1979 年,第
　　577 页。

下附列其他文学家,已具集文学家传记为一体的意味,可惜太简略。《后汉书》始立《文苑列传》,这是一个创造,可是没有序言。本来,《史记》《汉书》中的合传大都是有序言的,或阐述这类人总的特点及产生这类人的时代原因,或描述此类人的所从事之业的意义及发展历史,如《史记·儒林列传》的序言,就是简述孔子以来儒家发展的简要历史。《后汉书》中,一些合传如《宦者列传》《儒林列传》等也都有序言之类的文字,只偏偏《文苑列传》没有序言来简述文学发展的简要情况,不能不说是一个遗憾。

　　《宋书·谢灵运传》弥补了前述遗憾,其"论"在史书的文学史阐述上,有突出意义。"论"中叙述了自屈原以至刘宋时期文人诗歌创作的大致情况及主要特点,即所谓"诗史"。沈约把他所概括的"诗史"分为两大阶段,一是"自汉至魏,四百余年,辞人才子,文体三变。相如巧为形似之言,班固长于情理之说,子建仲宣以气质为体",显然,这"三变"就是三个发展历程;二是自晋初至刘宋时,也可视为"三变",先是"潘陆特秀,律异班贾,体变曹王"的晋初,再是"有晋中兴,玄风独振"的东晋时期,后是"仲文始革孙许之风,叔源大变太元之气""爰逮宋氏"的东晋末至刘宋初时期。其论"诗史"的话虽不大多,但内容很丰富。第一,勾勒出我国文人诗歌的发展线索;第二,提出"诗史"发展变化的核心问题是对"情文"的不同理解与运用,所以,其中心论点是"情文互用";第三,提出文人诗歌"源其飚流所始,莫不同祖风骚",提出"歌咏所兴,宜自生民始也"。但沈约又显然无意为刘宋时期的诗人作合传,这比《后汉书》又退后了一步。

　　梁萧子显《南齐书》有《文学传》,传后有"论"。其"论"侧重于当代文学史,论诸文体各有特点,而"五言之制,独秀众品",表明其论以五言诗为主;然后提出"若无新变,不能代雄"的中心论点,接着用建安以来诗人各有特点来证明,进而又以"今之文章,作者虽众,总而为论,略有三体"为始,来阐述当代文学史;最后提出所主张的发展方向与标准。对当代文学史的论述是此论最大的特点。从体例上讲,萧子显集《后汉书》为文学家作合传与《宋书》有总论性质的文字为一体,为今后史书文学家合传的体例做一榜样,此后,除新旧《五代史》无文学家合传外,其他史书的文学家合传都是这一体例,均有传有论。

通过以上所述,我们可以看到古代史书中文学史意义主要表现在两个地方:一是为文学家立传,既为政治地位较高的文学家单独立传,又为一般文学家作合传;二是论述整个文学史或当代文学史的发展线索及发展的中心问题。后者文学史的意味最浓,可以说,至《南齐书》时,我国古代史书中的文学史意义的表现形式才完全了,后世或在论述上有所损益,形式上则一般不脱其窠臼。

以下再谈谈此后的史书的文学史意义中的一些较为特殊的新内容。

隋文帝时,"禁绝"民间撰集国史,唐时,官修正史的制度正式确立,为前代作史成为自觉,这就是考论前代得失,穷究变通之势,以作为当今统治者的借鉴。唐初,修成的正史有《晋书》《周书》《梁书》《陈书》《北齐书》《南北史》等。其中《周书》没有"文苑传",而有《王褒庾信传》,篇末有论,与《宋书》的体例相似。"论"中认为:"咸奋鳞翼,自致青紫"的文学之徒如苏亮、苏绰、卢柔、唐瑾、元伟、李昶等(因其官职,《周书》都为他们单独立传),都算不上"奇才异秀,牢笼于一代"的,算得上的只有王褒、庾信二人而已,故在此二人传后论文学与述文学史。"论"中叙述了战国诸子以来至魏晋时的著名作家,认为虽然"时运推移,质文屡变",但文学"为道所用"的功能始终存在。然后专论北方自十六国以来至北魏至周的文人,认为王、庾二人虽"奇才秀出,牢笼于一代",但源出南朝"淫放"之风,是"词赋之罪人"。作者以"文质因其宜,繁约适其变"为由,自觉不自觉地抬高北方文人而抑低南方文人。《北史》的"文苑传序"基本繁衍此文。《隋书》则以唐时泱泱大国之怀,论"南北词人得失之大较",实际上论述同一时代的两大文学流派,提出"合其两长,则文质彬彬,尽善尽美矣"。

《新唐书·文艺传序》《宋史·文苑传序》《明史·文苑传序》也写得较好。它们的共同特点,一是以"变"的观点来阐述当代文学发展史,二是所述当代文学发展由前人所重的诗歌转而或向散文、或诗文并重。《新唐书·文艺传序》提出"唐有天下三百年,文章无虑三变",以下论"王杨",论"燕许",论"韩柳",基本是按照沿袭、改革、登峰造极三阶段来论述散文发展的,对唐诗只是作为附录述之,稍述有何大作家。《宋史·文苑传序》叙"国初""犹袭唐人",稍后"志欲变古",再后"以古文倡"而达"日趋古矣",也是以散文为中心的三阶段论。上述二史书的三阶段论有缺陷,本来,事物发展经过的三阶段是由兴至盛至衰,但上述三阶段大致是沿袭、转变(兴)、至盛,而未论及至盛后又有什么发展变化,这样就少了一个环节。如《宋史·文苑传序》论宋初"犹袭唐人声律之体",此体就不包括在《新唐书·文艺传序》所论三阶段中。

《明史·文苑传序》的论述较为完整，其所提三阶段，一是明初，二是弘、正间至嘉靖，三是启、桢时，前两阶段又各自成一发展阶段，第一阶段明初，先是"承元"，再是"风流标映，不可指数"，然后是"气体渐弱"。第二阶段，弘、正时，"明之诗文，于斯一变"，嘉靖时，诸人"争鸣一时"，于是，"宗李、何、王、李者稍衰"，这样，各阶段的发展变化与盛衰的整个过程有了确切的论述，进而，整个明代诗文发展也有了明确的论述。有明一代，为了改变"气体渐弱"的状况，不断追求与学习新的准范，各自有各自的追求与学习榜样，故派别蜂起，主张各异。

现在，我们可以把史书中的文学史意义及表现形式，作一总结，此中或有某些有益的启示。

一、史书中的文学史意义主要是通过纪传体形式表现出来的，史家希望从诸位文学家的生平及文学成就的记载与评述中体现出文学史意义。因为其文学史意义是以作家为纲，以作家为叙述单位表述出来的，所以人们对作品的气息感受得较少，而文学史所要研究的基本事实应该主要是作品。

二、文学家传或文学家合传的序言或论的产生，不仅仅只是为总述、贯串诸个文学家而用，它还表明史家探索文学史发展线索与规律成为自觉，故其所论中，时常有文学史核心问题或发展轴线的提出，如"情文互用""新变""为道所用"等等。但核心问题或发展轴线的提出，毕竟是比较困难的事，故大多数史家还是以"变"来描述或概括文学史的线索。但这些都不称之为文学史，而只是文学史论。

三、史书中以作品目录的形式来考辨文体源流、述说文体发展概况及作家作品的做法,除《汉书》的《艺文志》与《隋书》的《经籍志》引起人们的重视外,其他书的《艺文志》《经籍志》已无可注目之处,作品目录的意味涵盖了整个《经籍志》《艺文志》。

　　四、史书中的"书"或"志"是为记载专门史而设的,为什么没有专门记载文学的"书"或"志"呢?《史记》中有礼、乐、律、历、天官、封禅、河渠、平准诸书,我们看到,这些大都是典章制度具体实施的方法,而不具思想史意味。《汉书》改"书"为"志",新增刑法、五行、地理、艺文四类,其中《艺文志》就有学术史的意味,但这个意味是附著在图书目录上的,且以后史书的《艺文志》或《经籍志》,更注重的还是图书目录,学术史的意味日趋淡薄。《魏书》有《释老志》,记载佛教如何传入中国,记载佛教在魏各时期流行的情况以及佛教教义方面的一些解释,还记载道教的起源与在魏时期的流行情况,虽具思想史的意味,但仍偏重具体事例的介绍。以后的其他史书又无《释老志》之类的文字。可以说,《汉书·艺文志》与《魏书·释老志》都开了个好头,但没有坚持与贯彻下来,至为遗憾。

　　五、在晋南北朝时有单行的"文章志"一类书出现,仅就《世说新语》引这类书的某些片段来看,如《文学篇》引挚虞《文章志》中所述崔烈的简单生平,《方正篇》引宋明帝《文章志》中所述谢安、王献之轶事,《文学篇》引《续文章志》论潘岳"为文选言简章,清绮绝伦",可见此一类专论文学人物,并注意评述这些人物的文学才能。就这类书的题目与撰作内容来看,可视作是对史书中没有"文学志"的补充,但从写法上看,仍脱离不了以人物为纲、为单位的纪传体意味,而且,这一类书后世也极少见。

六、史书突出或集中记载文学家生平事迹与评价文学家文学成就的做法，影响后世出现了单行的文学家列传。唐代姚合编《极玄集》，收唐代若干诗人的作品，附有诗人小传。此后，《中州集》《列朝诗集》《宋诗钞》《近代诗钞》等书，均在录诗的同时还记载诗人小传，小传中有对诗人文学成就的简短评论。有人把《列朝诗集》中的小传部分分出单行，"就其诗而品骘之，案其姓名爵里平生，与其诗之得为小序以发其端"（钱陆灿《汇刻列朝诗集小传序》），虽然是纯粹的史书列传单行形式，但是为文学史而作。最值得一提的是元代钟嗣成的《录鬼簿》，此书合文学家列传与艺文志、经籍志为一，记载其前辈与同时代杂剧作家的小传与作品目录。在封建正统士大夫心目中，戏曲与戏曲作家都是不登大雅之堂的，因而他们的生平与创作自然不能载于正史列传中，他们的作品的目录也不能载入正史《艺文志》中，钟嗣成《录鬼簿自序》称，不管他们的"门第卑微，职位不振"，竭力推崇他们"高才博学，俱有可录"，希望通过对他们的生平与作品的介绍，"冀乎初学之士，刻意词章，使冰寒于水，青胜于蓝"，以推动戏曲事业的发展。钟嗣成还制《凌波仙》曲挽吊这些作家中已逝的知友若干人，其中，也含有对其戏曲成就的评价和赞赏。

诚然，中国古代没有现代意义的文学史，但这并不等于说中国古代就没有文学史观，我们的古人也有以自己的文学史观来作文学史的冲动与尝试，也在以自己认可的方式阐述文学史，在重构文学史的今天，这也是值得我们认真总结的宝贵遗产。

（原载《广西民族学院学报》1991 年第 1 期）

后　记

本书所录论文,原始出处如下:

上编:史学与文论

1.《从系统论的观点看董仲舒春秋公羊学与道家在司马迁历史观中的地位和作用》,原载《宁夏教育学院学报》1986年第4期,1987年《中国文学年鉴》"汉代部分"新方法论"摘要"。

2.《"诗史"考辨》,原载《广西大学学报》1990年第5期。

3.《论先秦两汉史学观念之三变》,原载《重庆师范大学学报》2012年第2期。

4.《"左史记言,右史记事"与文体生成——关于叙事诸文体录入总集的讨论》,原载《中山大学学报》2015年第4期。

5.《史书"载文"论》,原载《学术研究》2015年第2期。

6.《"文胜质则史"论——兼论史书"书、志"体例的生成的文体学意义》,原载《中山大学学报》2016年第6期。

中编:史著与文体

7.《从〈洛阳伽蓝记〉看北魏佛教寺院的审美特征》,原载《宁夏社会科学(通讯)》1985年第2期。

8.《〈洛阳伽蓝记〉与小说》,原载《桂林地区教育学院学报》

1989 年第 2 期。

9.《赋与〈尚书〉渊源关系考说》，原载《江苏大学学报》2012 年第 3 期。

10.《〈尚书〉文体考辨》，原载《古典文献研究》2017 年第 2 期。

11.《〈左传〉所见"笔"体考辨》，原载《新国学》2017 年第 2 期。

12.《剪裁史书：古代总集的录文方式之一》，原载《广西师范大学学报》2007 年第 4 期。

13.《〈文选〉录赋与史书录赋异同论》，原载《第 8 届文选学国际学术会议研讨会论文集》，扬州：广陵书社，2010 年 12 月。

下编：史学与文献

14.《皇甫谧简述》，原载《宁夏史志研究》1987 年第 5 期。

15.《六世纪南北统一前夕的文化发展趋向——从〈颜氏家训〉所述南北不同习俗谈起》，原载《学术论坛》1989 年第 2 期。

16.《〈诗品〉论"咏史"》，原载《广西民族师范学院学报》2011 年第 2 期。

17.《魏晋南北朝校书考述》，原载《古典文献研究》第十五辑，南京：凤凰出版社，2012 年 11 月。

18.《中古秘书监述略》，原载《古典文献研究》第十七辑上卷，南京：凤凰出版社，2014 年 11 月。

19.《古代史书中的文学史意义》，原载《广西民族学院学报》1991 年第 1 期。